# 台股

## 超完美風暴後的大榮景

### 台股的前世今生與未來

# 自　序

景氣循環是指總體經濟面的變化，在上行的軌道由景氣谷底、復甦、成長繁榮到高峰，接著是下行的衰退和蕭條，最後又到了谷底，生生不息。經濟循環由大而小分為景氣循環、產業循環和庫存調整循環。全球這一波的景氣榮景是從2009年金融海嘯的谷底開始起漲，到目前為止（2022年）已經走了13年大多頭，是歷史上最長的榮景，全球股市頻創歷史新高，台股也不遑多讓。

2022開春，全球景氣在新冠疫情的干擾下，依舊表現亮眼，但美國聯準會表明加速緊縮貨幣政策，美國四大指數出現下修的格局，台股也在高檔震盪，市場上議論紛紛，擔心13年的大榮景即將告終。其實投資人無須驚慌，俗話說：「貴上極反賤，賤下極反貴」，眾人貪婪時你要恐懼，眾人恐懼時你要貪婪。每一次的崩盤，都是在創造將來上漲的空間，如果真的發生，絕對是財富重分配的大好時機。

本書共分5大篇分別是：第1章完美風暴、第2章1980~2032年全球景氣循環、第3章景氣循環與投資策略、第4章投資主流產業和第5章重要觀察指標。

第1章說明2022年全球景氣和股市的變化，同時展望2023年全球可能發生的事件，2009年以來的13年景氣大榮景有可能在2023年結束。景氣循環脫離不了康波周期的魔咒，影響全球景氣和金融市場的黑手就是美國。第2章說明全球景氣循環的過去、現在和未來，讓讀者鑑往知來，事先做好準備。第3章引導讀者了解景氣循環，進而擬定資策略，掌握每次景氣循環和財富重分配的機會。第4章論述如何從產業循環中找到主流產業，把握產業榮景和避開產業蕭條期。第5章是總體經濟重要觀察指標，了解這些數字的變化，就可以掌握景氣循環。

本書在3年前就開始發想，但金融市場變化快速，一直無法提筆疾書，最後能順利付梓，首先要感謝財經傳訊總編輯方宗廉先生的鼓勵，和陳永信先生的協助。希望讀者看完這本書後，可以事先做好準備，在每次財富重分配的過程中成為贏家。

# 目錄
## *Contents*

Chapter 1

# 完美風暴

2008 年 3 月，美國第五大投資銀行的貝爾斯登公司，由於流動性嚴重惡化而倒閉，引發「次貸風暴」。2008 年 9 月美國兩大房屋抵押貸款機構——房利美和房地美，在次貸風暴影響下，因房貸品質急遽下降而產生嚴重虧損，再次引發市場信心危機，被稱為「二房危機」。在金融海嘯的打擊下，全球陷入不景氣，台灣景氣快速下滑，掀起關廠歇業潮，股市一路崩跌，跌破 10 年線。

當市場上一片悲觀之際，美國創新科技的火苗引燃，4G 產業搭配智慧型行動裝置，創造了另一波的景氣，台灣電子產業和半導體族群抓住這一波浪潮，迎來 30 年來最大榮景。2008 年金融海嘯的景氣谷底結束後，隨之而來的是最長復甦和繁榮期，這期間經歷了 2011 年的歐債危機、2015 年的美國債信危機、2018 年底中美貿易戰、2020 年的新冠疫情危機，全球景氣屢屢化險為夷，全球股市頻創歷史新高，已經走了 13 年大多頭。投資人都在問，這波景氣榮景有機會再延續嗎？什麼時候會結束？

景氣循環是總體經濟的波動，景氣循環在上升階段，由復甦、成長到繁榮；隨後在下行階段，發生衰退和蕭條，然後又開始復甦，一連串的波動周而復始。法國經濟學者西斯蒙第主張，景氣循環分成 2 周期：「復甦期」和「衰退期」，擴張期及收縮期應各別持續至少 5 個月，全循環至少需 15 個月。

1860 年法國經濟學者朱拉格提出了 4 階段的景氣循環：擴張（Expansion）、爆發（Boom）、衰退（Recession）、蕭條（Depression），一個循環大約歷經 7 到 11 年。康波理論主張景氣循環都是由科技演進帶動，一個循環經歷繁榮（Prosperity）、衰退（Recession）、蕭條（Depression）以及復甦（Improvement）4 階段，大約 5 ～ 60 年。

從 1984 年算起，台股經歷了 4 次大循環，分別是：1984 到 1990 年的 7 年循環周期、1990 到 2001 年的 11 年循環周期、2001 到 2008 年的 7 年循環周期、2008 年到現在（2022 年），13 年榮景尚未結束，為史上最長榮景。

每個人一生都會歷經數次經濟的成長、衰退和危機。就時間而論，景氣成長的復甦期、成長期和榮景期占了超過四分之三的周期，景氣收縮的衰退和蕭條期，占景氣循環周期的時間少於四分之一。

景氣循環像一年四季循環不息，不用擔心景氣進入衰退期，反而要正向看待蕭條期後的榮景。俗話說「貴上極反賤，賤下極反貴」，漲多就是最大的利空，跌深就是最大的利多。

康波理論發明者、俄國經濟學家康德拉季耶夫曾說：每個人的財富積累不是因為你多有本事，而是經濟周期運動的時間給你機會。當你了解經濟周期運動，同時也要身體力行投資原則，因為知識變現是力量，無法變現就只是死板板的學問。

如果你抓住一次景氣轉折的機會，至少可以成為中產階級；抓住兩次機會，晉升億萬身價；抓住三次機會，連你的下一代都不愁吃穿。

## 2023 明天過後

全球金融市場從 2008 年金融海嘯的谷底開始復甦，一直到 2022 全球股市頻創歷史新高，走了超過 13 年大多頭；其實根據景氣循環的理論，這波景氣早應該在 2018 年結束，因為這些年來發生了幾個關鍵事件，包括 2018 年美中貿易戰和 2020 年新冠疫情，才讓多頭得以續命，延續至 2021 年。榮景伴隨而來的是物價上漲，2022 年開春，美國聯準會（Fed）面對惡劣的通膨壓力，鷹派勢力抬頭，釋出加速縮減量化寬鬆貨幣政策（QE）和升息的訊息，金融市場波動加劇。

2021 年年中，聯準會主席鮑爾（Jerome Powell）表示通膨是暫時性的，要民眾和資本市場無須驚慌；但是到了 9 月，鮑爾宣布由該年的 11 月開始縮減 QE，計畫到 2022 年 11 月底結束。但到了 12 月，鮑爾發現美國通膨壓不下來，他憂心地表示，通膨可能會影響美國的經濟。

於是美國聯邦公開市場委員會（FOMC）在 2021 年 12 月 16 日宣布，將資產購買計畫的「退場速度」加快一倍，到 2022 年 3 月結束購債計畫，多數決策官員預測 2022 年將升息 3 碼，2023 年將再升息 3 碼。2022 年 1 月 7 日，聯準會會議紀錄釋出鷹派訊息，暗示為了打擊通膨，可能在 3 月開始調升利率，比市場預估的 6 月提早 3 個月。此時高盛出具一份報告，直指 2022 年美國至少會升息 4 碼。小摩認為聯準會抗通膨不手軟，估計 2022 年會升息 7 碼。

2022 年 3 月 17 日聯準會正式宣布升息 1 碼，同時暗示到年底前會再升息 6 碼，並在 5 月啟動 QE 縮減計畫。這樣的改變，在在證明全球通膨壓力已經超過聯準會的預期。

升息使得企業的資本支出的資金成本加重，升息代表通貨膨脹加劇，民眾的購買力降低，就會造成企業預期的終端需求消失，最後形成供過於求的窘境。預期 2023 年資金將快速緊縮，就像一根鋒利的針，戳破 13 年非理性榮景，史上最大的景氣泡沫將因此破滅。

面對即將到來的景氣泡沫和股市崩跌，民眾也無須驚慌，反而要逆向思考，如何在風暴來臨時全身而退，在風暴結束後逢低進場。景氣循環上行的時間長，做多勝算較高；下行的時間短，但做空的報酬率較為驚人。每一次的景氣循環都是財富重分配的好機會，好好把握每次景氣循環和股市多空，如果抓住其中一個機會，至少是中產階級；如果抓住其中兩個機會，晉升億萬身價；如果抓住其中三個機會，下一代都不愁吃穿。

從 2009 年開始的產業榮景，截至 2022 年已長達 13 年，此波榮景是由美國高科技創新帶動全球景氣，最具代表性的產品為行動裝置，例如手機、平板、智慧手錶、無線藍芽耳機和虛擬實境（VR）等，跟這些產業沾上邊的電子和半導體產業，業績和股價表現極為亮麗。

美國那斯達克（NASDAQ）指數由 2009 年的低點 1265.52 算起，漲到 2021 年的高點 16,212 上漲了 11.8 倍；費城半導體指數由 2009 年的低點 167.55 算起，漲到 2021 年的高點 4,068 飆升了 23.3 倍；台股由 2009 年的低點 3411 算起，漲到 2022 年 1 月的高點 18,619 漲了 4.3 倍，台股在萬點之上的時間創歷史最長紀錄。

## 完美風暴成形，危機逐步浮現

2021 年歐美和台灣的景氣在電子及半導體產業的加持，一片歌舞昇平，股市也是一飛沖天，投資人沉醉在多頭市場的喜悅當中，此時遠方的烏雲正在集結，只是太遙遠了，以至於投資人不以為意。即使不少專家提出警訊，但在股價持續上漲的過程中，大家都視為無稽之談。

除了上述傳統的通膨嚴重引發美國聯準會加速升息腳步，綠色通膨也是陰魂不散的鬼魅。聯準會升息，全球央行跟進，政府債券進入空頭格局，全球高漲的房地產泡沫、電子產業過高的本益比、半導體產業大規模的資本支出和地緣政治的不安定，特別是台海兩岸的軍事衝突，這些錯綜複雜的利空因素，正在逐漸壓垮 13 年來的非理性榮景。

眾多利空來擊　超完美風暴成形

資料來源：作者整理

危機 1：傳統通膨 × 綠色通膨巨獸來襲

全球通膨是 2022 年無法回避的問題，中國這個世界工廠，因為生產成本增加和美中貿易戰的衝擊，已經無法提供廉價的產品給全世界。貨櫃運輸因為塞港、缺櫃和缺船，運價持續創新高。在過去視為經營圭臬的國際分工和零庫存管理，在全球新冠疫情爆發之際，竟然成為缺料和長短料的元凶。這次由供給面驟降所引爆的通貨膨脹，是大家沒遇到過的。

綠色通膨更是無解的課題，各國政府和企業因為環保問題，執行碳中和政策。原物料工業是最大汙染源，例如煉鋼、煉銅、塑化和造紙業等，這些產業不得不減產因應。政府鼓勵電動車、風力發電和太陽能發電，這些產業的原材料脫離不了銅、鋁和鎳等高汙染原物料，在供給減少、需求暴增的情形下，原物料大漲已經是必須面對的事實。

危機 2：美國加速升息，債市進入熊市

當美國聯準會升息，基於利差的原因，全球央行必定跟進。殖利率上升，公債價格必定下跌，政府債券進入空頭格局，政府為了解決財政赤字或是還舊債，勢必發行更多的公債，一旦債券的發行量大到政府無法控制，或是舊債到期，沒人要買發行的新債時，公債危機自然引爆。

美國發行的公債，全球央行和大型金融機構都在買，美國政府債多不愁，債券價格下跌，美國的負債自然減少，美國政府也可以花比較低的價錢買回公債，何樂不為。目前全球持有美國公債最多的國家是中國，美國有計畫地讓公債價格崩盤，中國央行的資產大幅縮水，重創中國國家資產。

危機 3：房地產泡沫在破裂邊緣

歐美和台灣地區的房地產，已經高漲到無法想像的地步。台灣房市的最低點是在 2003 年 SARS 疫情時，之後頭也不回地一路創新高，走了 19 年的大榮景。美國房地產在 2009 年聯準會降息，大量撒錢後，房價進入

**美國 10 年期政府公債進入熊市**

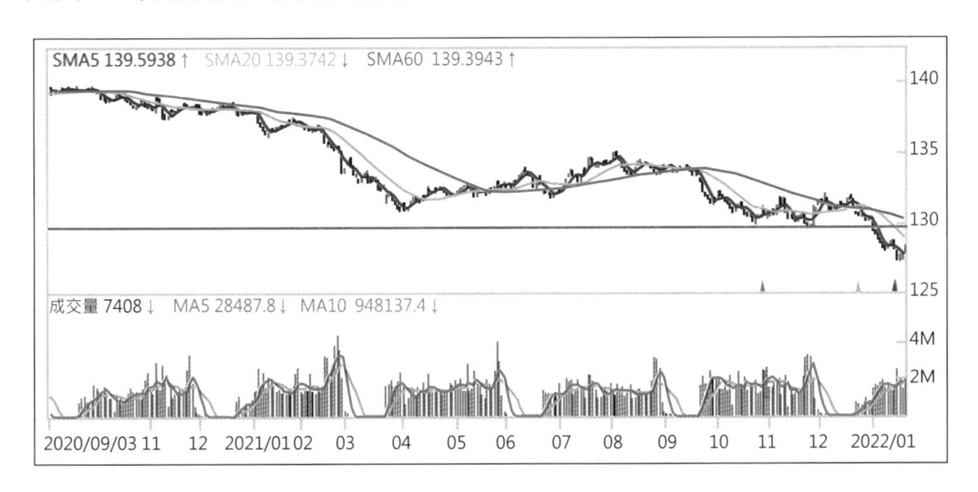


註：成交量為美國芝加哥期貨交易所期貨交易數量（單位：口）

資料來源：XQ 嘉實系統

一波比一波高的格局。房地產榮景持續不墜，除了央行的寬鬆貨幣政策，原料價格推升也是主因。土地價格、建材和工資一日三市，建商哄抬房價，投機客進場炒作。台灣政府近幾年開始打房，內政部和國稅局推出時價登錄、奢侈稅、兩稅合一等措施，房價依然向上攀升。

大台北地區房價連續揚升，2020 年第 4 季，年增率達到 5%。北中南三大都會區的房價指數走勢轉趨上揚，其中，台中與高雄房價已創新高，小資族甚至中產階級都望屋興嘆，引發民怨。

在銀行方面，2018 年第 4 季以來，房貸餘額加速成長，占總放款比重達到 25.6%，創 10 年新高，營建融資餘額連續 20 個月擴張，占總放款比重逼近 8%，已突破先前高點。

央行擔心銀行不動產相關曝險快速攀升，因此超前部署，出手進行信用管制。2020 年底已 3 度祭出房市信用管制措施，再到減少貸款成數，2021 年 12 月央行公告第四波打房措施，內容有：1. 自然人購置高價住宅貸款及第三戶（含）以上，購屋貸款最高成數一律降為 4 成。2. 購地貸款最高成數降為 5 成，保留 1 成動工款，並要求借款人切結於一定期間內動工興建。3. 餘屋貸款最高成數降為 4 成。4. 工業區閒置土地抵押貸款最高成數降為 4 成。

危機 4：半導體業大擴產，過度投資的危機再現

歷史一再重複，當產業一片看好，過度投資都將造成生產過剩，產業景氣將由盛而衰。2000 年網路泡沫化就是過度投資所造成的後遺症，像這樣的例子在全世界和台灣比比皆是，如今歷史可能重演。

1991 年 6 月，當時的財政部長王建煊一口氣開放了 15 家新銀行設立，接著，更是三步一家總行、五步一家分行，密集程度不亞於便利商店。不少人認為，新銀行開放太多，造成惡性競爭，到了 1998 年，台灣爆發本土型的基層金融風暴，許多地方合作社出事，新銀行面臨合併或經營權轉手的命運，這是過度投資的結果。

從 1994 年四一〇教改聯盟提出「廣設高中、大學」的口號，1996 年教改會也予以呼應，於是我國的大學數量開始大量擴張，大家又是開始過度投資教育事業。短短 10 年，大學院校增加 1 倍，共計 163 所大專校院。造成人人都是大學生，學校數量過多，末段班的學校招不到學生，只得由教育部提出學校退場機制。

過去台灣一直都被幸運之神眷顧，2009 年起，行動裝置產業引領全球經濟脫離次級房貸風暴的泥沼，從智慧手機、平板、無線藍芽耳機到智慧手錶，都離不開台灣的電子零組件和組裝廠。

2018 年，美國總統川普（Donald J. Trump）發動中美貿易戰，讓全球經濟倒退，國際貿易量大減，但根據聯合國的報告，台灣是貿易戰最大受惠國。2020 年新冠疫情造就電子產業蓬勃發展，台系廠商的筆記型電腦、個人電腦和雲端伺服器成為搶手貨。

2020 年是 5G 元年，2021 年是 5G 第二年，在 5G 的架構下，AI、IOT、自駕車、智慧家庭、遠距醫療將蓬勃發展，這些產業都需要 IC 晶片。台灣半導體最強，台積電引領的護國神山群，支撐台灣的經濟更上一層樓。半導體產業是台灣電子業的焦點，包括 5G 手機的晶片從設計、代工、封裝和模組廠迎接一波榮景。射頻元件、Wi-Fi6、高速傳輸、電源管理驅動 IC 等相關公司原則上都受惠。記憶體和被動元件因為 5G 設備要有更大容量，產業前景看好，另外配 5G 高頻高速度，包括銅箔基板、PCB 和散熱都將雨露均霑。

台灣的電子產業擁有全球數一數二的競爭力，隨著主要國家陸續加速 5G 商轉，推升 5G 相關零組件需求增加，加上「中國去美化」和「美國去中化」的趨勢，轉單效益明顯，台灣電子產業左右逢源。

由於市場一片看好電子產業的前景，晶圓代工龍頭台積電 2021 年資本支出規模達到新台幣 8,392 億元（約 300.4 億美元），年增 65.4%，2022 年資本支出規模衝高到 400 億至 440 億美元，其他相關電子公司也大規模設廠。這麼多的產能將在 2023 年陸續開出，萬一需求沒有預期的多，將出現生產過剩的窘境。

2021 年底美系外資預估，2022 年半導體產業景氣循環可能見頂，下半年出現砍單的機會大增，一口氣調降 4 家半導體大廠評等。2022 年 3 月 4 日，原本積極看好半導體的另一家美系外資，在最新出爐的報告中表示，半導體難逃升息環境、地緣風險、宏觀經濟波動，受升息周期負面影響恐達 12％～ 15％，下修台灣 7 家半導體廠平均獲利預估達 20％，一口氣大舉調降包含晶圓代工、封測及 IC 設計等 7 家半導體公司的目標價。

危機 5：面臨缺電缺水風險，護國神山群危機四伏

2022 年 3 月 4 日台電興達電廠開關場事故，造成全台大停電，549 萬戶受波，讓竹科、南科等半導體產業鏈嚇出一身冷汗，接下來小規模區域停電時有所聞。這是總統蔡英文上任以來第四次全台大停電，暴露台灣電力系統的脆弱，以及備載容量的不足。半導體業者原本就相當擔心夏季用電高峰的供電問題，沒想到還要憂心無預警跳停電，如果未來缺跳電恐成常態，再生能源發展進度仍然落後，台灣半導體產業鏈將因為缺電面臨巨大挑戰。台積電位居晶圓代工龍頭，且與聯電、世界先進、力積電合計取得全球近 7 成版圖，跳停電、缺水與地震所帶來的生產風險，近年不斷發生，這都讓半導體廠坐立難安。

雖然台灣半導體供應鏈對於限電、停電早有防範，除全力擴大發電備援能力，也積極增加再生能源與提升能源使用效率；但事實上，各廠目前再生能源比重甚低。2020 年台積電電力使用量突破 160 億度，占全台用電約5.9％，為全台最大吃電怪獸。隨著高雄、南科、台中與竹科啟動大擴產，用電驚人的 3 奈米 EUV 即將登場，2 奈米則於 2025 年投產，電力問題已成生產最大風險。

電子產業在台灣大規模建廠，電力和水資源的供應將是一大問題。2021年12月20日，鴻海創辦人郭台銘對核四重啟公投表達看法，他直言，「明年（2022 年）一定會缺電，工業、家庭用電都會缺，但既然大家做了決定就不要抱怨，要對缺電做準備。」

危機 6：地緣衝突再起，台海兩岸緊張

每次景氣的谷底通常會出現戰爭，戰爭對景氣是一刀兩刃，戰爭讓當

事國的產業蕭條，民生凋蔽，恐慌指數竄升。但戰爭也會讓需求增加，政府擴大舉債和公共支出，景氣能由谷底翻升。

1980 年 9 月 22 日爆發兩伊戰爭，中東局勢緊張，這是一場伊拉克和伊朗之間長達 8 年的邊境戰爭。1987 年 7 月 23 日和 1988 年 7 月 18 日，伊拉克和伊朗各自接受了聯合國的停火決議，但雙方直至 1988 年 8 月 20 日才正式停戰。中東局勢緊張，油價上漲出現第二次能源危機，1980 年代起的日本工業榮景在此時誕生，引領全球景氣走了 8 年的繁榮。

1990 年 8 月 2 日，伊拉克軍隊入侵科威特，推翻科威特政府，以美國為首的多國部隊在取得聯合國授權後，於 1991 年 1 月 17 日開始對科威特和伊拉克境內的伊拉克軍隊發動軍事進攻，多國部隊以輕微的代價取得決定性勝利，重創伊拉克軍隊。伊拉克最終接受聯合國安理會第 660 號決議，並從科威特撤軍。1991 年起，美國高科技產業崛起，帶動全球景氣迎來 10 年科技年代。

2001 年 911 恐怖份子攻擊紐約雙子星大樓，美國為了報復事件首腦賓拉登（Osama bin Laden），除了將其繩之以法，也進軍提供庇護塔利班的阿富汗，進行所謂的阿富汗戰爭。反恐戰爭是美國及其盟友用來稱呼一場進行中、以「消滅國際恐怖主義」為目標的全球性戰爭。2001 年，全球在中國崛起的帶動下，擁有原物料的金磚四國和中東產油國家，風光地走了 8 年大榮景。

2022 年 3 月，俄羅斯揮兵進攻烏克蘭，地緣政治的風險再次引爆。戰爭初期，烏克蘭士兵將橋梁炸毀，阻斷俄軍前進路線，不過俄烏在軍力上仍有一定差距，恐怕只能減緩俄軍，無法全面阻止，俄羅斯總統普丁的最終目標也不會輕易改變。美國是俄烏戰爭的影舞者，未來國際政治的現實，將影響整個戰事的結局。

俄烏戰火激烈，烏克蘭核電廠受到攻擊，全球股市出現重挫，俄羅斯股市崩跌 50%，歐洲三大指數、美國四大指數都出現向下跳水的走勢，台股也受到波及。戰爭衝擊金融市場，歷史屢見不鮮。1990 年波斯灣戰爭，台股從 5,450 點跌到 2,560 點，跌幅 53%；2001 年阿富汗戰爭，台股從 4,289.1 點跌到 3,446.26 點，跌幅 19%；2003 年伊拉克戰爭，台股從 5,057 點跌到 4,260 點，跌幅超過 15%。前 3 次戰爭，都重擊台股。

由於戰爭的關係，避險資金湧向美元、黃金和債券。國際油價狂飆站上百元關卡，黃豆、小麥、玉米價格漲到歷史高價，俄烏戰爭推升國際大宗物資的上揚，讓已經高漲的通貨膨脹雪上加霜。這場戰爭是否會成為壓垮 13 年榮景的最後一根稻草，值得觀察。

1995 年台灣進行第一屆民選總統，中國對台試射飛彈，當時造成台灣本島人心惶惶，台股下跌、台幣貶值和外資出走。2021 年 10 月 6 日，國防部長邱國正稱當前局勢是「他從軍 40 年來最嚴峻」。他警告，兩岸情勢持續緊張，兩岸局勢隨時可能「擦槍走火」，又指北京在 2025 年可能發動全面入侵。外交部長吳釗燮在接受瑞士媒體專訪時也指出，「兩岸情勢從未像現在如此緊張」，必須就最壞的情況做好戰備防禦。2022 年俄烏戰爭，美國人取得最大利益，戰爭把俄羅斯打成二流國家，美國吃了一次甜頭，深知要打敗敵人的最好方法，就是用戰爭拖垮對手。未來美國不排除製造兩岸緊張來消耗中國國力，讓台灣更向美國傾斜，而台灣景氣將在這個不確定政治風險下，出現衰退現象。

中國一直將台灣這民主島嶼視為領土，必要時會以武力奪取；但台灣位於美國阻擋中國擴張第一島鏈的中心位置，戰略地位非常重要。許多人會拿俄烏關係、俄烏戰爭和兩岸關係、台海危機比較，也爭論萬一中國對台灣動武，美國會不會出兵救台。其實主客觀因素都不同，無法有正確答案，但國際政治現實和各國為了自身利益都是相同的。台海關係是台灣經濟發展和景氣成長的不定時炸彈，兩岸關係緊張可能是壓垮這次台灣景氣榮景的最後一根稻草。

## 重量級專家紛紛提出「超級泡沫警訊」

電影《大賣空》（The Big Short）主角原型、知名對沖基金經理人麥可．貝瑞（Michael Burry），早在 2021 年初便直言，「股市在刀尖上跳舞」；資產管理機構 GMO 創辦人葛拉漢（Jeremy Grantham）也認為，這個「史詩級泡沫」終將破裂。

台股「巴菲特指標」來到歷史高點

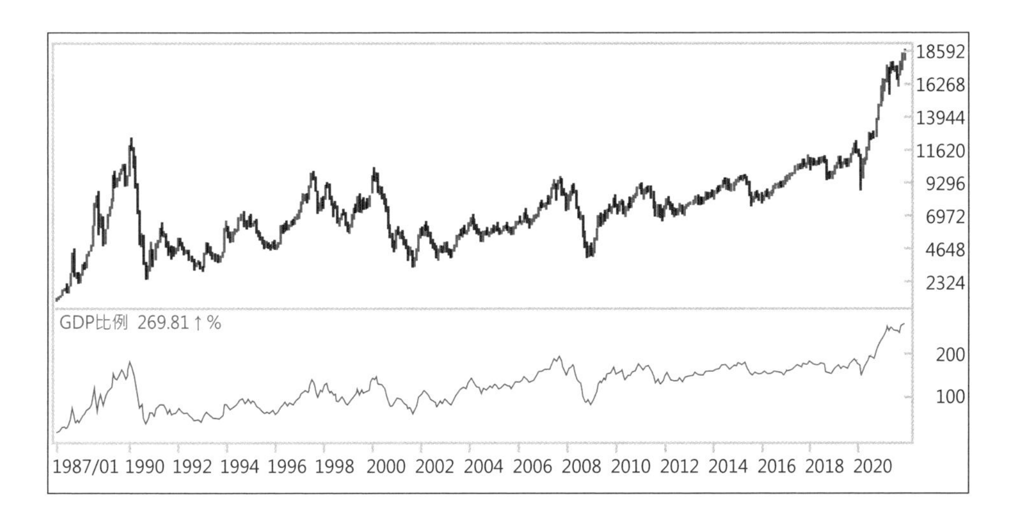


資料來源：XQ 嘉實系統

## 台股大盤本益比，來到歷史高點

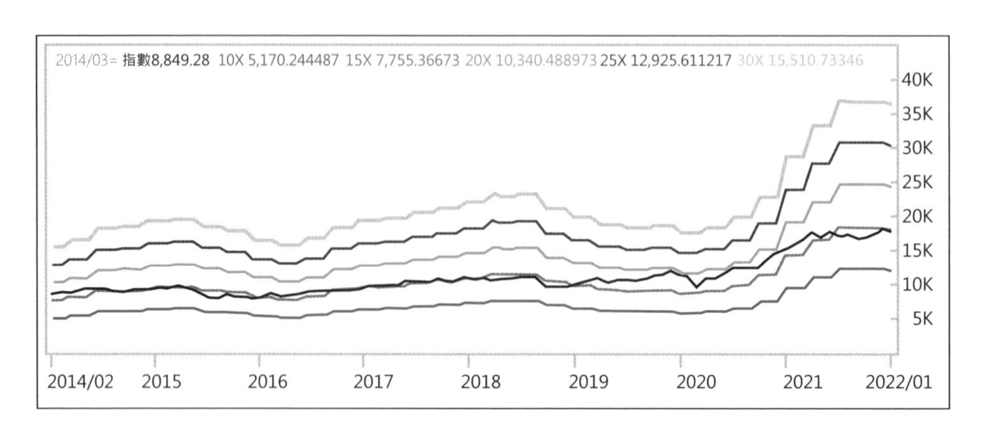


資料來源：XQ 嘉實系統

## 台股大盤股價淨值比，來到歷史高點

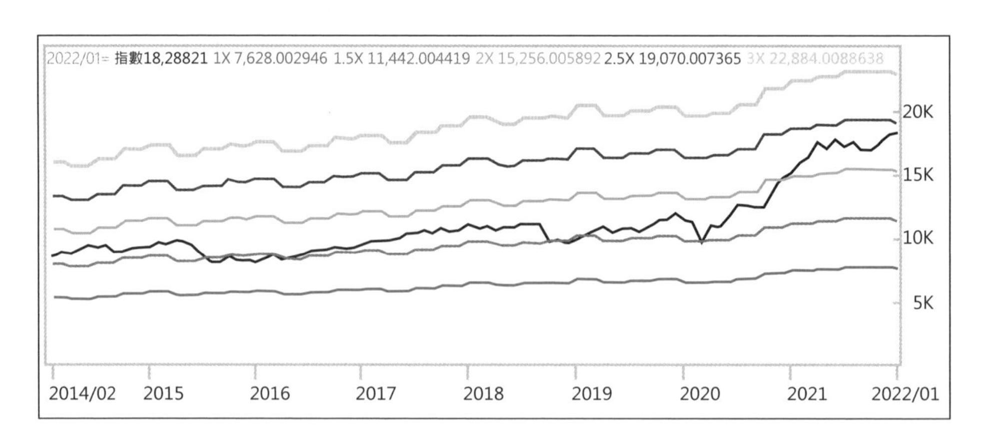


資料來源：XQ 嘉實系統

曾準確預測 2008 年金融海嘯、紐約大學經濟學教授、有「末日博士」之稱的魯比尼（Nouriel Roubini），在 2021 年 8 月 30 日發表最新文章警告，通膨加劇和當前的財政政策可能引發「嚴重的債務危機」。當前美股的市場狂熱將「含淚收場」，重演類似 2008 年那樣的崩盤慘劇。

股神巴菲特（Warren Buffett）2001 年在《財星》雜誌（Fortune）發表的「巴菲特指標」，任何時刻都是判斷股市估值高低的最佳評估工具。他表示，巴菲特指標若在 70% 到 80%，可能很有賺頭；但如果接近 200%，就是在玩火了。2021 年 8 月 27 日「巴菲特指標」衝上 205%，顯示美股已被嚴重高估，崩盤可能即將到來。

2022 年 1 月 21 日，「泡沫預言家」葛蘭森（Jeremy Grantham）表示，美股正進入他一年前預測的歷史性崩盤，且就算聯準會出手干預也無法阻止，最終結果恐怕是暴跌將近 50%。葛蘭森在報告中寫道，「超級泡沫形成的因素已全部具備，狂風驟雨隨時可能到來。當悲觀情緒重回市場，我們恐面臨美國有史以來最大的資產縮水。」他說，此次泡沫的影響可能堪比 1980 年代末期，日本股市和房市雙雙崩盤的時候。葛蘭森還警告，不只股市，債市也有超級泡沫，還有全球房市有史上「最廣泛和最極端」的泡沫，大宗商品價格則有「泡沫萌芽」。據他計算，即使不完全回歸統計趨勢水準，光是美國的損失可能就達 35 兆美元。

全球首富、特斯拉執行長馬斯克（Elon Musk）在 2022 年 1 月 1 日推特回應網友發問，預測下一次金融危機會發生在 2022 年春、夏季，最晚不會超過 2023 年。印度神童阿南德預言 2022 年是月亮年，30 年前曾發生過的火星、土星「雙星合相」將再現，3、4 月恐出現大災難，不少人猜測可能是股市崩盤的時間點。

## 大景氣循環結束，台股恐回落 10 年線

投資人一定會有一個疑問，如果這一波 13 年榮景結束，台股會跌到哪裡？這個問題難如登天，因為股市的變數太多，沒人說得準。如果有人說他可以準確預測，那他不是神仙，就是騙子，要不然就是運氣好。我們只能用過去的歷史經驗值推論，準確不準確是一回事，重點是方向和趨勢。畢竟投資股票第一要務是要掌握方向和趨勢，其次才是買賣時點的掌握。

從 1984 年算起，台股經歷了 4 次大循環，分別是：1984 到 1990 年的 7 年循環周期、1990 到 2001 年的 11 年循環周期、2001 到 2008 年的 7

年循環周期、2008年到現在（2022年）榮景尚未結束，挑戰史上最長榮景。

1984 到 1990 年循環周期結束後，指數由 12,682 點跌到 2,485 點，跌幅高達 80%，指數幾乎是腰斬再腰斬。1990 到 2001 年的 11 年循環周期結束後，股價由 10,393 點跌到 3,411 點，跌幅高達 67%，指數腰斬，且跌破 10 年線。2001 到 2008 年的 7 年循環周期結束後，股價由 9,859 點跌到 3,955 點，跌幅高達 59%，指數腰斬，且跌破 10 年線。

這一次由美國智慧行動裝置引領的榮景尚未結束，這期間 2008 年遇到歐債危機、2015 年遇到美國債信危機、2020 年新冠疫情危機，台股大盤指數崩跌，皆回落 10 年移動平均線，國安基金進場護盤下，才獲得止穩。10 年移動平均線又稱為國運線，是股市投資人 10 年的平均成本。股價在 10 年移動平均線以上，國運昌隆；股價在 10 年移動平均線以下，國運不佳。無怪乎，國安基金皆在 10 年移動平均線進場護盤。

依據過去台股 4 次大循環的經驗，一旦循環結束，指數多是腰斬，且都跌破 10 年移動平均線。假設這次台股的最高點，如「台股多頭總司令」投信投顧公會理事長、國泰投信董事長張錫在 2021 年 12 月所說，本波由台商資金回流支撐，2021年底就有機會再刷新高紀錄，在半導體、電動車、元宇宙三大支柱發功下，2022 年第 3 季上攻 2 萬點。如果景氣在此時反轉向下，下跌 50%就是 10,000 點，10 年移動平均線也在 11,000 點左右。

萬一這個推論成真，投資人也別怕，在一年半之內，又將開始 10 年的多頭。要記住每一次的崩盤，都是在創造將來上漲的空間。俗話說：貴上極反賤，賤下極反貴。所以眾人貪婪時你要恐懼，眾人恐懼時你要貪婪。投資人一輩子遇不到幾次這樣的大好機會，一旦遇到要好好把握，危機入市，翻轉你的財富人生。

## 從 1984 年以來，台股經歷 4 次大循環

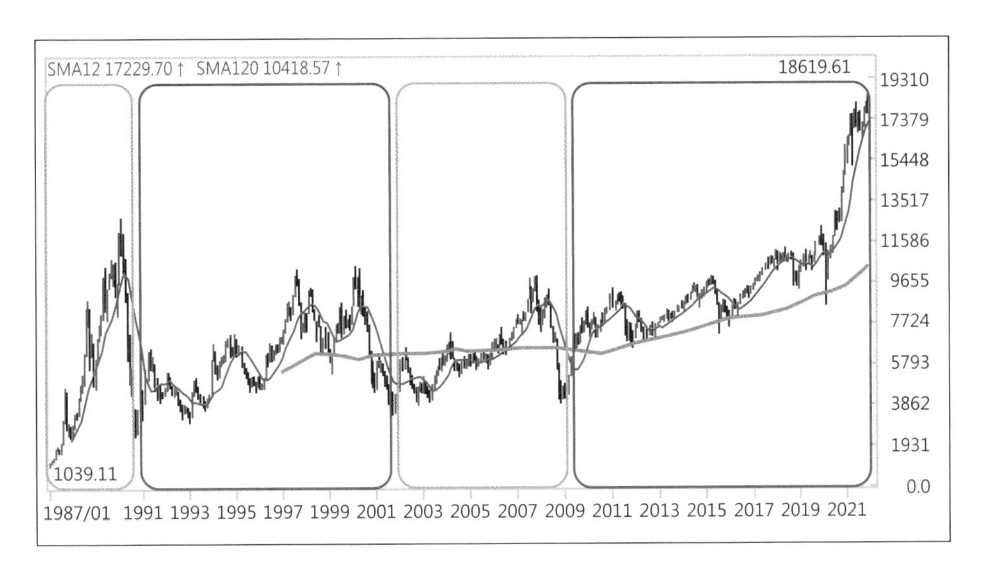


資料來源：XQ 嘉實系統

## 1984 到 1990 年的 7 年循環周期

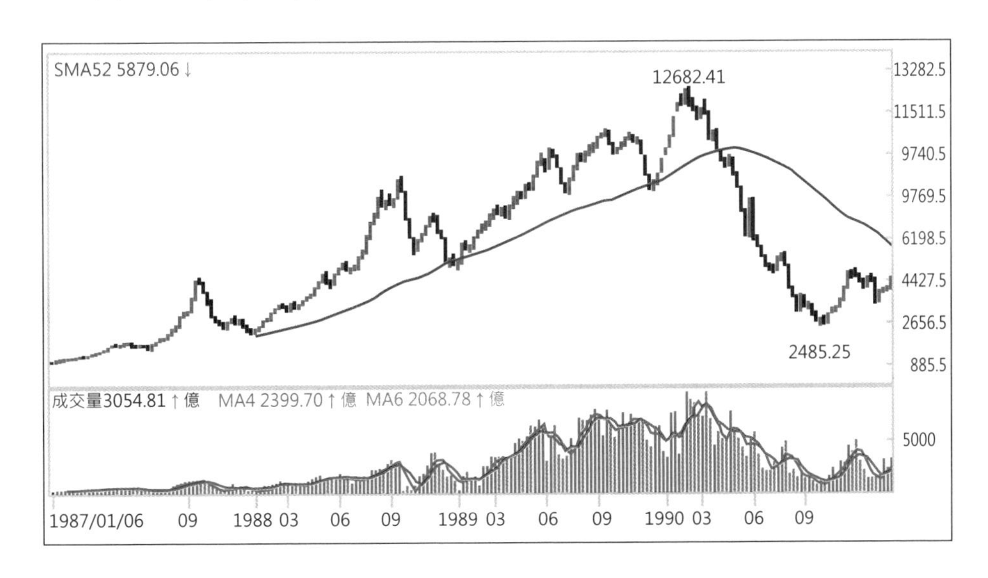


資料來源：XQ 嘉實系統

## 1990 到 2001 年的 11 年循環周期

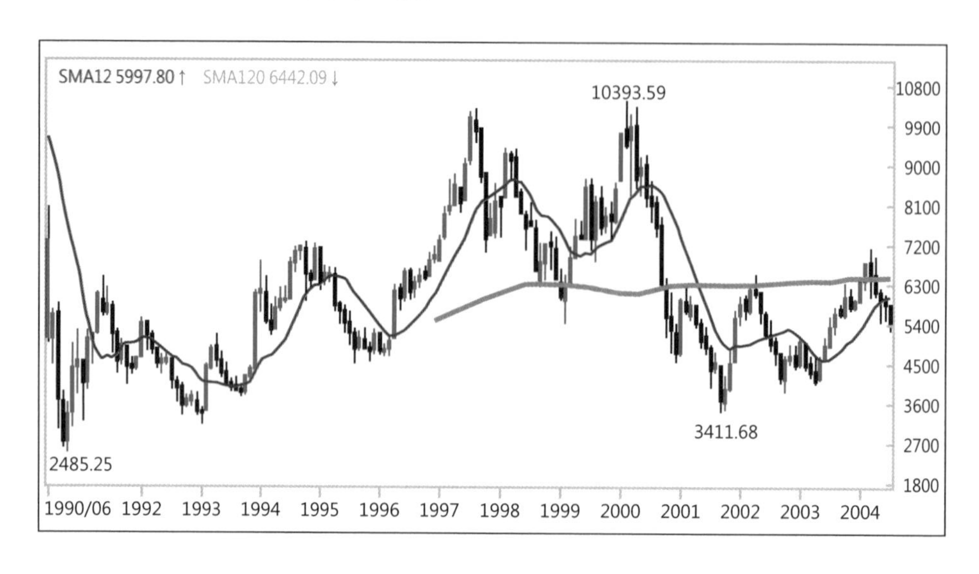


資料來源：XQ 嘉實系統

## 2001 到 2008 年的 7 年循環周期

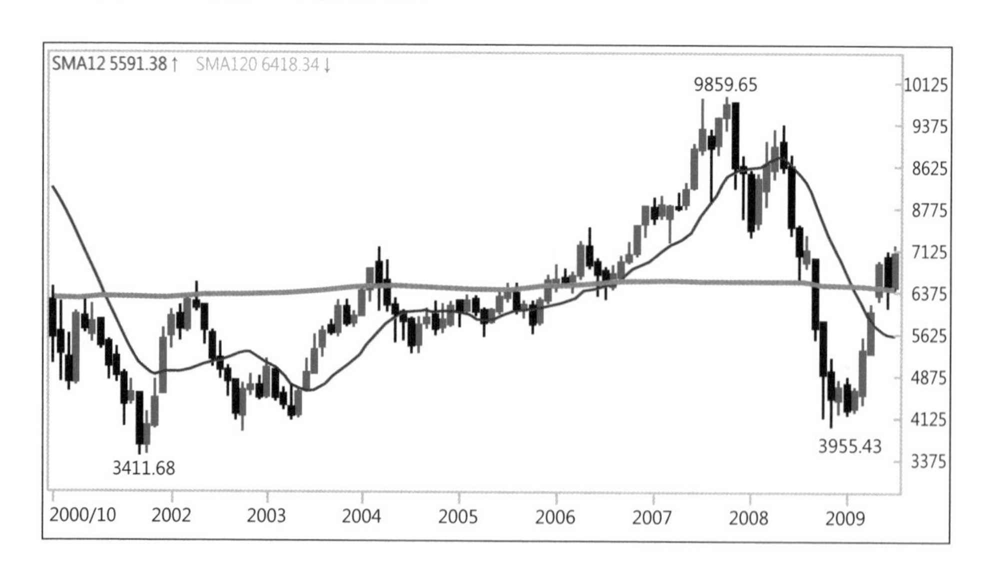


資料來源：XQ 嘉實系統

**2008 年至今榮景尚未結束，挑戰史上最長紀錄**

資料來源：XQ 嘉實系統

**2008 ～ 2022 年以來的上升趨勢線（虛線），接近 10 年移動平均線（灰線）**

資料來源：XQ 嘉實系統

## 2009 年起的史上最長榮景

時間拉回 2008 年，起因於美國的金融海嘯衝擊全球經濟，直到 2010 年以後，歐洲仍然深陷在歐洲債務危機的泥沼中無法自拔，歐洲央行推出量化寬鬆貨幣政策，甚至將利率調到負利率，還是無法激勵景氣快速復甦；日本在人口老化的魔咒下，當時的日本首相安倍晉三積極重振經濟，奮力射出景氣刺激方案的箭，但是景氣依舊低迷；中國國家主席習近平推出「一帶一路」的新經濟戰略，經濟成長率也不如以往。

相較之下，美國的經濟復甦就顯得相當健康，美國房地產正向發展，美國四大指數不斷創新高，2016 年川普（Donald Trump）就任總統後，道瓊指數也站上 2 萬點，川普為了實現他的政見，提高美國的就業率和經濟成長，推出擴大公共基礎建設的政策，同時要求美國和國際大企業到美國投資設廠。由於美國「再創新」和「再投資」創造出新的景氣循環。

### 榮景延續關鍵 1：美中貿易戰

川普上台後，除了鼓勵投資，為了實踐他在選舉時的承諾「讓美國再度偉大」，他也在世界各地發動貿易戰。中國是美國最大貿易逆差國，加上中國勢力崛起，習近平推動「一帶一路」、「2025 中國製造」，這些都觸犯了美國的國家利益，川普決定揮兵中國，對中國啟動貿易戰。

川普在 2018 年 7 月 6 日啟動第一輪 340 億美元關稅，產品包括：工業機械、電子零組件。8 月 23 日啟動第二輪 160 億美元關稅，產品包括：半導體、化學品。接下來是第三輪 2,000 億美元關稅，產品包括：食品、皮革製品等。累計美對中第一、二輪共 500 億美元與第三輪 2,000 億美元品項之後，關稅影響的範圍已經普遍包含所有商品類別，如消費、服飾與食品等，川普暗示將擴大到從中國進口的所有商品。

川普此次做了前幾任總統不敢做的事「引爆貿易戰」，他有恃無恐的原因在於，美國當時幾乎達到充分就業、股市處於歷史高點、房地產市場欣欣向榮。美國當時是全世界表現最佳的經濟體，也是第一個啟動停止量化寬鬆，並且從 2016 年開始升息的國家，這些經濟實力都足以支持他的

## 2009～2021年那斯達克指數走勢

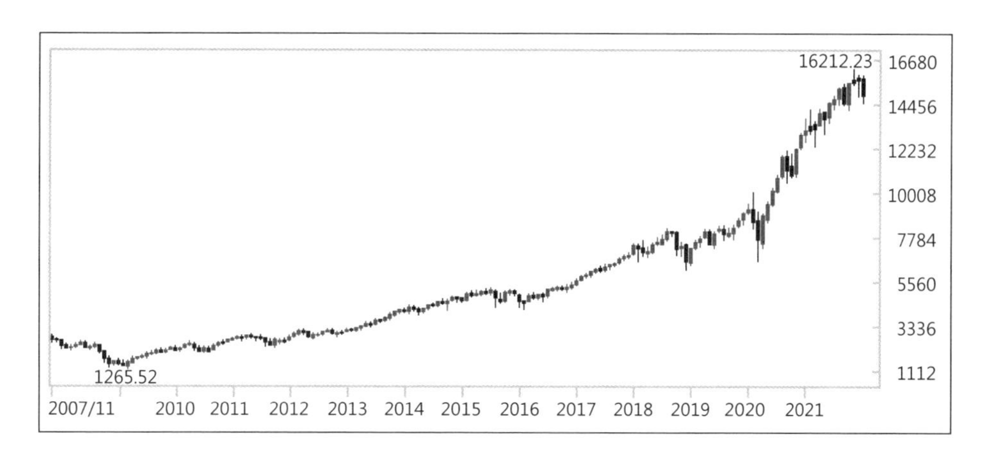


資料來源：XQ 嘉實系統

## 2009～2021年費半指數走勢

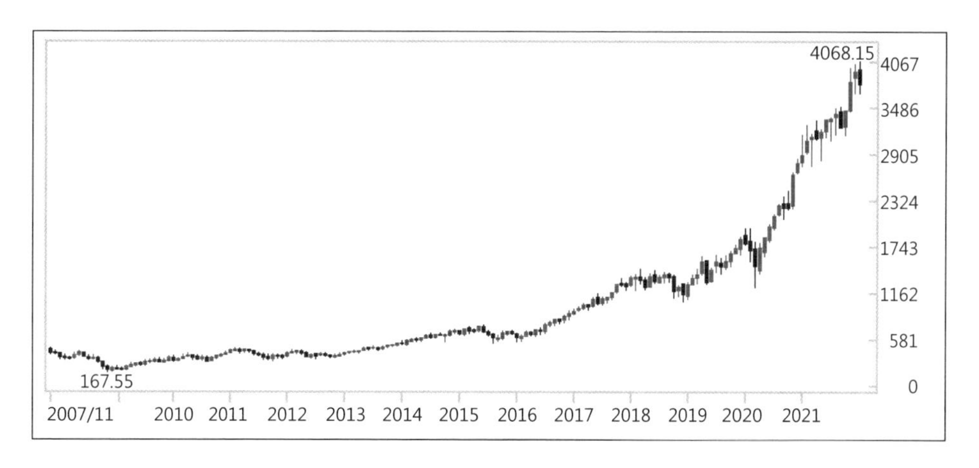


資料來源：XQ 嘉實系統

作為。

面對美國的強硬態度，中國也不甘示弱提出各式因應對策，針對美國產品也相對應提高關稅，其中以美國農畜產品為主要對象。中國過去大量向美國採購大豆及農畜產品，中國放話將由巴西和阿根廷取代。這些農畜產品的生產地區都位於川普鐵票區，中西部的選民頓時成為美中貿易戰的受害者，自然對川普形成龐大的壓力。

中國也針對美國的高科技公司和跨國企業，在中國的商業行為進行非關稅行為的貿易障礙，例如延緩通關時間、發動民眾愛用國貨、杯葛在中國的投資案或購併案。美國的車廠如福特、通用汽車都開始感受到壓力，美國波音公司一半以上的營收來自中國，更是憂心忡忡。中國更透過遊說團體，促使美國參議院在 7 月 11 日，以壓倒性的票數通過了一項決議，約束川普的關稅權力，這是美國會首度對川普行使總統關稅權力做出的立法行動。

---

**美國貿易戰歷史**

美國發動貿易戰由來已久，1930 年美國執行斯姆特．霍利關稅法案（The Smoot-Hawley Tariff Act），針對歐洲農產品傾銷美國進行調查，最後提高農產品等 2 萬種商品關稅，他國一致對抗，最後加重經濟大蕭條危機，被認為是引發第二次世界大戰的其中一個原因。1971 年總統尼克森加徵 10%進口附加稅，日歐要求立即撤回附加稅被廢止。最後日本向歐洲的出口增加，導致貿易摩擦。

1980 ～ 1990 年代日美貿易摩擦，美國對日本紡織、鋼鐵、半導體、及汽車等商品施壓，並發動制裁關稅。日本迫於美國國內政治壓力，選擇在某個領域讓步，簽訂協定後。1985 年市場指導型分領域協議：開放醫療器械、超級電腦；1986 年廣場協定，聯合干預美元匯率，1986 日美半導體協定，日本承諾自主限制出口並接受外國半導體進口。

---

**聯準會於 2018 年 4 度升息**

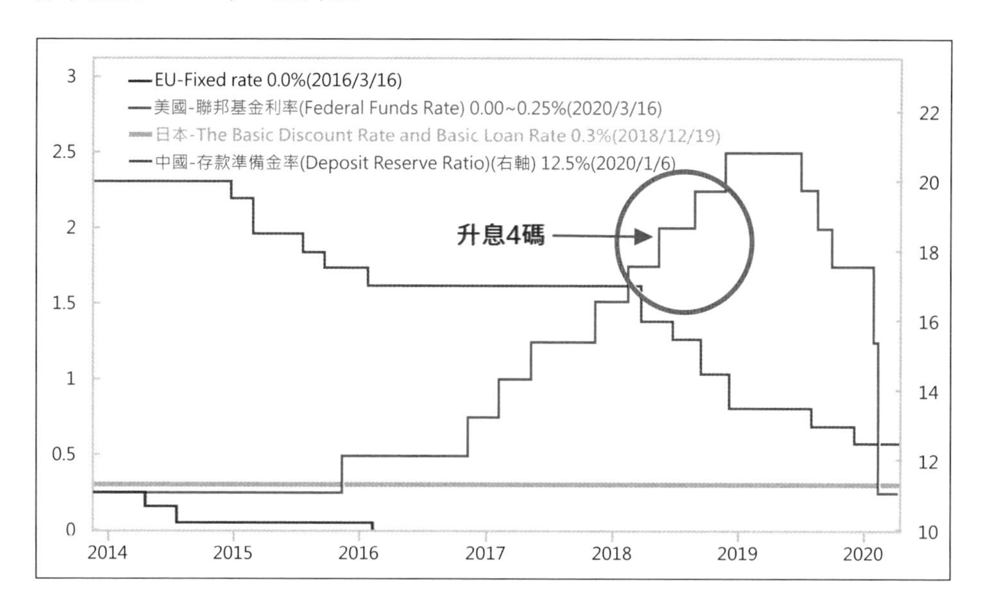


資料來源：券商報告

在美中貿易戰不斷升級的過程中，川普民調持續走高，總體支持率升至 50%創就任以來新高，支持率超過前任歐巴馬的同期水平。

<u>美中貿易戰殃及全球景氣</u>

2018 年的國際金融市場十分不平靜，除了川普在世界各地發動貿易戰，向中國下重手，防止中國勢力崛起，影響美國的國家利益，美國聯準會也持續進入升息循環，並積極回收量化寬鬆政策撒出去的錢，新興市場的資金回流美國，造成新興市場例如土耳其、阿根廷和巴西等國在 2018 年第三季出現股市、匯市、債市三跌。聯準會更於 2018 年 4 度升息，投資人的信心在美中貿易戰愈演愈烈的環境中大受打擊，放大經濟衰退憂慮。

歐洲地區也不平靜，英國脫歐的戲碼反覆不定，義大利債台高築，法國出現黃背心運動，這些事件對歐洲而言就像是個不定時炸彈。歐洲央行主席德拉吉（Mario Draghi）表示，2018 年年底 QE 退市計畫不變，讓市場擔心資金緊縮後的不利因素。

2018 年中國景氣表現也不如預期：貿易戰、消費降級、高檔消費品大跌、P2P 信貸出問題、人民幣走弱、中國上證指數進行 2,500 點保衛戰，二線房價開始出現鬆動現象，整體 GDP 逐季下滑。

2019 年，聯準會主席鮑爾（Jerome Powell）擔心美國景氣無法再次成長，因此提出預防性降息 3 碼的政策。聯準會在 8 月 1 日宣布降息一碼，並決議在 8 月提早終止「縮表」（停止購債，縮減資產負債表的簡稱）。聯準會預防性降息的政策，也連帶促成多國央行紛紛進行降息，紐西蘭、馬來西亞、澳洲、菲律賓、南韓、印尼和南非降息 1 碼，印度降息 3 碼，可見各國央行已經啟動寬鬆的貨幣政策。

8 月 14 日美國 10 年期公債殖利率在 1.623%，已低於 2 年期公債殖利率的 1.634%，導致債市主要的殖利率曲線反轉，也就是殖利率倒掛（第 5 章會詳細說明）。過去債市發生這種現象，都是經濟最終將衰退的信號，所以當天金融市場信心崩跌，投資人恐慌性賣壓瞬間湧現，美股四大指數同步重挫。

### 美國公債 10 年與 2 年期利差倒掛

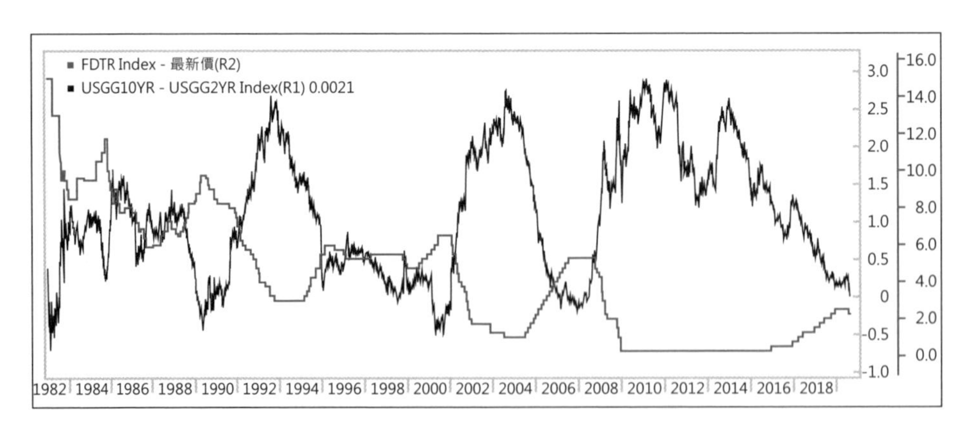


資料來源：券商報告

## 貿易戰 2018 年 10 月開打，台股 2 周暴跌 14%

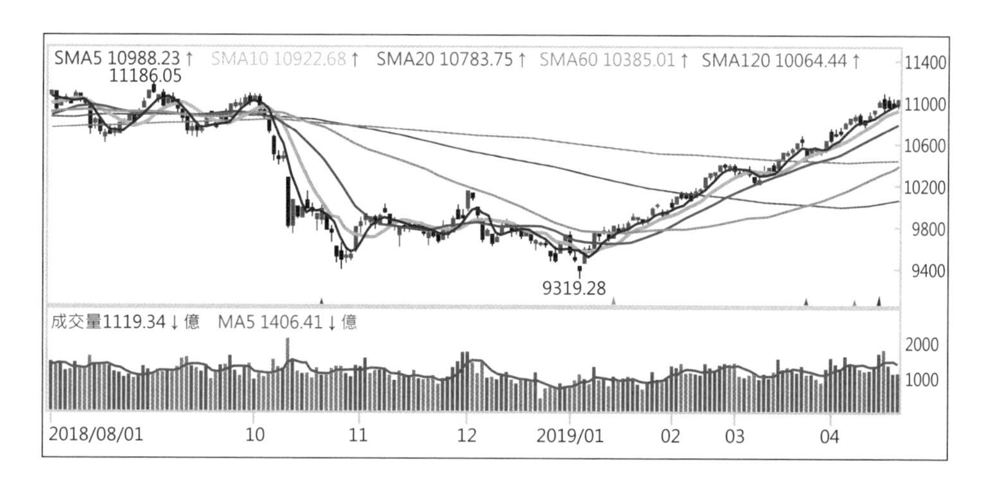


資料來源：XQ 嘉實系統

### 台灣是貿易戰的最大受惠國

美中貿易戰衝擊全球金融市場，損害美中兩國的經濟，美國的損失主要與消費者物價指數上漲有關，中國的損失則是出口大幅下滑。美中貿易戰導致 2019 年上半年，中國輸美商品減少四分之一，推升美國消費跟物價，中美雙方兩敗俱傷。美中貿易戰由 2018 年 10 月開打，全球股市也連帶因恐懼而出現暴跌的情形，台股短短的 2 周時間由 11,000 點暴跌到 9,319 點，跌幅高達 14%。但事後證明貿易戰最大受惠國則是台灣，2019 年上半年台灣對美出口增加了 42 億美元，主要的是半導體和通訊設備。回頭一看，9,319 點竟然是 2019 年的最低點，從此台股頭也不回地一路上攻。

因為美中貿易戰雖然對全球經濟及產業景氣添增變數，不過中國廠商「去美化」，讓台商撿到槍，有填補缺口機會，台積電等多家台灣半導體廠從中受惠。日韓貿易戰也有利於部分台灣半導體廠增加出貨。在產業方面，中、日、韓等國家紛紛加速 5G 發展，2020 年 5G 與高效運算客戶對 5 奈米製程需求強勁，台積電為此決定加速 5 奈米製程產能建置，資本支出規模將增加到 110 億至 120 億美元。在全世界，台灣半導體聚落最為完整，上下游供應鏈環環相扣，台積電發揮母雞帶小雞的特質，引領台灣半導體產業和電子業趨勢向上，成為推升台灣 2019 年到 2020 年經濟成長的動能。

資金加速回流，台灣錢淹腳目

受惠於美中貿易戰，全球資金蜂擁來台，2019 年新台幣升值強勁，新台幣成為全世界最強勢的貨幣，幾乎重演 1980 年代台灣錢淹腳目的景況。探究其原因，是海外資金兵分多路匯入台灣。

其一是政府 8 月推出《境外資金匯回管理運用及課稅條例》，台商資金匯回首年稅率 8%，次年 10%，若實際投資稅率減半，匯回資金 5% 可自由運用，另外 20% 可進行金融投資。基於稅率的誘因，台商在海外遊蕩的資金紛紛回台，經濟部預估金額約有 7,000 億。11 月金管會表示將與央行協商，考慮有條件的開放國內企業可以在國際金融業分行 OBU 開戶，讓台灣成為更多台商資金的調度中心，此法已於 2020 年 10 月上路，回台資金更暢行無阻。

其二的資金是來自於歐洲債券型基金，當時歐洲是負利率，歐洲債券

### 資金加速回流，新台幣強力升值

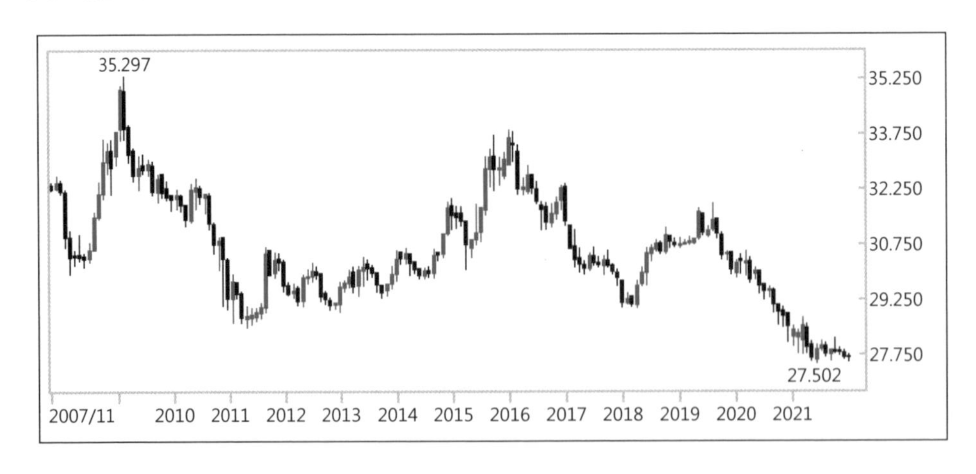


資料來源：XQ 嘉實系統

基金的基金經理人，著眼於台股的股息殖利率優於將歐洲，所以將資金匯入台灣，買進大型績優權值股如台積電，把股票當債券來買。

其三是全世界央行都在降息，只有台灣不降息，在利差的誘因之下，全球的資金匯入台灣，享有比較高的利率。其四是亞洲共同基金的基金經理人，知道下一波的產業趨勢是在半導體產業，新興亞洲市場只有台灣半導體聚落最完整，因此賣出東南亞國家股票轉往台灣。

金管會為了迎接這一波資金浪潮，也推出各項政策因應。金管會宣布，將同意「金總白皮書」的建議，開放一定資格的外資，以海外有價證券或外幣當擔保，向證券商借錢投資台股。金管會也積極研議媲美「星港財富管理方案」，為台股增添活水，即海外投資人的錢不用匯進來，就能享有投資台股的好處。

有了資金的挹注，當然也要產業趨勢往上，相關公司的股價才會有表現。這波台灣的半導體表現最佳，從上游的半導體 IP、半導體設計、矽晶圓，到中游的代工和封裝測試業表現都很傑出。以半導體的產業類別，除了記憶體產業還有待觀察外，邏輯運算 IC、砷化鎵 PA、MOSFET 和二極體表現都很好。台股的權重以電子股為主，電子股又以半導體產業成分最重，影響指數最大，當半導體產業趨勢向上，台股指數欲小不易。

除了大盤指數不斷往上，台灣的房地產市場也蠢蠢欲動。2008 年，總統馬英九調降遺產稅和贈與稅到 10%，引爆台商資金回流台灣炒作房地產，造成台灣房價狂飆。政府為了壓抑房價上漲，推出奢侈稅、實價登錄、房地合一稅、調高地價稅和房屋稅等政策，但是房價依然居高不下。

2019 年新台幣利率仍在低點，資金相當寬鬆，房價似乎跌不下去，買盤慢慢湧現，特別是電子業的從業人員，買屋的實力愈來越強。加上台商回流，工業區的土地和辦公樓的價格，出現明顯上漲，國泰房地產指數顯示，2019 年第三季台北市 A 級商辦租金較 B 級商辦及新北市租金，有較顯著的年成長率。北市 A 級商辦空置率已由 2018 年第三季的 11.30%，降至 2019 年第三季的 7.13%。

**2019 年聯準會預防性降息 3 碼，發揮效果**

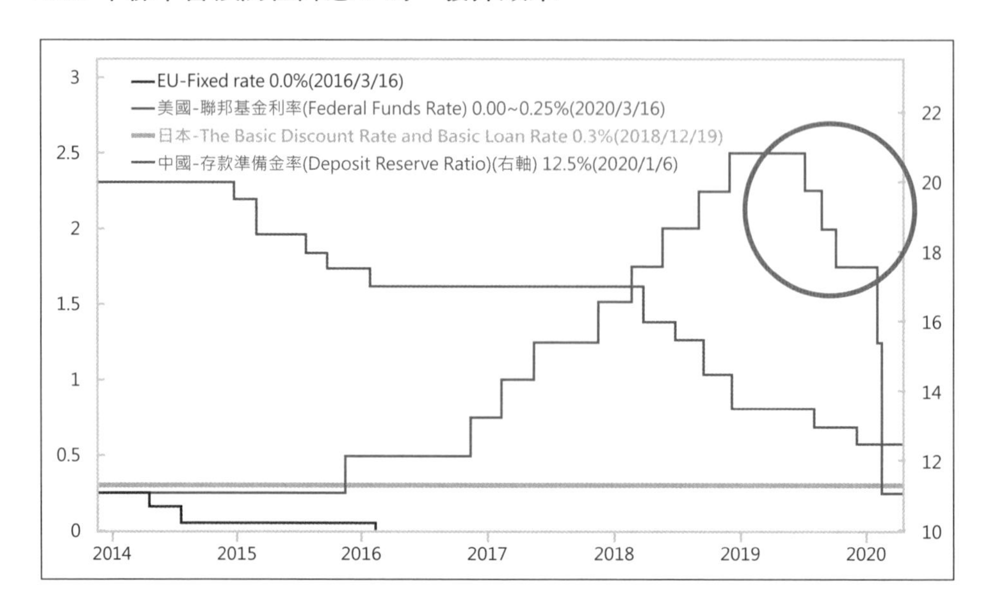


資料來源：券商研究報告

聯準會三次預防性降息發揮效果

為了提振經濟以減緩全球成長下滑及美中 17 個月貿易戰的影響，2019 年聯準會 3 次降息，1 次 1 碼，共 3 碼，被視為是對美國經濟打預防針。這三次「預防式」降息也發揮效果，2019 年 11 月份非農就業新增人數高達 26.6 萬，創 10 個月來最大增幅；11 月份失業率降至 3.5%，創 50 年來新低。薪資也持續成長，拉長景氣榮景期間，讓景氣循環的擴張期再延續一年到一年半，至少延續至 2020 年。聯準會在 2019 年底暗示 2020 年不會降息，但是量化寬鬆政策仍然不變，從 2019 年 11 月進行每個月 600 億美元的購債計畫不變，預計持續到 2020 年第二季，有利於資金行情的延續。

## 景延續關鍵 2：新冠疫情延燒全球

看似前景一片光明的 2020 年，沒料到卻在春節期間，中國新冠肺炎疫情從湖北省武漢市跨省蔓延至全國，市場上原本認為是中國的事，病毒傳播速度之快，卻出乎意料之外。首先是韓國和日本出現大規模的群聚感染，接著引爆遠在歐洲的義大利，接著歐洲國家的確診案例急速攀升，美國也跟著淪陷。疫情向世界每一個角落蔓延，速度之快、範圍之廣，為本世紀所罕見，引起全球恐慌。

歐美地區以義大利最為慘烈，總理孔蒂（Giuseppe Conte）不得不下令全國封城。義大利宛如歐洲版的武漢，是因為 1990 年代中國移工開始移入普拉托（Prato），在當地紡織及成衣廠工作。普拉托自 11 世紀便是義大利紡織中心，義大利廠家要掛上 Made in Italy 的標籤，又想降低成本，因此引進中國移工，普拉托成為中國移民人口占比最高的歐洲城市，其中又以溫州移民為大宗。2020 年中國移工回到中國過春節後，返回義大利，自然攜帶大量病毒入境。

## 疫情衝擊全球景氣，PMI 跳水

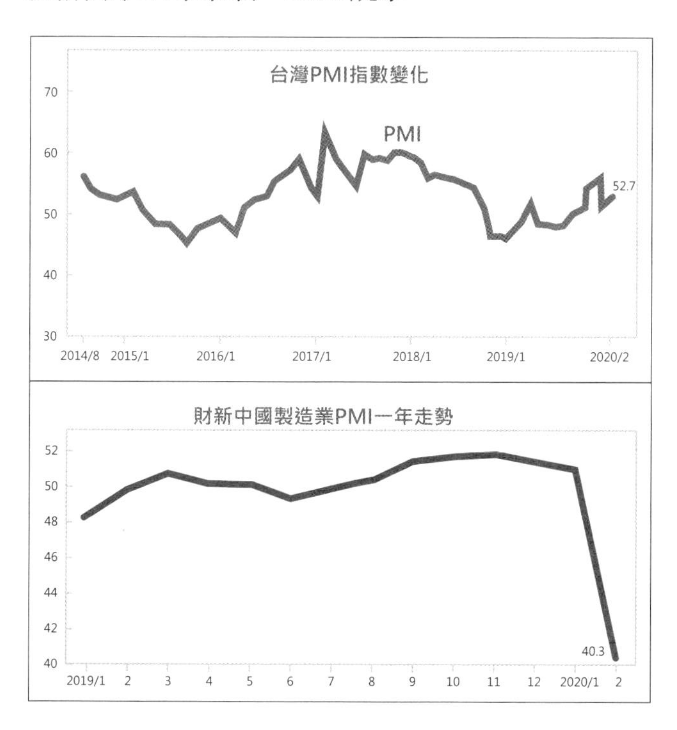


資料來源：《工商時報》

美國原本認為事不關己，總統川普還一派輕鬆地把它視為流感，隨著美國確診案例逐日攀升，美國疾病管制與預防中心表示，新冠疫情將在美國造成大流行，美國已經進入疫情的暴風圈，3 月 14 日川普宣布全國緊急狀態，撥款 5 百億美元抗疫。

全球經濟快速減緩

當時經濟合作暨發展組織（OECD）表示，若疫情持續廣泛擴散，全球經濟成長恐將減半，成長率可能進一步下探 1.5 %。國際貨幣基金組織（IMF）總裁喬治艾娃（Kristalina Georgieva）指出，疫情擴散使得全球經濟展望轉往更淒慘的情境。

Markit Economics 於 2020 年 3 月 3 日公布 2 月全球製造業採購經理人指數（PMI）指數從 50.4 大減到 47.2，創下 2009 年 5 月以來最大的單月降幅。新冠肺炎的爆發嚴重干擾全球供應鏈，消費財、中間財及資本財產業全數下滑。 2 月 29 日中國國家統計局指出，受到疫情影響，中國 2 月官方製造業採購經理人指數由前月的 50 大幅下滑至 35.7，官方非製造業

**2020 年 3 月 9 日 1 天熔斷 3 次，連巴菲特都沒見過**

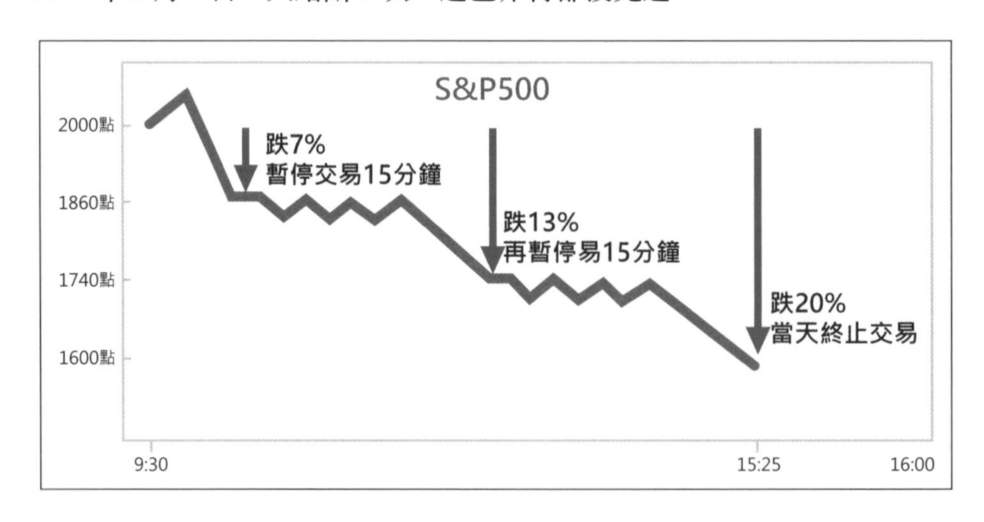


資料來源：《非凡商業周刊》

PMI 指數由前月的 54.1 降至 29.6，皆創下歷史新低。

疫情對美國和歐洲經濟的衝擊主要是民間消費，2019 年美國民間消費占 GDP 的比重高達 70%，美國民眾在恐慌情緒下，減少外出購物、旅遊和參與大型聚會等商業活動，服務業的銷售出現斷崖式下降，能源、大

**2020 年新冠疫情爆發，美股崩跌**

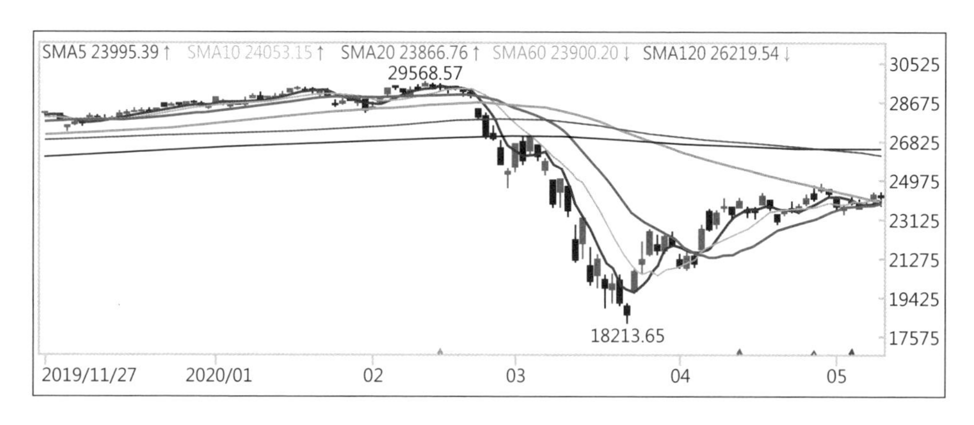


資料來源：XQ 嘉實系統

**2020 年新冠疫情爆發，台股崩跌**

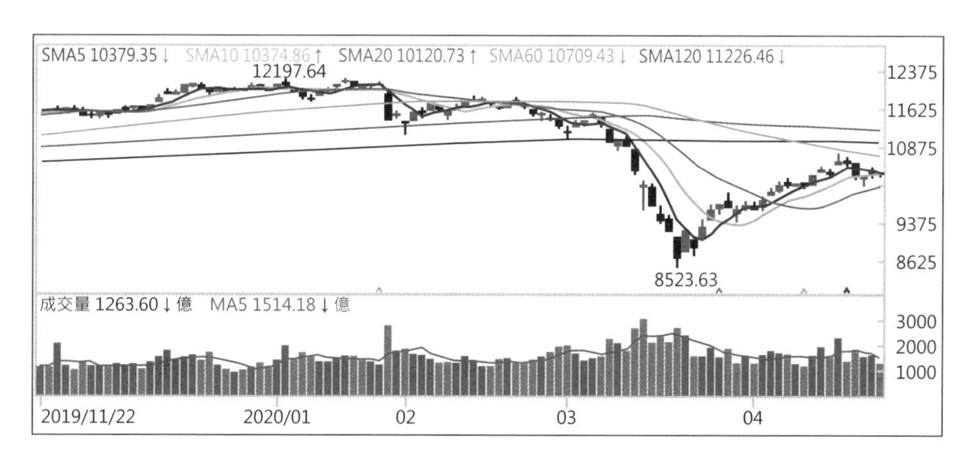


資料來源：XQ 嘉實系統

宗商品、航空航運等行業訂單驟減。美國知名運動明星和電影明星染疫，球賽紛紛暫停，電影行業停擺，使得民間消費下滑。

股市重挫

另外，由於新冠病毒疫情逐漸開始在中國以外地區蔓延，全球金融市場瀰漫恐慌賣壓，2 月 24 日，道瓊指數和富時 100 指數當日跌幅超過 3%，並在之後的一周內經歷 2008 年金融危機以來最差的表現。

2020 年 3 月 9 日，當日由於新冠病毒疫情和沙烏地阿拉伯及俄羅斯因石油生產分歧，油價瞬間暴跌，引發全球股市創下自 2008 年經濟大衰退以來最大單日跌幅。美股三大指數開盤後全線下跌。其中納斯達克指數跌 7.2%，道瓊指數跌幅為 7.79%，創下次貸危機之後的最大跌幅，標普 500 指數跌 7%，歷史上第二次觸發熔斷機制，美股三大股指全部暫停交易 15 分鐘。台股也從 3 月高點的 11,525 點下跌至 8,523 點，總共下跌了 3,002 點。

3 月壓垮全球股市的三大賣壓是：ETF 基金、中東主權基金和程式交

**2020 年 4 月 20 日，5 月原油期貨跌到負 40 美元**

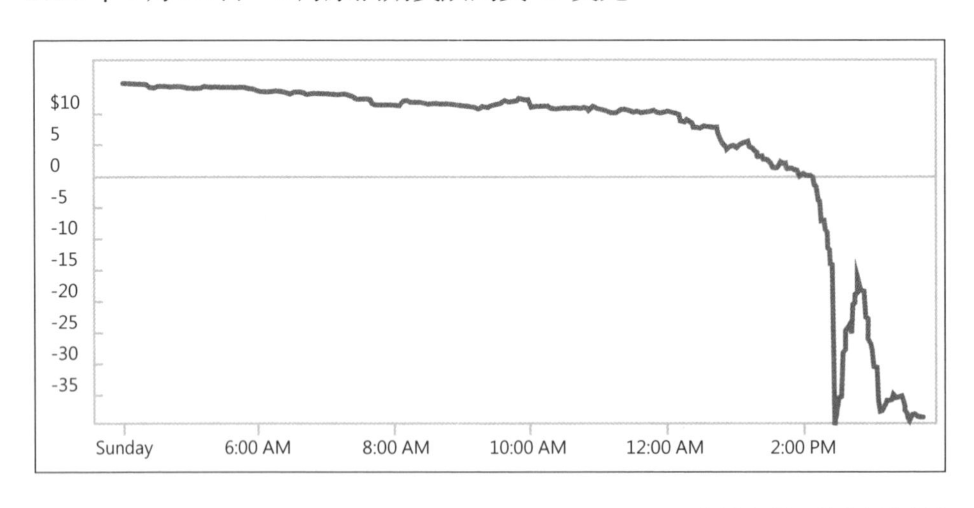


資料來源：券商研究報告

易系統。近年來，EFT 基金的規模成長太過迅速，基金經理人為了和指數漲跌同步，買進的股票都是大型權值股，一旦出現指數下跌，就會賣出手中的權值股，如此惡性循環。

中東主權基金也是以全球大型績優權值股為投資標的，3 月主權基金在全球狂賣股票，讓股市一路下跌。最後是程式交易系統，大家設定的停損點都差不多，一旦觸擊停損價位，賣單瞬間湧現，投資人信心崩潰，停損和逃命的賣壓湧現。

油價崩盤

因為疫情爆發，引發工廠停工和運輸停擺，用油需求大減，加上春天是石化產業的淡季，全球原油的需求量已經減少 1/3，明顯供過於求。2020 年 4 月 20 日真的是精采的一天，5 月原油期貨竟然從 18 美元跌到變成負 40 美元。為了穩定油價，石油輸出國組織（OPEC）和俄羅斯在維也納舉行減產協議。俄羅斯拒絕支持石油輸出國組織再大幅減產的提議，認為減產只會讓美國頁岩油商占盡便宜。沙國為了逼迫俄羅斯回到談判桌，自行宣告調降官方出口的油價，同時增產原油，國際油價聞訊大跌。表面上是石油輸出國內鬨，實際上是希望藉由低油價，逼迫美國頁岩油商賠錢賣油，最後退出市場，全球油品的主導權又回到中東產油國的手中。

國際油價崩跌，對金融市場的影響極為深遠。中東國家賣油過日子，油價大跌，中東國家將出現財政缺口，中東主權國家基金只好賣股、賣債和賣黃金求現，國際金融市場賣壓沉重。美國頁岩油與開採石油相關公司皆發行高收益債來支應開支，若油價持續在低檔，可能會讓這些公司因為付不出利息，進而違約甚至倒閉，油價越低違約風險越高，美國高收益債與銀行類股的價格呈現下跌的走勢。

各國央行降息因應

面對疫情衝擊，為了避免流動性風險引爆全球金融市場的失序，各國央行紛紛降息救市。2020 年 3 月 3 日美國聯準會意外宣布降息 2 碼，將聯邦基金利率降至 1.0%～ 1.25%，這是自 2008 年金融危機以來首次意外降息，聯準會主席鮑爾解釋，因為看到美國經濟前景面臨風險，選擇採取行

**2020 年疫情衝擊，美國聯準會瘋狂降息救市**

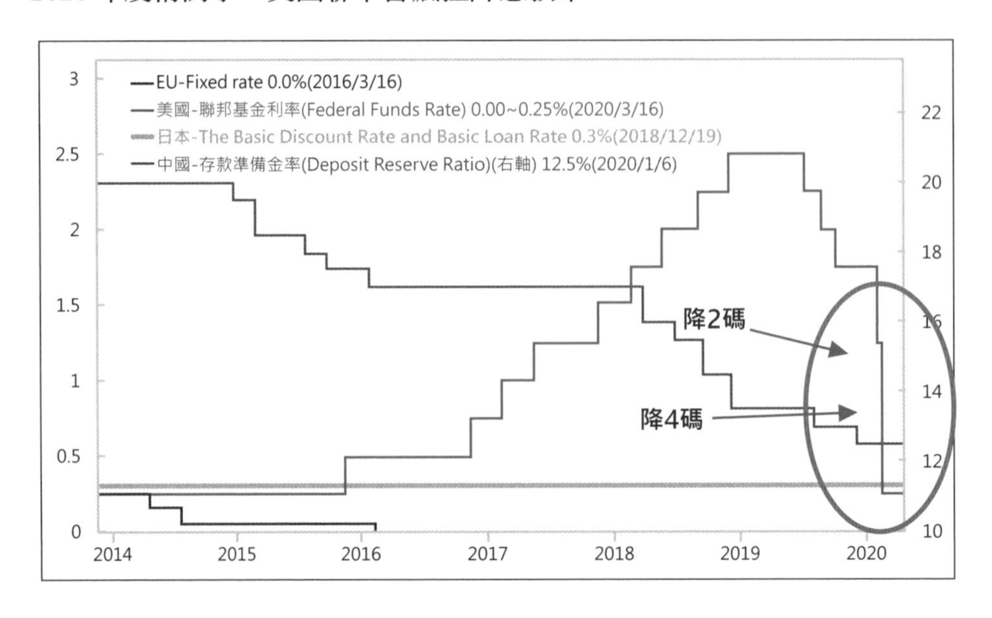


資料來源：券商研究報告

動，市場解讀聯準會意外降息是暗示疫情衝擊經濟力道，將比預期還要來得慘烈。3 月 15 日又宣布調降基準利率 4 碼，利率一口氣來到 0%～0.25% 的目標區間，並推出高達 7,000 億美元的量化寬鬆措施，最後竟然推出無限的量化寬鬆貨幣政策。4 月 9 日又推出 2.3 兆美元的新一輪刺激方案，暗示援助中小企業，甚至連垃圾債也是買進的標的。

英國央行也在 3 月 11 日宣布降息 2 碼至 0.25%，此為 2016 年 8 月以來首次降息；歐洲央行雖然未如預期跟進降息，但也在市場上投放 1,200 億歐元救市；中國人民銀行如市場預期在 3 月 11 日宣告定向降準，投入人民幣 5,500 億元。各國央行紛紛採取寬鬆貨幣政策，試圖吹出更大的泡沫來挽救這次危機，雖然短期可見到成效，未來將面臨更大的危機。

防疫居家概念產業崛起

一場百年一遇的大瘟疫，重創許多產業，也讓很多行業異軍突起。有人開玩笑，大家因為疫情紛紛戴上口罩，只露出眼睛，所以口紅生意暴跌，眼影銷售一路長紅。

台灣旅遊業是受傷最嚴重的產業，國外旅遊完全停頓，郵輪成為疫情的毒窟，國內旅遊也受到影響，旅遊業面臨史上最大寒冬，比 2003 年的 SARS 更嚴重。旅遊業的蕭條擴散到精品、禮品店、遊覽車、旅店、觀光區、遊樂場和電影院。餐廳是另一個受到重創的行業，老牌餐廳紛紛歇業，五星級的飯店則苦撐待變。航空、客運服務、計程車等運輸業都受到影響。這些產業的從業人員不是放無薪假，就是被裁員資遣，家庭生計頓失依靠。

電子產業中，以手機的銷售影響最大，無論是蘋果的 iPhone、韓國的三星，或是中國自有品牌的華為、中興、OPPO 、VIVO 等銷售量一再下修。以中國市場為例，自 2020 年 2 月起手機通路存貨周轉天數，已經超過 40 天，一般手機存貨周轉天數約 20 天，實體通路因為隔離封閉政策的影響，讓中國手機市場急凍。因為消費者只想將錢花在刀口上，寧可購買防疫產

**做口罩的恆大，因疫情股價狂飆 13 倍**

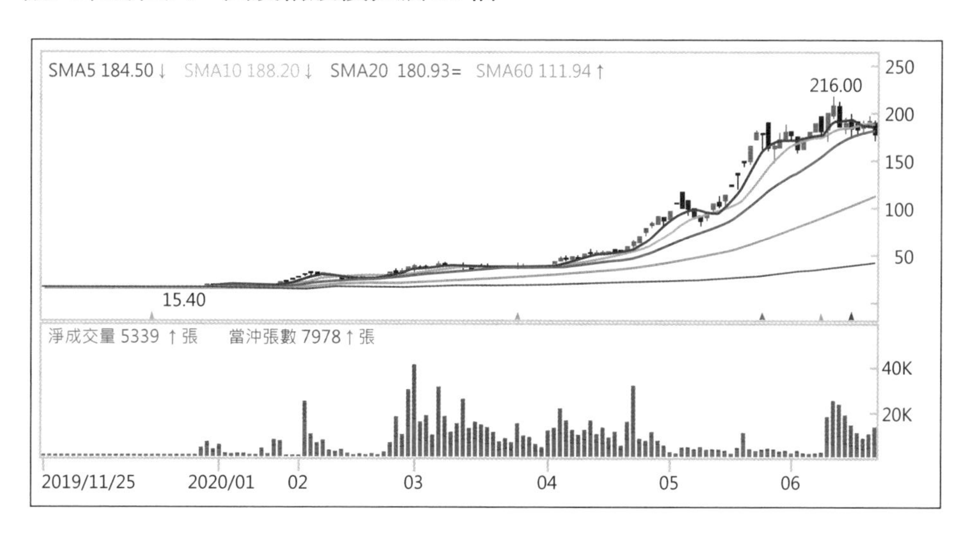


資料來源：XQ 嘉實系統

品或食品等民生必需品，對強調高價位的智慧型手機，完全無感。

歐美人士為了配合政府隔離政策，員工必須居家辦公、會議採用線上開會、學校需遠距教學，使得相關應用軟體需求倍數拉升，出貨量應聲成長。相較於重災區的智慧型手機、筆記型電腦、平板電腦第 2 季原本是銷售空窗期，通路庫存水位也低，但是疫情帶來的宅經濟效益，需求突然增加，導致庫存因應不及，筆記型電腦和平板電腦的零件供應鏈滿手訂單、供不應求。用鹹魚翻身來形容 2020 上半年的筆電產業，再適合不過。

急單受惠族群中則以防疫相關最為明顯，包括清潔用品、口罩、耳溫槍、檢測試劑與藥品等族群。原本排斥戴口罩的歐美人士，也開始戴起醫療用口罩。口罩分三層，外層防水層採用 PP 不織布，防止細菌與飛沫；中層過濾層使用熔噴不織布，阻絕病原體；內層吸濕層用 PP/PE 不織布，吸收配戴者呼出的氣與水分。熔噴不織布是關鍵技術，影響口罩濾材效率，全球都在搶貨，2020 年初 1 噸約 5 萬元，到了 4 月喊價到 1 噸 50 萬元。

進入公共場所量體溫，已經成為日常的習慣，耳溫槍、額溫槍和紅外線體測溫儀更是奇貨可居。檢測試劑有三種：全檢（RNA 檢測）、快篩（抗原檢測）、後檢（血清抗體），檢測試劑因需求大增，製造商 24 小時全能生產，仍然無法滿足市場需求。

## 美中衝突加劇，台灣取得最大優勢

前面提過，美國為了防止中國坐大，挑戰美國霸權的地位，近年來衝突不斷，由貿易戰打到科技戰再到南海軍演，即使疫情未見曙光，這些衝突仍會一再發生。但台灣在這些衝突中，都居於關鍵角色。

在貿易戰方面，台商早期到中國經商，雖然工廠在中國，但是最重要的關鍵技術都留在台灣。中美貿易戰拉高關稅，台商被迫遷移到東南亞，對中國生產力造成一定程度的壓力。

在科技戰方面，決戰點是在半導體產業，台灣半導體聚落完整，供應鏈綿密。美國要求台積電到美國設廠，就是要掌握最關鍵的技術。中國欠缺 IC 的矽智財、設計和高階代工，這是台灣的強項，中美都積極拉攏台灣。

在軍事方面，南海風雲詭譎多變，中國進行奪島演習，美國派航母群巡弋南海，台灣也加強東沙群島的戰力。中國要由陸權國家擴展成為海權國家，必須突破第一島鏈，美國當然不樂見此一形勢，台灣居於咽喉要地，為兩強必爭之地。

香港《國安法》通過，人流與金流轉往台灣

香港是西方世界進入中國的一個重要關口，早期西方文明都是經過香港口岸傳入中國，香港西化程度最深，也最容易和西方世界連結。這是因為香港是中國第一個割讓給西方世界的殖民地，早期中國的特殊原料、中藥材和移工，透過香港輸出到全世界，30 年前台商西進中國設廠經商，也都是由香港轉進中國。

香港一向是中國人的避難所，當中國發生動盪時，中國的人流和金流都往香港避難。清朝時期的革命黨員，以香港為根據地，日本侵華時期，有錢人逃難到香港，國民黨丟掉中國政權，地主企業家擔心被清算，也紛紛舉家來到香港。近年中國國家主席習近平掌握黨、政、軍於一身，反習近平的勢力也撤退到香港。

香港之所以能扮演中國避難所的角色，主要是英國在香港建立一套西方的法治精神和制度，即使 1997 年香港回歸中國，英國和中國的條約中，雙方對於香港的法治是絕對尊重，這是確保香港 50 年不變的基石。2019 年起習近平強推「送中條款」和香港《國安法》，就是希望把手伸到香港，一舉把反對勢力消滅。

當香港《國安法》通過後，這個保護傘就消失了，香港的財團、企業、金融機構和有錢人勢必離開香港，這些人流和金流轉進的首選是新加坡和台灣。台灣產業的多樣性、股市的活潑性、政治多元性和人文的底蘊，都優於新加坡。從近年新台幣升值的幅度、不動產的熱絡程度和股市漲幅，都優於東南亞國家，就可以得到應證。

## 半導體過度投資引爆產業泡沫

產業之所以泡沫破滅，通常是產業過度看好未來的需求，大幅度增加資本支出，當產能大量開出來，需求沒有預期的好，產業榮景來到高點後，接著就進入衰退期。

這樣的邏輯放諸四海皆準，無論是單一產業，或是景氣循環，都有前例可循。1990 年台灣開放新銀行設立，各財團紛紛成立新銀行，最後在 1998 年出現台灣本土型的金融風暴，新銀行和信用合作社大整併。1995 年台灣、中國和韓國大舉投資面板、DRAM、LED 和太陽能產業，最後也是過度投資，套牢一堆投資人，當時被封為「四大慘業」。

1980 年代日本過度投資房地產和金融產業，最後迎來 30 年的景氣低迷。1990 年代美國高科技和網路盛行，電子科技公司大舉投資網路產業，當時只要標榜「.com」的公司，就有大筆資金挹注，結果因為過度投資，引爆 2000 年 Y2K 高科技泡沫化的金融風暴。

2001 年中國崛起，成為世界工廠，製造便宜又廉價的商品銷售全球，中國需要大量原物料，到各國搜刮原物料，造成原物料價格飆漲，投資人為了抗通膨，大量投資房地產和原物料，最後引爆全球通膨，美國聯準會不得不升息因應，利率由 0% 拉升到 5.25%，最後引發 2008 年的美國次貸風暴，景氣榮景告一段落。

2009 年行動裝置引領半導體的榮景，半導體產業已經是「無所不在、無所不能」，半導體產業產能利用率滿載，紛紛調漲產品和代工的價格。2021 年半導體製造產業的大事是晶片荒，其嚴重性不但衝擊全球各個產業，從汽車到消費性電子產品，甚至連生產晶片的半導體設備自己都受到了影響。

2021 年各半導體製造廠商投入大量經費擴產，國際半導體產業協會（SEMI）預估，隨著許多新的 8 吋和 12 吋晶圓廠陸續在 2020 至 2024 年進入量產，將有 25 座 8 吋晶圓廠投入量產，60 座 12 吋晶圓廠新建或擴建。其中又以台積電在全球投資擴產與先進製程研發投資計畫最為驚人。這樣大規模的投資，是否會因為投資過度，再次引爆史上最大半導體的泡沫，值得持續關注。

## 大通膨時代來臨

2020 年是很具戲劇續性的一年，3 月疫情延燒，當時大家都認為 2009 年由美國行動裝置開啟的景氣循環將告一段落，沒想到疫情引爆大商機，全球景氣形成 K 型復甦，有些受惠產業好到無法想像，有些產業則不支倒地。幸而 2021 年各國疫苗陸續開打，預期景氣將逐步復甦，原本在資本市場上興風作浪的資金轉往原物料。各國央行擔心通貨膨脹再現，將採取緊縮的貨幣政策，此時就是一個警訊，這將是壓垮自 2009 到 2022 年 13 年榮景的最後一根稻草。

通貨膨脹這四個字，隨著原物料價格的上漲，成為 2021 年第四季最熱門的話題。通貨膨脹是指商品或是勞務的物價水準持續上漲，導因不一，包括需求拉動的通貨膨脹、成本推動的通貨膨脹、結構性的通貨膨脹、預期通貨膨脹、心理和輸入性的通貨膨脹。

這一次的通膨長期因素是因為 2020 年疫情發生，美國央行為了挽救經濟，降息 2 碼，不見效果，再降息 4 碼，還是無法挽回頹勢，最後推出無限量化寬鬆貨幣政策，各國央行也紛紛效法，資金經過貨幣乘數的加乘效果，到了 2021 年泛濫成災。過多的資金追逐特定的商品，通膨現象自然發生。

中期因素是供給減少所造成的通膨，2021 年以來，因為疫情干擾，碼頭工人出工率不高，海運出現缺櫃、缺船和塞港的奇特現象、海運價格一日三市，除了推升商品的成本，也讓市場上出現缺貨的情形。由於拿不到貨，廠商只好高價搶貨，通路商囤積庫存，市場上超額下單時有所聞。短期因素是中國限電、停電和調高電價的政策，讓全球的生產基地「中國」產出減少，製造成本上揚。當景氣向上，物價溫和上漲，是正向循環；萬一出現景氣衰退，物價大漲，就是市場最擔心的「停滯性通貨膨脹」（簡稱滯脹），這對全球金融市場的殺傷力不容小覷。

原物料價格居高不下

市場上常用，CRB（Commodity Research Bureau Futures Price Index）指數衡量原物料的價格，CRB 指數是由美國商品研究局彙編的商品期貨價格指數，於 1957 年正式推出，涵蓋了能源、金屬、農產品、畜產品和軟性商品等期貨合約，為國際商品價格波動的重要參考指標。

CRB 商品指數由 19 種原物料商品所組成，最主要的 5 項為：1. 能源：39%（原油、天然氣、汽油及熱燃油）。2. 軟性商品：21%（糖、棉花、咖啡、可可及橙汁）。3. 貴金屬與工業金屬：20%（黃金、銀、銅、鋁及鎳）。4. 農產品：13%（黃豆、小麥及玉米）5. 畜牧：7%（活牛及瘦豬）。因此芝加哥期貨交易所的穀物市場、石油與黃金的價格波動，都會大幅影響 CRB 指數的走向。

2021 年以來天然氣價格飆漲，歐洲民眾擔心冬天取暖會出問題，油價則創當年新高，布蘭特原油價格一舉超越每桶 80 美元，OPEC+ 仍然決議不擴產，引發塑化原料如 PVC、 EG 和 EVA 等大漲。不斷增強的電力

**2017 ～ 2021 年 CRB 指數走勢**

資料來源：財經 M 平方

需求，加上全球天然氣價格飆升，導致燃煤價格大漲。紐卡索港的燃煤價格是亞洲燃煤市場的基準，2020 年 9 月初跌落每公噸 46.18 美元，到了 2021 年逼近 2008 年的歷史高點 195.20 美元。銅價是最早大漲的金屬，2021 年雖有拉回，仍在高檔區。2021 年鋁價衝上 1 噸 3,000 美元，創 13 年新高。棉花價格創 10 年新高，帶動化纖產業的繁景，也讓服飾業成本大增。

2021 年以來，原物料價格平均上漲三成以上，9 月中國無預期限電和停電，再加上貨櫃運輸價格一日三市，輸出產品減少且成本暴增，年底歐美感恩節和耶誕節購物旺季，消費價格提高，形成嚴峻的通膨。聯準會減少購債，接下來就是升息，美元指數走揚，為全球經濟埋下大變數，形成完美的金融風暴。2022 年俄烏戰爭，更是一舉將油價推升到每桶 100 美元以上，鎳價更出現一天大漲 50%的歷史紀錄。

物價指數和央行的貨幣政策

一般物價水準及其變動數據，通常反映通膨壓力程度，而通貨膨脹又和實質利率水準息息相關。通貨膨脹影響投資人及交易商的投資報酬率，因此須密切關注通膨指標的變化。一般投資人常用的物價水準指數有三種，分別是、生產者物價指數（PPI）、躉售物價指數（WPI）和消費者物價指數（CPI）。

生產者物價指數是指廠商採購原料的價格，躉售物價指數是指通路商向廠商進貨的價格，消費者物價指數是指一般民眾購物的價格，這三個數字互相影響，並且有傳導性。

政府和相關單位會定期公布各項和經濟情勢有資的資料，例如每月 5 日政府會公布上一個月的消費者物價指數、躉售物價指數的統計資料。這些資料可以了解目前物價是否平穩，是否有通貨膨脹的疑慮。

股價指數反映一國的經濟成長情形，股價指數與經濟成長也應呈現正比關係。也就是當經濟成長率快速增加時，股市表現出多頭走勢；當經濟成長屬於衰退階段，股市走勢也會趨於疲軟不振。但在現實股市行情中，除考慮經濟面的因素外，尚須考量中央銀行貨幣政策。

物價水準是中央銀行貨幣政策的重要依據。若物價不斷上漲，央行可能採行緊縮的貨幣政策，減少貨幣供給額，甚至調升存款準備率，使得股市因資金動能不足而下跌。若物價持穩或是下滑，央行會採行寬鬆貨幣政策，增加貨幣供給額，股市便會因資金增加而上漲。

面對通膨的理財策略

面對通膨怪獸來襲，各國央行必定採取緊縮的貨幣政策因應，投資人要如何調整自己的投資策略？消極的投資人可以持有抗通膨的商品，避免財富縮水，積極的投資人可搶進上漲的原物料產業。對抗通膨的商品具備保值功能，例如不動產、黃金、美元。這次原物料大漲是以能源和金屬為主軸，買進塑化和鋼鐵上游產業概念股。在通膨年代「錢會變薄」，也就是貨幣的購買力降低，保守的人要降低現金持有部位，但膽識大的人甚至大量借款創造負債。

一個完美的金融風暴必須具備下列因素：1. 產業前景看太好，過度投資造成供過於求。2. 衍生性金融商品盛行，投資人陷入瘋狂的金錢遊戲。3. 央行採取緊縮貨幣政策，強力回收資金。4. 殖利率上揚，債券市場出問題。目前這樣的現象一一浮現，完美風暴隱然形成，金融市場的泡泡越吹越大，大到無法想像，現在就等突發的黑天鵝事件，戳破整個泡沫。

投資的過程中，遇到系統性風險是無可避免的。股票和基金大跌，手中資產市值縮水，辛苦賺的錢化為烏有，壓力和痛苦可想而知。連巴菲特都在 2020 年美股因新冠疫情跌到熔斷時說，他活了 89 年第一次看到這樣的情形。但跌深就是最大的利多，當利空因素逐漸消失後，金融市場又會從谷底翻身，遇到金融風暴最重要的是「活著」，活在資本市場中，靜待下一波的景氣循環。

## 美國是金融市場的莊家

美國前國務卿亨利．季辛吉（Henry Alfred Kissinger）曾說過：如果你控制了石油，你就控制了所有國家；如果你控制了貨幣，你就控制了整個世界。翻開歷史可清楚看到，美國利用布列敦森林體系使世界各國承認美國建立的美元金本位主導世界貨幣體系。二戰後美國廢除金本位，美元不再與黃金兌換直接掛鉤，又透過無限制印刷美元達到貶低他國貨幣價值，並試圖透過金融貨幣對石油等戰略物資的定價擁有話語權。

如果說國際金融市場是一個賭場，美國就是經營賭場的莊家。當莊家要發行籌碼，美國發行的美元全球通用；當莊家要能維持賭場秩序，美國有全世界最強大的軍隊，維護世界秩序。美國也運用美元、黃金和黑金（石油）「三金」，左右全球金融市場，無怪乎美國是全球的霸權國家，主導世界近 100 年。

## 全球貨幣盟主：「美金」

不要把美元看成是單純的貨幣，美元是各國貨幣的計價單位，美元升值，其他國家的貨幣就貶值；美元貶值，其他國家的貨幣就升值。美元到

美國透過「三金」主導全球金融市場

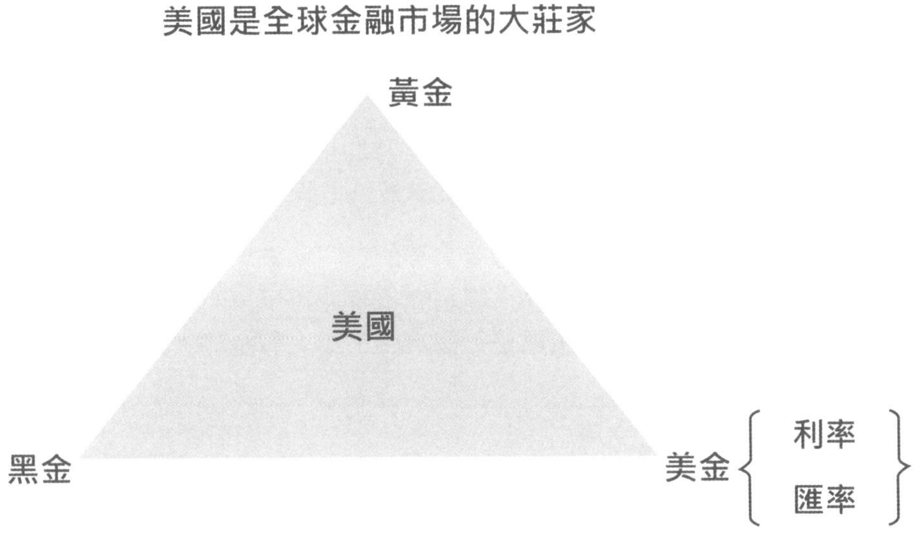

美國是全球金融市場的大莊家

黃金

美國

黑金

美金 { 利率 匯率 }

資料來源：作者整理

底是要貶值或升值，要看當時哪一項比較符合美國的國家利益。美元也是國際原物料的計價單位，國際原油價格，農產品的黃豆、小麥、玉米，金屬類的銅、鐵、錫、鎳、鋁等，都是以美元計價。當美元升值，原物料價格就下跌，當美元貶值，原物料價格就上漲，美國可以用匯率來控制全球的通膨。

美元是全球貨幣的計價單位

由於美元具有近乎全球的接受性，故美元成為國際外匯買賣市場的關鍵貨幣，在國際外匯報價上，美元成為各幣別換算的媒介。除了原大英國協之英鎊（GBP）、澳幣（AUD）和紐幣（NZD）等，和國際性組織之歐元（EUR）外，大部分貨幣都是以美元為被報價幣來掛出。由於它是美國的國幣，倘若想投資任何外幣，就必須了解美國當時的經濟情況，因為美元的強弱會影響其他外幣的走勢。

第二次世界大戰後，紐約與倫敦同為世界最主要的外匯市場，紐約不僅是美國國內外匯交易中心，也是世界各國外匯清算的樞紐。紐約外匯市場是以經紀商為主體的市場，在紐約銀行間通常並不直接進行報價，而是透過外匯經紀商尋找買賣對手與最佳價格。

經紀商雖然專精於某種外匯的買賣，但大部分均從事所有主要貨幣，如英鎊、日圓、歐元、瑞郎和加拿大幣等對美元的交易。營業時間為上午9點到下午4點30分，與歐洲地區有2小時的重疊。由於美國政府經常在早上公布各項經濟指標，因此早上的交易最為忙碌。

經紀商與各大外匯銀行之間都有直接的通訊系統聯繫，並透過路透社的交易系統與電傳方式下單交易。經紀商本身並不下單交易，僅居間進行撮合，賺取佣金。美國外匯市場是一個自由市場，資金的進出基本上無任何限制，任何人皆可參與。

美元是國際原物料的計價貨幣

國際原物料都是以美元為計價單位，全世界最大的原物料交易所是美國芝加哥商品交易所，因為地處美國，當然交易的商品都是用美元計價，譬如一桶石油多少美元，一盎司的黃金多少美元，一英斗的小麥、玉米、燕麥多少美元。如果其他因素都不改變的情況下，當美元價格上漲，這些原物料的價格自然下跌；美元如果下跌，這些原物料價格就會上漲，進而引起其他國家的通貨膨脹。美國人就用美元來影響全球的通貨膨脹或通貨緊縮。

美國人永遠以自身的國家利益為最大考量，當美國面臨通膨疑慮時，就會引導美元升值，讓國外進口的物價降低，避免輸入性的通膨。當美國為了提升出口競爭力，就會引導美元貶值。

如果其他地區天災不斷，農產品欠收，穀物價格節節上升，美元也會間接受益。美國森林密布，又盛產煤、鐵、石油，使得工業原料不虞匱乏，因此在石油等礦產價格上漲時，對其衝擊遠比對其他工業國家要小。

美元是避險貨幣

當國際間金融市場出現系統性的危機，或是國際政治出現劍拔弩張的情形，美元就開始奇貨可居，所以美元又稱為「避難貨幣」。這是因為當下所有國家的貨幣都不被相信，美元被大家公認是最沒有風險的貨幣，整個市場搶買美元。所以當每次危機出現，不管是政治、經濟、金融或是軍事危機、美元就成為避險貨幣。

例如 1990 年日本經濟泡沫化，全世界的錢湧向美國避險。1997 年亞洲金融風暴，亞洲資金逃難到美國，造成亞洲貨幣貶值美元大漲。2000 年 Y2K 高科技泡沫化，美元是全球最強的貨幣。2008 年美國次級房貸風暴，美國經濟是重災區，美元竟然強升。2011 年歐債危機，資金撤離歐元區，轉進美元避險。2020 年新冠肺炎疫情在全球蔓延，美元指數突破 104。2022 年俄烏戰爭，美元再度成為全球最強勢的避險貨幣。

美國運用利率與匯率影響全球趨勢

當美國希望美元升值，就會調高利率，依據貨幣學派的理論，當一個國家利率往上走，該國匯率就會升值。當美國希望美元貶值，就會調降利率，當利率往下，匯率就會貶值。當然美國也可以運用在國際上的話語權，來影響美元的升貶，如美國希望美元走強，美國總統只要在國際公開場合放話美元被低估，美元隔天就走強；美國如果希望美元走弱，只要放出美元被高估的消息，就會讓美元走弱。

美國就靠著控制美元匯率的升貶、美元利率的漲跌，來影響全球金融市場的趨勢。

美國是國際金融市場的最佳編劇

美國是長期財政赤字和貿易赤字的國家，所謂財政赤字是指國家支出大於收入，為了解決這個問題，美國大量發行政府公債，美國成為全球最大的債務國。所謂貿易赤字是指進口大於出口，為了解決這項問題，美國控制美元匯率和進口關稅。

美國政府就是運用匯率、利率和稅率來控制全世界，寫出一本完美的劇本。亞洲國家辛辛苦苦製造便宜又廉價的商品賣到美國，美國人只要打開印鈔機，印美元給亞洲國家，亞洲國家的外匯存底都是美元。接著美國控訴亞洲國家用貿易補貼的方式，傾銷商品到美國，造成美國企業倒閉，美國民眾的工作權被亞洲人搶走，美國政府要對亞洲商品課徵傾銷稅，同時壓迫亞洲貨幣升值；亞洲國家擁有大量的美元，亞洲貨幣升值，就是美元貶值，亞洲國家的外匯存底市價縮水。

美國聯準會是國際金融市場的最佳演員

再接著美國的聯準會上場，聯準會藉口要刺激美國景氣復甦，運用降息和量化寬鬆貨幣政策，來挽救美國景氣。美國撒出大把鈔票，流到世界各地，製造各國的金融泡沫。當聯準會降息，美元持續下跌，美國公債因為利率下降而大漲，亞洲國家只好拿手中的美元，買進價格偏高的美國政府公債，此舉解決美國的財政赤字問題。由於美元走弱，亞洲貨幣走強，亞洲企業拿著手上的美元，買進美國的企業和房地產，此舉解決美國不良企業的倒閉潮，同時推升美國房市，這對於美國景氣復甦多有助益。

當美國景氣復甦，帶動全球景氣開始成長，民眾消費力道加強，原物料價格自然水漲船高，通膨因子蠢蠢欲動，聯準會卻開始有意無意製造通膨，因為通膨可以解決美國的債務問題。不要忘了，美國是全球最大的糧食出口國，美國跨國企業在全球各地區插旗，當物價溫和上漲，美國取得最大利益。

美元強弱主導全球資金流向

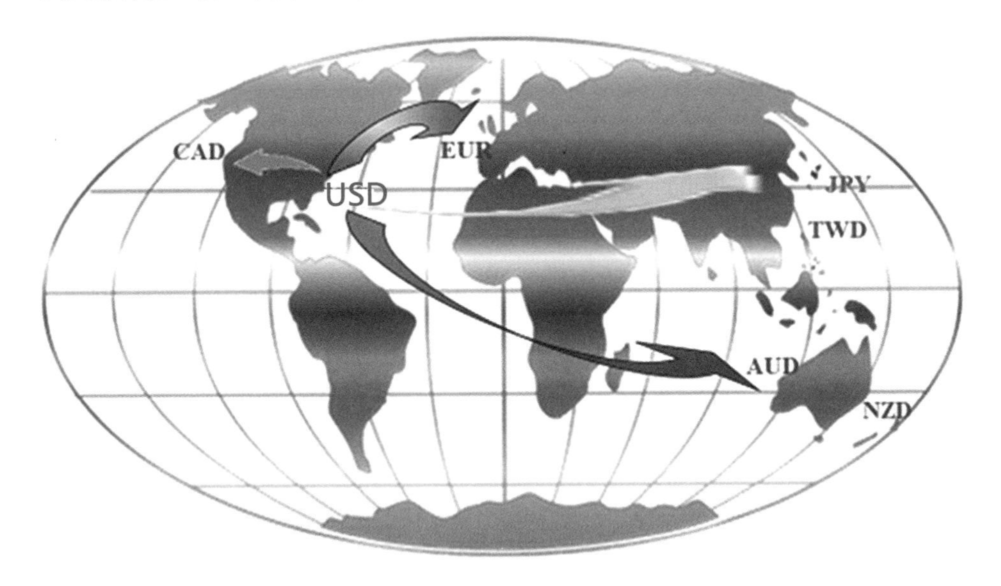


資料來源：券商研究報告

最後當惡性通膨來襲時，聯準會開始升息，當啟動升息機制，美元價格上漲，全球資金回流美國，戳破各國的經濟榮景；美國公債因為升息而開始崩跌，亞洲國家滿手美國公債，資產快速減損。房地產的價格和利率關係密切，當升息啟動，房貸利率高漲，房地產開始跌價。之前亞洲企業和民眾大量買進美國的房地產或是連結房地產的債券，最後的結局就是被套在高點。

美國聯準會是獨立政府機關，但是它的所有政策，都是以美國國家利益為最大考量。當美國景氣下滑，聯準會降息挽救經濟，當美國景氣進入繁榮期，引發通貨膨脹，聯準會升息對抗通膨，同時預留將來降息的空間。美國是國際金融市場的最佳編劇，美國聯準會是最佳演員，投資人是金融市場的觀眾。投資人要知道編劇的劇本，也要知道演員排演到第幾集，不要戲演完了、大家都散場了、還笨笨地在戲院內。

## 布列敦森林會議

1944年7月1日，第二次世界大戰結束前夕，由44個國家代表在美國召開了國際貨幣金融會議，也就是布列敦森林會議（BrettonWoodsConference）。布列敦森林協定（體系），透過建立美元黃金掛鉤、成員國貨幣和美元掛鉤、實行可調整的固定匯率制度：

1. 美元直接與黃金掛鉤。規定每盎司黃金等於35美元（即1美元=0.888671克黃金），也就是說，發行1美元的紙質貨幣要用0.888671克黃金做為保障，沒有等價的黃金是不可發行美元紙幣的；各國政府或中央銀行可隨時用美元向美國政府按這一比價兌換黃金。

2. 成員國貨幣和美元掛鉤。各國貨幣按固定比價與美元掛鉤，從而間接地與黃金掛鉤。

3. 實行可調整的固定匯率制度。各國政府有義務透過干預外匯市場使匯率波動不超過1%幅度，只有當一國國際收支發生根本性不平衡時，才允許升值或貶值，但必須得到基金組織的同意。

布列敦森林體系的美元與黃金掛鉤、各國貨幣與美元掛鉤，實質上是以美元來充當國際貨幣，黃金做為美元的後盾，透過可自由兌換來維持美元的價值。從此，形成了一個美國居於統治地位的、具有濃厚金融壟斷色彩的國際貨幣體系，從而建立了美元在世界貨幣中的霸權地位。

但好景不長，1971年8月，美國宣布停止美元兌換黃金，終止每盎司黃金35美元的官方兌換關係，意味著美元與黃金脱鉤。1971年12月，美元開始貶值，每盎司黃金38美元（即1美元=0.818421克黃金）；1973年2月，每盎司黃金42.22美元（即1美元=0.736967克黃金）。1973年3月，美元不再與黃金掛鉤，布列敦森林體系解體。1978年4月，實行黃金非貨幣化，廢除黃金官價，黃金與貨幣完全脱離。

美元不再與黃金掛鉤、黃金與貨幣完全脱離後，意味著美國可以隨意發行紙質的美元貨幣，而沒有任何黃金的保障。也就是說美國只要開動印鈔機，就能把紙張變成美元，而這個紙幣沒有真正的財富價值。但世界各國卻要用出口美國貨物等真實財富換取虛假的美元，從而使世界的真實財富流向了美國。

布列敦森林會議的架構

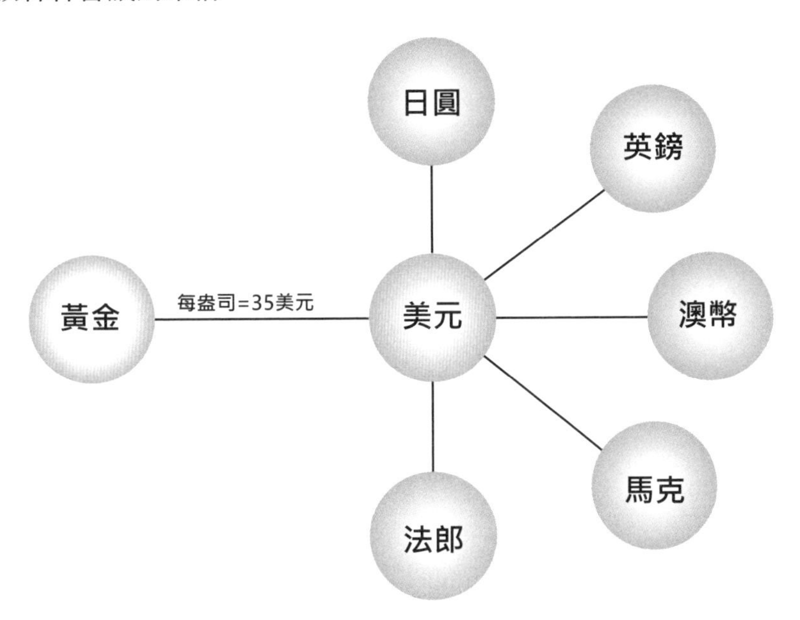


資料來源：作者整理

## 戰略物資的黑金

黑金就是石油，世界上大部分的工業都依賴石油，然而，它也是波動極大的商品之一，因為它非常容易受到地緣政治事件的影響。從地理位置上來看，全球最大的石油儲量主要都是分布在一些局勢動盪的地區，比如中東、非洲以及南美洲的部分地區，這說明石油價格為什麼會一直處於波動狀態。

石油做為現代經濟和軍事戰略物資，可以說誰控制了石油，誰就控制了全世界，美國是全球最強大的國家，自然想牢牢掌控黑金。而中東石油資源非常豐富，被譽為「世界油庫」。全球陸地總面積是 1.49 億平方公里，而中東的阿拉伯半島僅 300 萬平方公里，占世界陸地總面積的 2%，卻擁有世界石油總儲量的三分之二。

於是，美國開始緊盯這個地區，為了在中東安排自己的勢力，美國在 1947 年以幫助猶太人復國為名，建立了一個獨立的國家——以色列，就是為了把以色列這根釘子，牢牢地釘在中東這塊「石油聚寶盆」上。在美國的幫助下，地小、人少、兵寡的以色列，硬是與周圍阿拉伯國家聯軍打了 4 次中東戰爭，不但取得了勝利，還擴大了自己國土面積。

如果說 4 次中東戰爭，美國打的是代理人戰爭，那麼到了 1973 年、1978 年、1990 年三次石油危機，差點要了美國的命，美國經濟遭遇重創。經歷了三次石油危機的美國，深深理解能源危機的可怕。於是，美國決心主動出擊，透過戰爭徹底解決石油問題。

1990 年 8 月，伊拉克攻占科威特，如果伊拉克又進而占領了世界石油儲量第一的沙烏地阿拉伯，那麼就會控制全世界一半以上的石油資源，就會卡住以美國為首的西方公司的咽喉。伊拉總統海珊將以手中的石油為武器，讓對方俯首稱臣，美國絕對不能忍受。

1991 年 1 月 17 日～ 2 月 28 日和 2003 年 3 月 20 日，以美國為首的西方聯盟部隊分兩次進攻伊拉克。前一次戰爭的結果，迫使伊拉克從科威特撤軍，美國由此控制了世界石油儲量第四的科威特。後一次戰爭的結果是伊拉克領袖海珊兵敗被俘，美國控制了世界石油儲量第三的伊拉克。

消滅了「反美堡壘」海珊領導下的伊拉克之後，中東對美國敵視的國家還剩下兩個：利比亞和伊朗。2011 年 3 月 20 日，法、英、美領導的西方聯盟部隊又開始了一場針對利比亞的戰爭，這麼做實質上還是為了石油。利比亞雖然只有區區 642 萬人口，甚至還沒有美國紐約市區人口多，但它的石油產量卻占全球份額的 2%。

之後美國又把目標盯向中東的最後一個「反美」堡壘：世界石油儲量目前居第三位的伊朗（2022年世界石油儲量排名，伊朗第三，伊拉克第四，科威特第五）。如果伊朗也被徹底打垮，那麼美國將稱霸阿拉伯世界，徹底控制中東油庫。因此伊朗成為了美國的「眼中釘，肉中刺」，不僅對伊朗實施經濟封鎖和武器禁運，還經常在伊朗周邊進行軍事演習。

美國打著「人權」、「和平」、「自由」、「民主」等旗號，不斷在中東製造摩擦和戰爭，挑起宗教矛盾和地區衝突等一系列行為，目的只有一個——石油的控制權。因為石油貿易都是用美元結算的，所以又稱為石油美元。美國在中東打仗，並非為了掠奪石油，而是為了控制石油貿易。除了直接由自己的石油公司採油，拉攏產油國成為自己的盟友，控制石油運輸，控制港口，建立石油交易中心等，都是控制石油貿易的手段。

控制了石油貿易，石油用美元進行買賣，那麼全世界就需要大量的美元。這些鈔票是哪來的呢？就是美國印的，由此就能給美國帶來滾滾財富，從而帶動各行各業的發展。石油的價格就是美國說了算，美元就可以獲得有力的支撐。同時也可以控制地區的經濟。這意味着美元對石油價格有著重大的影響。假設其他因素保持不變，如果美元走強，油價將趨於下跌；美元走弱，原油價格將趨於上漲。所以不要把石油看成能源，它是戰略物資，它的漲跌影響到全球物價。

美國人除了把手伸進中東控制油源，也積極在美國本土開發頁岩油制衡中東和俄羅斯。美國頁岩層中的天然氣與石油蘊藏量雖大，過去卻被認為沒有開採價值，因為頁岩層一片一片的構造，讓鑽探者只能採到一點點，直到水平鑽探與高水壓裂岩的技術成熟，才有了便宜且大量開採頁岩中天然氣與石油的方法。

美國因頁岩油產量大增的關係，不僅降低美國對原油進口的依賴，也降低石油輸出國家對油價的影響力，當中東地區發生混亂，或是美國想要跟中東國家談判時，頁岩油都是一項有力的籌碼。這影響的不只是全球油價而已，整個全球的戰略局勢都將因此變動，中東的重要性將下降，而美國以大量的本國能源，能夠加速製造業回流的既定政策。

## 人類最愛的黃金

最後則是黃金，黃金是沒有利息的準貨幣，不要把黃金看成是貴金屬，黃金是對抗通貨膨脹的工具，也是避險的金融商品。美國聯準會的黃金儲量是全球最多，而且黃金的價格也是美國控制的，為什麼呢？

全球黃金市場一般都以美元計價，所以美元黃金具有明顯的變化規律，當美元指數上漲，金價通常會下跌，當美元指數下跌，金價通常會上漲。為什麼會呈現這樣的規律呢？因為黃金以美元計價，當美元升值，可以用更少的美元購買更多黃金。另外，投資市場資金是流動的，資金不會永遠留在某一個市場。當美元指數上漲，投資市場的資金就會湧入美元市場，黃金市場資金減少，金價下跌。

1970 年代美元實現了霸權，廢除了金本位，確定了與石油的連結關係，之後黃金受到了美國的嚴格監控，每當黃金價格暴漲之前，總有衍生商品大規模的湧向市場，打壓黃金價格，美國就是這樣透過衍生商品來控制黃金價格。

美國為什麼要控制黃金的價格呢？因為黃金的暴漲意味著美元不行了，黃金價格就是美元的信心指數。美元強，黃金就會弱，這就代表世界對美元很有信心；但是如果黃金強了，美元就會弱。美元的價值與美國國家經濟情況有關，黃金與美元的關係就正好相反，可以把美元看作是打壓黃金價值的工具，當美國經濟好的時候，美元價值堅挺，黃金就處於弱勢，價格下跌。

黃金是避險商品，是最沒有風險的金融商品，當全球發生金融風暴或是軍事衝突，大家搶買黃金，黃金價格開始上漲。黃金也是對抗通膨的利

**2006 ～ 2011 年黃金走勢** 單位：美元／盎司

資料來源：XQ 嘉實系統

器，當物價上漲，貨幣的購買力降低，所有貨幣都不被民眾相信時，黃金是全球公認的類似貨幣，具有保值的特色。例如 2020 年 3 月全球新冠疫情爆發，黃金來到歷史天價 1 盎司 2,070 美元；2022 年俄烏戰爭爆發，黃金再度成為投資人追捧的商品，最高漲到 1 盎司 1,942 美元。

## 康波周期與景氣循環

依據康德拉季耶夫周期的「康波理論」，每個人的財富積累不是你多有本事，而是來自經濟周期運動的時間給你機會，在對的產業浪潮中，做正確的事。

試想如果你在 1980 年台灣錢淹腳目的年代，從事金融業和房地產，等於捧著金飯碗；1990 年投入電子業，一手抓住高科技的浪潮，成為科技新貴；2000 年前進中國搭上中國快速成長的列車，變身成走路有風的台商；2003 年在台灣房地產最低迷的 SARS 期間，投身台灣房地產，成為地產大亨；2010 年進入和行動裝置相關的半導體產業，成為護國神山台積電相關產業的半導體精英，你的財富將有倍數的成長。所以想做好投資，不能不認識康波理論。

在現代資本主義經濟體中，蘇聯經濟學家康德拉季耶夫（Nikolai Kondratiev），他在著作《大經濟周期》（1925 年）提出「康狄夫長波理論」又稱「康波周期」，認定人的自然壽命是 60 年，景氣是 60 年為一超大經濟周期，這 60 年中又可分為很多中型和小型循環，每 10 年一次大循環。

康德拉季耶夫認為世界的經濟周期波動是由四個層級所組成的，包括最長 50 ～ 60 年的康德拉季耶夫周期，套著三個房地產周期，一個房地產周期套著兩個（產能）中周期，一個中周期套著三個庫存周期，所以在 60 年的一個康波中，包含 3 個房地產周期、6 個中周期，18 個庫存周期，大周期制約著次一級周期的表現。

資本主義經濟的長波現象，可能有四種推升的力道，分別是「創新」、「投資」、「戰爭」與「資本主義危機」。企業或個人必須站在正確的景氣和產業的浪頭上，因為企業版圖擴張和個人財富的積累，完全來自於經濟周期運動時間給你的機會。

靠「創新」形成的經濟周期循環：

1908 年福特汽車生產人民買得起的 T 型車、2007 年蘋果推出第一代智慧型手機、1999 年中國首富馬雲創辦阿里巴巴網站應用在電子商務、2003 年特斯拉（Tesla）發展電動車。

靠「投資」形成的經濟周期循環：

1954 年王永慶投入塑化產業，建立台塑王國；1982 年郭台銘將鴻海塑膠改名鴻海精密工業股份有限公司，開始大舉投資擴廠；香港首富李嘉誠創立長江集團，在香港經營房地產、能源業、網路業、電訊業、傳媒業等多種業務。

靠「戰爭」形成的經濟周期循環：

如發戰爭財的軍火商、航運公司、原物料公司。

靠「資本主義危機」形成的經濟周期循環：

在SARS期間進場買進不動產的台灣建商；2009年美國次級房貸風暴，進場投資美國金融機構的中東富豪；2011年歐洲債務危機，進場買進股票和債券的投機客。這些都是時代創造英雄，英雄創造時代的典型例子。

## 康波理論大師精準預言三次崩盤

已故的中國中信建投首席經濟學家周金濤，是研究康波理論的重要人物。周金濤在以研究經濟周期背景下的大類資產輪動出名，強調一個「順周期而行」的信念，這就是所謂的「道法自然」。在其眼裡，周期之道如同自然規律，不可逆轉，投資者所能做的，是把握周期運動的趨勢和拐點，順勢而為。

周金濤曾成功預測2007年美國次級房貸危機，2008年全球經濟衰退，2015年全球的資產價格動盪等。2015年9月的研究，他指出2016年中國經濟周期階段性見底，全球大宗商品將出現年度級別反彈，引發激烈爭論。

周金濤在2016年3月16日發表了主題為「人生就是一場康波」的演講，認為人一生中所能獲得的機會，理論來講只有三次，如果每一個機會都沒抓到，一生的財富就沒有了。如果抓住其中一個機會，至少是個中產階級；如果抓住其中兩個機會，可賺到億元身價；如果抓住三個機會，下一代不愁吃穿。

周金濤在2017年年初過世，周金濤在生前預測2017年第三季後，將看到中國和美國的資產價格全線回落，2019年出現最終低點，那個低點可能遠比大家想像的低。

2018年以來，全球景氣復甦且有成長的趨勢，原物料價格也開始蠢蠢欲動，美國進入升息循環，債券市場進入熊市格局。過去量化寬鬆貨幣政策的餘威，導致全球股市在高檔整理或是突破新高。

2018年，美國總統川普發動美中貿易戰，全球金融機構普遍認為，川普的貿易保護主義，對全球的整體經濟帶來許多不確定因素，全球開始下修經濟成長，唯獨美國經濟最強。就在美國自鳴得意的時候，2020 年 3 月，一隻由中國武漢來的新冠肺炎病毒，讓美國成為確診人數最多的國家，各州政府為了控制疫情，只好封州來延緩疫情擴散，工廠停擺、商店關門和學校停課，失業率竄升，景氣降至最低點。雖然這個低點比周金濤預測的 2019 年晚了 6 個月出現，但也足給世人做為借鏡。

## 經濟循環與投資

經濟循環由大而小分為景氣循環、產業循環和庫存調整循環（這部分會在第三章詳細介紹），投資人如果能洞悉這三大循環，並且懂得現在和未來方向和趨勢，就可以在個人職場規劃和理財投資上掌握先機。巴菲特說：「不要在錯誤的道路上奔跑。」在正確的道路上奔跑，順風順水，省力又有效果。

政府控制景氣循環

景氣循環方面，一般來說，政府通常希望景氣永遠呈現溫和成長，但是這是不可能的。所以政府藉由產業政策、貨幣政策和財政政策來影響經濟循環，最直接的政府工具就是稅率、利率和匯率。

當產業過熱，投機氛圍影響到社會發展，政府就會加稅，例如過去政府為了壓抑過熱的房地產推出奢侈稅、房地合一稅 1.0 版和 2.0 版。對照現在過熱的不動產，很難想像 1998 年政府為了挽救房地產，推出土地增值稅減半徵收。反之，政府也會透過減稅來刺激經濟，像是近幾年政府推動綠能產業，對太陽能和風力發電提出多項租稅優惠。2021 年 5 月新冠肺炎疫情在台灣大爆發，餐飲、觀光旅遊、園藝花卉、安親課輔等內需產業受創嚴重，政府也是透過租稅減免進行紓困。

利率和匯率是央行的重要工具。當景氣不好時，央行可透過降息來刺激景氣；當經濟太熱，有通膨的疑慮，央行可透過升息來抑制過熱的景氣。此外，當政府鼓勵出口，可以適度引導新台幣貶值；如果政府擔心輸入型的通貨膨脹，可以在政策上鼓勵新台幣升值。

**圖解康波周期 以大宗商品為例**

**康波大約每 55 年會出現一次高峰或底部，在這個基礎上，2011 年出現的高峰並不是真的高點，真正的高點應該出現在 2035 年，然後在 2047 年落底。**

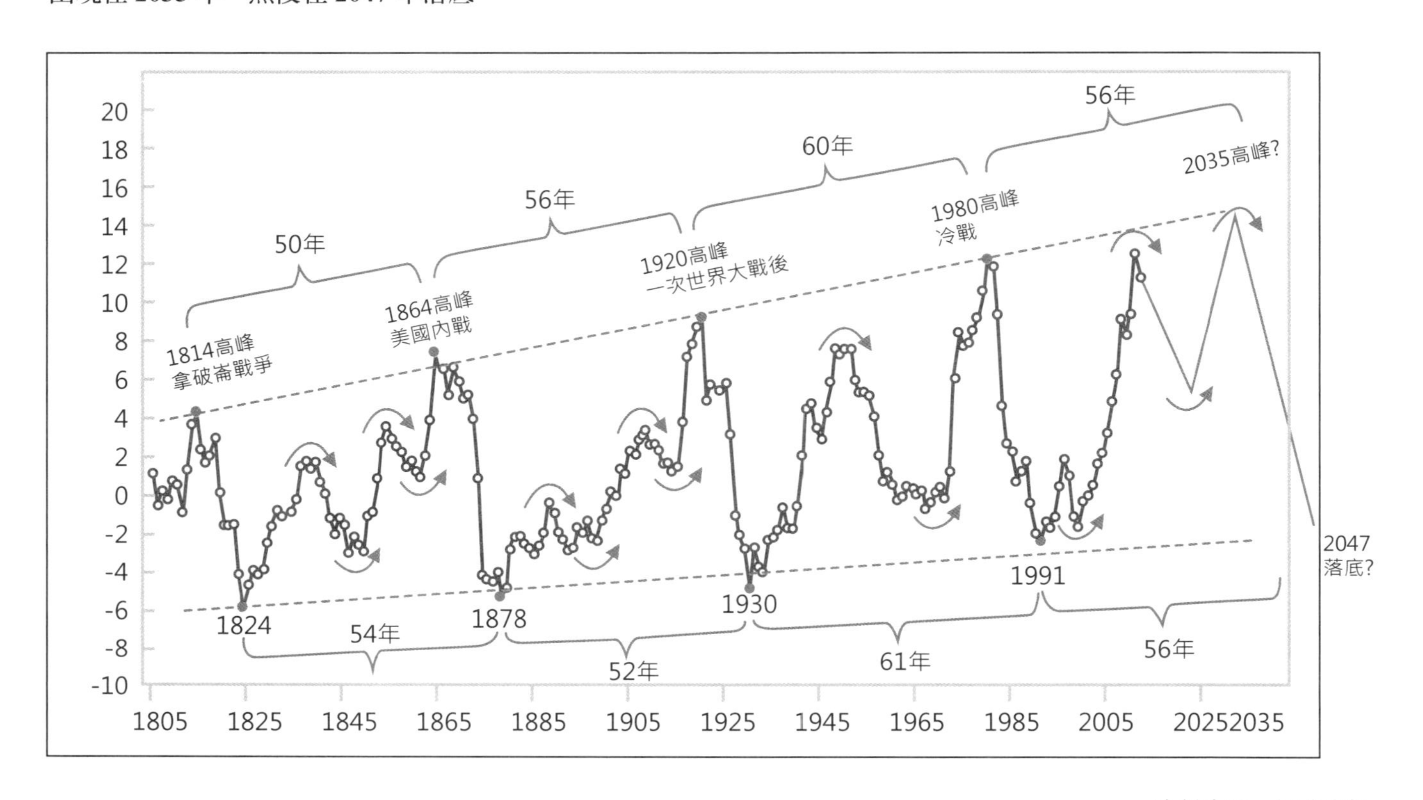


資料來源：網路資料

產業景氣循環和財富累積

產業循環方面，隨著產業全球化和企業跨國化的浪潮，全球的產業脈動相互影響，呈同一方向發展。1980 年代，汽車、造船和塑化產業引領全球的經濟走了一波榮景；1990 年代，個人電腦、筆記型電腦產業和網路崛起，造就了微軟（Microsoft）、英特爾（Intel）、IBM、宏碁和廣達等大企業，和口袋滿滿的高科技新貴；2000 年中國崛起，中國成為世界工廠和龐大的內需市場，前仆後繼的台商，搭上中國快速成長的列車，成為億萬富翁；2018 年的被動元件之亂，一日三市，每季報價創新高；2021 年的貨櫃航業迎來 10 年大榮景，貨櫃航運股漲到外太空，連散裝輪也跟著吃香喝辣，大股東的錢都賺到滿出來。

依據「康波理論」，在對的產業浪潮中，做正確的事，人生的財富軌跡就能搭上康德拉季耶夫周期。就好像台積電創辦人張忠謀，之所以能成為半導體教父，是因為他在學校畢業後，選擇去德州儀器（TI）上班，而不是去福特汽車（Ford），之後選擇回台灣創立台積電，而不是一直留在美國。張忠謀就是選擇對的浪潮，把握住經濟周期運動給他的機會，其他如經營之神王永慶、鴻海創辦人郭台銘、香港富商李嘉誠都是如此。

Chapter 2

# 1980~2030 年全球景氣循環

環顧歷史，全球經濟的掌控權幾乎都由東西方輪流主導，每 8 ～ 12 年總會形成一個循環和主流產業。1980 年代是日本主導的金融業和地產商，1990 年代是以美國為主的高科技公司，2000 年代則是中國帶領金磚四國的原物料產業，2010 年代是美國的行動裝置引領的大榮景，並持續到 2022 年仍未結束。鑑往知來，我們可以由歷史推論未來的世界，下一次產業榮景將是以 6G、AIOT 為核心的產業。

**東西方世界輪流引領全球景氣**

| 時間 | 1980~1990 | 1991~2000 | 2001~2008 | 2009~2022 | 2023~2030 |
|---|---|---|---|---|---|
| 國家 | 日本 | 美國 | 中國 | 美國 | 中國／美國 |
| 主流產業 | 汽車、鋼鐵、不動產、金融 | 高科技 | 原物料、金磚四國 | 4G、創新科技行動裝置 | 5G、AIOT、電動／自駕車 |
| 主角 | 金融機構金飯碗 | 網路科技新貴 | 台商 | 半導體新貴 | |
| 資金流向 | 股票 | 創投 | 利差交易 | ETF | |
| 創新金融商品 | 投資公司 | 選擇權 | 連動債 | 比特幣 | |
| 泡沫化 | 金融不動產 | 網路科技 | 次級房貸 | 美中貿易 | |
| 債務崩盤 | 公司債 | 公司債<br>金融債 | 金融債<br>國家債 | 國家債 | |

資料來源：作者整理

## 全球景氣年份密碼

1980 第二次能源危機

1985 年開始日本引領的世界榮景——金融房地產

1985 台北十信事件

1987 美國股市崩盤 2 天跌 23%

1990 日本房地產泡沫

1992 年開始美國引領世界榮景——高科技

1995 台海危機閏八月

1997 亞洲金融風暴

1998 台灣本土金融風暴

2000Y2K 美國高科技泡沫

2001 年 911 恐攻、中國引領世界榮景——原物料

2003 SARS 危機

2005 博達、訊碟、皇統、SOGO 案、禿鷹案

2007 美國次級房貸風暴

2008 連動債引爆全球金融風暴

2009 年開始美國科技創新行動裝置 Smart Phone

2011 歐債危機

2014 美國債信危機

2018 美中貿易戰

2020 新冠疫情、油價崩跌

2022 原物料大漲、通膨失控、半導體過度投資

2023 第三代半導體、低軌衛星、6G、元宇宙

## 1980~1990 年：日本第一

二次世界大戰後，戰敗國日本在經歷短暫的經濟萎靡後，在 1980 年代迅速崛起，經濟上成為僅次於美國的第二大經濟體。哈佛大學教授傅高義（Ezra Vogel）在 1988 年出版的《日本第一》這本書中寫道，日本工業競爭力優於美國，國民平均 GNP 已經超越美國，似乎就要取代美國的地位。1980~1990 年，日本工業產出成長 50%，對於一個面積只有約美國蒙大拿州大小的國家來說，這是極為亮眼的表現。但日本的成長是由財務槓桿和過度投資所推動，最後地產和股價泡沫化，陷入將近 20 年經濟衰退的泥淖。

1945 年，日本身為二戰戰敗國宣告投降，到了 1968 年，短短的 23 年間，日本經濟取得了令世界震驚的成績，當年日本國民生產總值達到 1,419 億美元，1964 年他們就建造出了世界上第一條高速鐵路，也就是後來的新幹線，全社會都沉浸在「日本最強」的虛幻之中。當時，豐田汽車（Toyota）副社長大野耐一（Taiichi Ohno）摸索出提供低價且高品質產品的「豐田生產方式」（TPS，Toyota Production System）也風靡全球，讓日本商品在 80 年代全面攻占美國市場。

### 廣場協議後，日圓狂升、資金充斥

日本東京市中心的土地價格更從 1983 年開始飛漲，經濟迅速成長，使得日本人都相信東京將成為亞洲的金融中心，世界各地的企業一定會聚集在東京，因此紛紛搶購東京土地。

1985 年 9 月 22 日，世界民主國家及資本主義五大經濟強國（美國、日本、西德、英國和法國）在紐約廣場飯店達成「廣場協議」。當時美元匯率過高而造成大量貿易赤字，為此陷入困境的美國與其他四國發表共同聲明，宣布介入匯率市場。

此後，日圓迅速升值。當時的匯率從 1 美元兌 240 日圓左右，上升到一年後的 1 美元兌 120 日圓。由於匯率的劇烈變動，由美國國債組成的資產發生帳面虧損，因此大量資金為了躲避匯率風險而進入日本國內市場。

當時日本政府為了補貼因為日圓升值而受到打擊的出口產業，開始實行量化寬鬆政策，市場上利率下降，於是產生了過剩的流通資金。

由於上述因素疊加在一起，日本國內興起了投機熱潮，尤其在股票交易市場和土地交易市場更為明顯。其中，受到所謂「土地不會貶值」的土地神話影響，以轉賣為目的的土地交易量增加，地價開始上升。當時東京 23 個區的地價總和甚至達到了可以購買美國全部國土的水準，銀行則以不斷升值的土地做為擔保，向債務人大量放款。此外地價上升也使得土地所有者的帳面財產增加，刺激了消費欲望，從而導致了國內消費需求成長，連高價畫作詐騙這種荒唐騙術都能迅速致富，進一步刺激了經濟發展。

1985 到 1988 年期間，隨著日圓急速升值，日本企業的國際競爭力雖有所下降，但是國內的投機氣氛依然熱烈。1987 年，投機活動波及所有產業，當時市場認為只要對土地的需求高漲，那麼經濟就不會衰退，當時為了取得大都市周邊的土地，許多大不動產公司會利用黑社會力量以不正當手段奪取土地，從而導致嚴重的社會問題，毫無收益的偏遠鄉村土地也做為休閒旅遊資源被炒作到高價，從土地交易中獲得的利潤被用來購買股票、債券、高爾夫球場會員權。

## 日企往海外購併，買下多棟美國地標

日本本土的房地產市場急劇擴張，使得日本的地產投資公司把眼光投射到海外。1986 年，日本第一不動產公司以破紀錄的價格買下了紐約的蒂芙尼大廈；1989 年，三菱地所公司一舉買下紐約市中心洛克菲勒中心 14 棟大樓；1990 年，一家名為「宇宙世界」的日本房地產公司，以超過 8 億美元的價格買下加州著名避暑勝地圓石灘（Pebble Beach）的高爾夫球場和豪華酒店。

日本對美國不動產的投資，1985 年約為 19 億美元，1988 年增至約 165 億美元。1989 年底，日本土地資產總額約為 2,000 兆日圓，是美國土地資產總額 500 兆日圓的整整 4 倍。所以當時還有人會說出「賣掉東京就可以買下整個美國」、「只用皇居的土地就可以買下整個加拿大」等豪言壯語。當時日本企業主導全球經濟，日本金融業憑藉強勢日圓，支援日本企業到各地購併，經濟上成為僅次於美國的第二大經濟體。

1989 年，日本泡沫經濟迎來了最高峰。當時日本各項經濟指標達到了空前的高水準，但是由於資產價格上升無法得到實業的支撐，所謂泡沫經濟開始走下坡。一旦投機者喪失了投機欲望，土地和股票價格將下降，因此反而導致帳面資本虧損，由於許多企業和投機者之前進行了過大的投資，從而帶來大量負債。隨著中央政府金融緩和政策的結束，日本國內資產價格維持在高檔可能性便不再存在。

## 資產價格泡沫破裂，種下衰退種子

1989 年 12 月 29 日，日經指數達到最高 38957.44 點，此後開始下跌，土地價格也在 1991 年左右開始下跌，泡沫經濟開始正式破裂。到了 1992 年 3 月，日經平均指數跌破 2 萬點，僅達到 1989 年最高點的一半，8 月，進一步下跌到 14,000 點左右。大量帳面資產在短短的一兩年間化為烏有。

1990 年 3 月，日本大藏省發布《關於控制土地相關融資的規定》，對土地金融進行總量控制，這一人為的急煞車導致本來已經走向自然衰退的泡沫經濟加速下落，並導致支撐日本經濟核心的長期信用體系陷入崩潰。此後，日本銀行也採取金融緊縮的政策，更是壓垮駱駝的最後一根稻草。由於土地價格也急速下跌，由土地作擔保的貸款也出現了極大風險。當時日本各大銀行的不良貸款紛紛暴露，對日本金融造成了嚴重打擊。

跳水式衰退的可怕在於，各項資本投資標的物都出現了來不及脫身的大量「套牢族」，從房屋、土地到股市、期貨都有人或公司大量破產。之後產生的恐慌心理使得消費和投資緊縮出現加乘效果，不只戳破金融市場泡沫，也砍傷了實體經濟。且由於土地與股市的套牢金額通常極大，動輒超過一個人一生所能賺取的金額，導致許多家庭悲劇。所以這四年暴起暴落的經濟大洗牌，等於轉移了全社會的財富到少數贏家手中，而多數的輸家和高點買屋的一般家庭則成為背債者，對日後的日本社會，種下消費萎縮、經濟不振的種子。

## 美政府出手，日半導體業走向末日

除了經濟泡沫破裂，1980 年代也是日本半導體產業的末日。1980 年代前五年是日本半導體晶片企業最輝煌的時刻，矽谷的英特爾（Intel）、超微（AMD）等科技創業公司在半導體儲存領域，被日本人追著打，然後被超越，半導體晶片領域（當時主要是半導體儲存占據主流）成為日本企業後花園。

矽谷的發展模式是創投公司為新創公司注入資金，新創公司獲得資金支持後，持續進行技術創新並獲得市場，提升公司估值，然後上市，創投公司賣出股票獲利退出。這種模式以市場為導向，效率高但體量小，公司之間整合資源難。

日本人的玩法截然不同：集中力量辦大事。1974 年，日本政府批准「超大規模積體電路」（半導體晶片）計畫，確立以趕超美國積體電路技術為目標。隨後日本通產省組織日立、NOR、富士通、三菱和東芝五家公司，要求整合日本產學研半導體人才資源，打破企業壁壘，使企業聯手合作，提升日本半導體晶片的技術水準。但日本的計畫卻差一點夭折，各企業之間互相提防、互相拆台，政府承諾投入的資金遲遲不到位。關鍵時刻，日本半導體研究的開山鼻祖垂井康夫站了出來，他利用自己的威望，將各懷心思的公司們整合起來。

垂井康夫的說法簡單明瞭：大家只有同心協力才能改變日本晶片基礎技術落後的局面，等到研究成果出來，各企業再各自進行產品研發，只有這樣才能扭轉日本企業在國際競爭中孤軍奮戰的困局。計畫實施 4 年，日本取得上千件專利，一下子縮短了和美國的技術差距。然後，日本政府推出貸款和稅費優惠等措施，日立、NOR、富士通等企業一時間兵強馬壯，彈藥充足。

一座座現代化的半導體儲存晶片製造工廠在日本拔地而起。隨著生產線日夜運轉，美國人的噩夢開始了。1980 年，日本攻下 30% 的半導體記憶體市場，5 年後，日本的市場占有率超過 50%，美國被甩在後面。更讓美國人感到窒息的是，日本的儲存晶片不僅量大，品質還很好。1980 年代，美國半導體協會曾對美國和日本的儲存晶片進行品質測試，期望能找到對手的弱點，結果發現美國最高品質的儲存晶片比日本最差品質的還要差。在日本咄咄逼人的進攻下，美國的晶片公司兵敗如山倒，財務數據一塌糊塗。1981 年，超微淨利潤下降 2/3，隔年，英特爾被逼裁掉 2,000 名員工，更在 1985 年宣布退出 DRAM 業務。

更讓美國人難以容忍的是，富士通打算收購快捷半導體（俗稱仙童半導體）公司 80%的股份，因為矽谷絕大部分科技公司的創始人都曾經是快捷半導體的員工。在矽谷人心中，快捷半導體是神一般的存在，現在日本人卻要買走他們的「神」，這不是恥辱嗎？

所以矽谷的科技公司成立了半導體行業協會（SIA）來應對日本人的進攻，經過幾年遊說，成果如下：將資本所得稅稅率從 49%降低至 28%，推動養老金進入風險投資領域，但政府就是不願出面施以援手。

苦捱到 1985 年 6 月，SIA 終於一舉扭轉局面。SIA 的觀點是：美國半導體業的疲弱，將給國家安全帶來重大風險。因為超級武器技術離不開超級電子技術，超級電子技術又離不開最新半導體技術，如果美國的半導體技術落後，美國軍方將被迫在關鍵電子零組件使用外國產品包括日本貨，外國貨源不可靠，戰爭時期會對美國斷貨，非戰爭時期還會向美國的對手蘇聯供貨。所以，美國放任日本在半導體晶片領域稱霸，就等於犧牲國家安全。

這次，SIA 的「國家安全說」一出，美國政府醍醐灌頂，從原來的拖拖拉拉變成快馬加鞭，效率高得驚人。1986 年春，日本被認定唯讀儲存器傾銷；9 月，《美日半導體協議》簽署，日本被要求開放半導體市場，保證 5 年內國外公司獲得 20%市場占有率。不久，對日本出口的 3 億美元晶片徵收 100%懲罰性關稅，否決富士通收購快捷半導體公司。

美國人這一波操作至少開創了兩個紀錄：第一次對盟友的經濟利益進行全球打擊；第一次以國家安全為由，將貿易爭端從經濟學變成政治經濟學問題。隨著《美日半導體協議》的簽署，處於浪潮之巔的日本半導體晶片產業掉頭滑向深淵。

日本半導體晶片產業市占率從 1986 年最高 40%，一路跌跌不休跌到 2011 年的 15%；其中的 DRAM 受打擊最大，從最高點近 80%的全球市場占有率，一路跌到最低 10%（2010 年）。可以說，和美國人這一戰，日本人之前積累的本錢賠光，舉國辛苦奮鬥 11 年（從 1975 到 1986 年），一夜被打回原形。

美日半導體協議後，日本節節敗退——1990 ～ 2017 年半導體公司排行

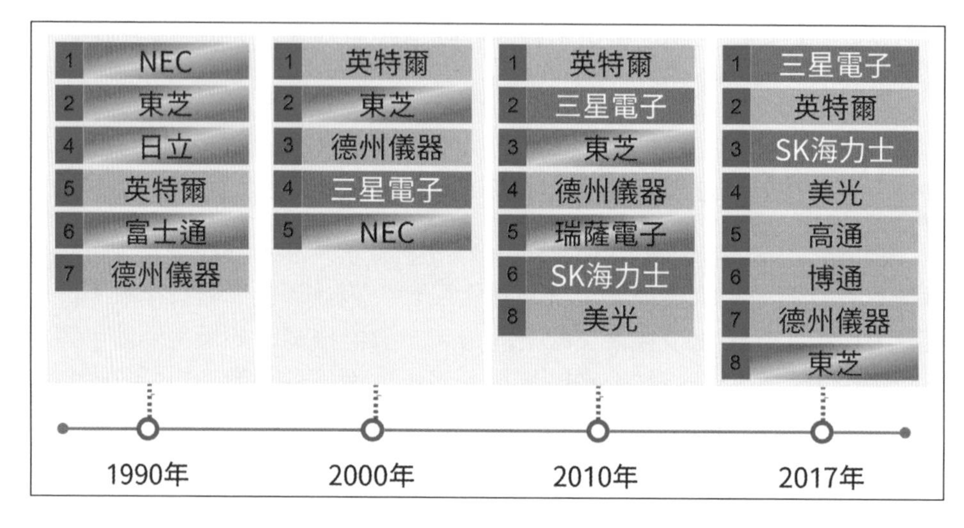


資料來源 台灣經濟研究院

## 1980 年代的台灣

在 1980 那個狂飆年代，台灣外匯存底突破 300 億美元，居世界第三。台灣超過 5,000 億的郵政儲金、二兆五千多億的金融資金，這些資金都在找出路。十信案就在「台灣錢淹腳目」的大環境下誕生。

國泰集團創辦人蔡萬春原是苗栗竹南人，帶著弟弟蔡萬霖和蔡萬才北上發展，以丸萬醬油發跡，1957 年接手台北第十信用合作社（十信），配合政府的儲蓄運動，首創一元開戶的幸福存款，掀起大眾儲蓄高潮。蔡家到了 1980 年代風生水起，不斷擴充國泰信託、來來飯店、來來百貨等關

係企業。蔡萬春長子蔡辰男以副董事長領銜管事，次子蔡辰洲創立國泰塑膠公司。

台北十信事件蔡萬春版圖瓦解

1982 年蔡辰洲當選立委，還兼任十信理事主席。十信不斷違規營運，以五鬼搬運法掏空資金，將資金搬往國泰塑膠關係企業群，蔡萬春家族大量資金投資房地產，違法超貸導致十信金融風暴，欠下超過百億債權無法償還。十信曾是台灣規模最大的信用社，1984 年存款額達 170 多億元，貸款額 120 億，可說是蔡辰洲的聚寶盆，可惜蔡辰洲爆發違法超貸醜聞，也拖累了家族。1985 年十信被擠兌超過 61.8 億仍無法止血。蔡家兄弟結交黨政軍權貴，利誘、賄賂、收買、送禮，被當時財政部發現有不正常放款，直到 1985 年爆發十信案。

1985 年時台北十信的放款總額超過存款總額比率高達 102%，財政部下令停業，由合庫接管整頓。蔡萬春次子蔡辰洲則因人頭違法貸款被捕，1987 年病故。數十位高官當時也因此事件而下台。當時蔡辰洲的債權人到蔡家各集團門前討債，要求蔡辰洲的叔叔們出面還債。但債務過於龐大，蔡萬霖擔心整個家族被拖垮，發表聲明切割霖園集團與十信沒有關係，不承擔蔡辰洲與蔡辰男兩人的債務。

基於道義與親情，蔡萬霖與蔡萬才仍各拿 3 億、2.5 億元代還部分債務，但仍解決不了蔡辰洲與蔡辰男數百億的債務，自此之後蔡萬春家族金融版圖正式瓦解。

台灣錢淹腳目，金錢遊戲興起

與日本情況接近，台灣自 1960 年代以來，經濟迅速成長，無論個人或政府都開始累積資產。台灣所面臨的國際經濟情勢急遽變化，出口貿易的國際競爭對手越來越多，也越來越強。到了 1980 年代初，台灣的產業結構發生了顯著變化，農業已式微，工商業社會已形成。工資上漲，勞力密集工業也漸漸失去優勢。由於出口急劇成長，《廣場協議》後新台幣被迫升值，升值使熱錢大量湧入，市場游資充斥，無處可走，致使股市及房市畸形發展，甚至賭博風氣興起。

1985 年開始，賭博簽賭遊戲「大家樂」風行，當時一位 40 多歲的民眾，原來以搜購破銅爛鐵維生，每個月有 4、5 萬收入，但後來經濟不景氣，收入慘跌到 1、2 萬元，乾脆當起小組頭，每個月賺十幾萬元。不過，1987 年，省主席邱創煥宣布暫停發行愛國獎券，而大家樂也因此漸退流行（因為大家樂的開獎方式，是利用愛國獎券的最後兩碼來兌獎），游資轉身立刻去追逐另一場金錢遊戲。

「鴻源」違法吸金倒閉，投資人慘賠

1981 年，出身「四海幫」的沈長聲結合劉鐵球、於勇明成立「鴻源」投資公司，如老鼠會般以高利狂吸千億資金，帶動其他地下投資公司如雨後春筍冒出。

80 年代末的地下投資公司提供四分利，還提供就業機會。以當時最大的投資公司鴻源為例，投資人只要願意，都可成為公司的職員。如果是只投資 15 萬元基本股的職員，除了每月領回 5 千多元的利息，還外加 7 千多元的底薪；如果投資超過 10 股 150 萬元，可以當公司的「專員」，除了每月固定 6 萬多元的利息，還可領薪水、傭金和全勤獎金等約 3 萬元，一名專員一個月幾乎可領到 9 萬多。因此許多退休的軍、公人員在投資公司尋得事業的「第二春」，並對公司有高度向心力。

據統計，1989 年台灣的地下投資公司多達 180 家，非法吸收的存款高達 1,993 億元，捲入的投資人約有 120 萬人。飆漲的股市與房市提供這些投資公司獲利的溫床，甚至可以說，投資公司為獲取高利，有意造成股市和房地產的漲風。當時鴻源總經理劉永安曾不諱言：「股市不就是公開的賭場？合法賺錢也該被嫉妒嗎？」當時少數大型地下投資公司如鴻源、龍祥等，實力壯大到可以影響股市行情甚至選情，政府也「投鼠忌器」。

台灣的地下投資公司一直都是社會游資泛濫，及政府當局未能及時處理下的畸形產物，一旦外在環境改變，只靠老鼠會方式吸收資金償付高利的體質勢必難以生存。1989 年 6 月 30 日，《銀行法》修正通過，政府開始取締地下投資公司。1990 年 1 月，鴻源突然倒閉，超過 16 萬人賠光積蓄，涉及總金額多達新台幣 940 多億元。鴻源首腦沈長聲僅被判處有期徒刑 7 年、併科罰金新台幣 300 萬元。

## 房市逐年翻倍漲，炒股成為全民運動

除了違法的金錢遊戲，這波熱錢也流進房市與股市炒作。1987 年 2 月 27 日，財政部國有財產局標售北市南京東路三段華航旁一塊 1,700 餘坪的土地，國泰人壽保險公司以超過公告地價 3 倍多的 1 億 5 千萬得標，也使其周邊土地頓時飆高，從此台北市地價開始高漲。台灣房價在 2 年內漲了 3 倍，台北市房價則是 4 年漲了 4.5 倍。台灣的預售屋及新成屋的平均每坪單價，由 1987 年約 6 萬元上漲至 1989 年的約 19 萬元。而北市住宅價格更由 1986 年每坪 6.72 萬元，漲到 1990 年的 36.87 萬元，漲幅達 449%。

1989 年 6 月 19 日上午 9 點 55 分，台股指數正式衝破萬點：10,013。交易所內歡聲雷動，股民大開香檳慶祝。那是一個瘋狂的時代。台灣股市從 1986 年的 1,000 點，飆到 1990 年的 12,000 點。不到 4 年，股價就上漲了超過 12 倍。

1985 年，台灣股票開戶僅 40 萬人戶，上市公司 127 家；到了 1990 年，上市公司數目才 199 家，開戶投資人卻高達 503 萬戶，占台灣 15 歲以上人口的 1/3，炒股成為全民運動。股價行情固定占著各報醒目篇幅，各種報導股票小道消息的刊物充斥街頭。全台各地場場爆滿、最受歡迎的演講，幾乎都是談股票投資。台灣股市熱絡交易的盛況，甚至吸引日本電視台專程來台拍攝。

新台幣升值，吸引了套取匯利的「熱錢」湧入股市，哄高了股價；光復以來從未有過的銀行低利率，使大量游資轉入股市撐住了行情。當時股票市場幾乎是買什麼賺什麼。股市帶來易得的財富，讓台灣各階層都沉迷其中，很多人無心工作，造成勞工短缺。

當時每天股市開盤後，10 點半就出現所有股票全部漲停的局面，於是開盤等於收盤，投資人提早出場，營業員也樂得清閒。許多菜籃族在股市收盤後，逛街、喝下午茶、唱歌、跳舞、做 SPA，過起貴婦生活。股票飆漲也帶起大量炫耀性消費活動，賓士車全年銷售超過 3,000 台，市占率居全球第二。

### 熱錢流出，台股 8 個月跌掉一萬點

股市賭局幾乎全民參與，中華民國也被外媒譏為「賭場民國」（Republic of Casino）。政府曾想出手整治，但功敗垂成。1988 年 7 月，總統李登輝任命郭婉容為財政部長，為了壓抑股市泡沫，郭婉容提出了次年起課徵「證券交易所得稅」的政策，結果重挫股市，台股無量下跌 19 天，最低回落到 4,873 點，引起股民上街抗議，圍攻財政部以及郭婉容官邸，而民意代表也出面聲援，要求政府負責。政府高層為了次年底的立委選舉考慮，宣布不徵證所稅，股市重回瘋狂軌道，並在 1990 年 2 月，創下 12,682 的歷史高點。

泡沫總有破裂的一天。1989 年 10 月，台灣不再被美國列為匯率操縱國，新台幣停止升值，熱錢也開始流出。隨著日本股市在 1990 年 1 月創下歷史高點後往下急流，台灣股市也在 1990 年 2 月創下歷史高點後狂洩。再碰上 8 月伊拉克入侵科威特，波灣戰爭爆發，油價上漲，到了 10 月，跌到 2,485 點。

8 個月的時間跌掉 1 萬點。500 萬股民暴富夢醒。1990 年代曾任央行副總裁的許嘉棟指出，由於當時民眾股市及房地產投資資金多來自本身的儲蓄，所以這一次的資產泡沫破滅，對台灣的經濟成長與失業率等沒有造成顯著不利的影響。不過在腐蝕人心方面則帶來不容忽視的傷害，勤儉致富、敬業安貧的美德逐漸逝去，賺取機會財與快速累積財富的心理快速形成，對日後台灣在敬業精神、工程品質、食品安全與社會治安等許多方面，造成嚴重的負面影響。

## 1988 年開徵「證券交易所得稅」，台股無量下跌 19 天

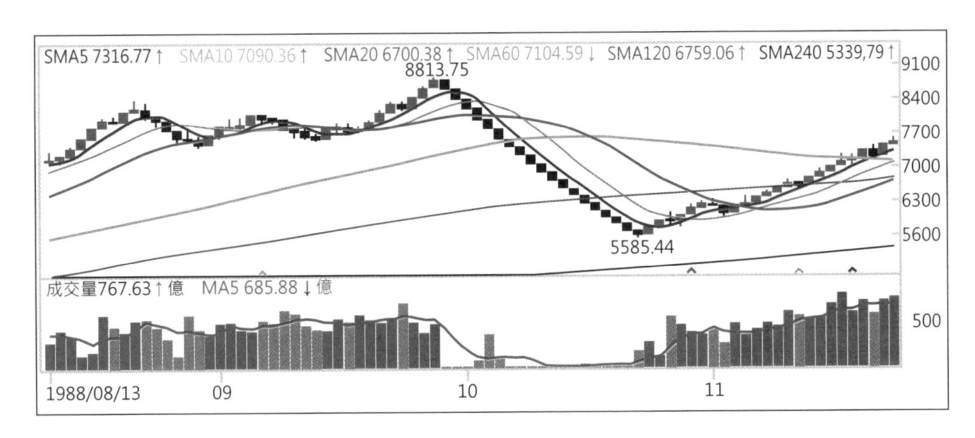


資料來源 XQ 嘉實系統

## 1987 ～ 1990 年，台股 4 年漲 12 倍

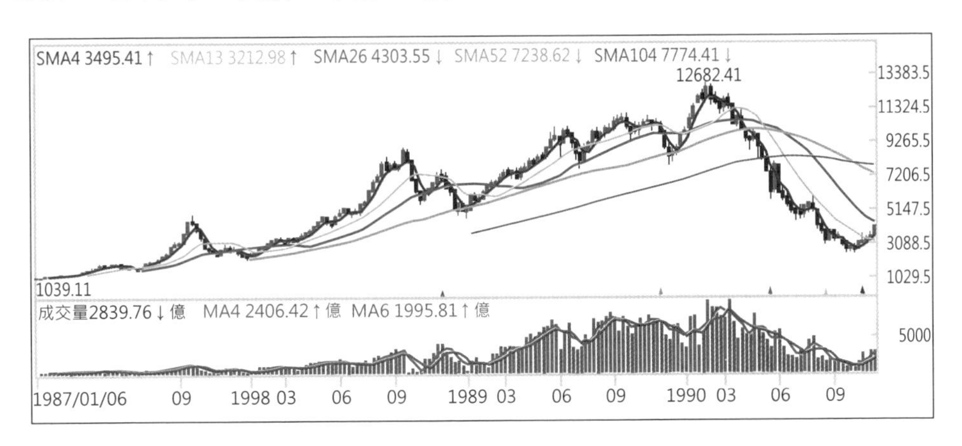


資料來源 XQ 嘉實系統

## 1991~2000 年：美國網路科技業崛起

1989 年之後，日本經濟出現泡沫化，日本銀行不敗的神話破滅，蘇聯解體後美國贏得冷戰，並打贏第一次波灣戰爭，GDP 大幅成長，標準普爾 500 指數飆漲超過 3 倍。1994 到 2000 年，美國電腦革命的科技創新和實際產出成長，伴隨著溫和的通貨膨脹以及不到 5%的失業率，新興經濟體的崛起提供大量廉價產品進入美國刺激消費，隨之而來的是股票市場暴漲，全球經濟主導權轉移由東方的日本轉移到西方的美國。

1970 年代，美國經濟深陷停滯性通膨泥淖，傳統產業競爭力衰退。1973 年中東石油輸出國組織連續 3 次提高石油價格，發起「石油戰」，國際石油價格從 1973 年 1 月每桶 2.95 美元飆升至 1974 年 1 月 11.65 美元，美國進口原油價格更是從 1973 年的 4.08 美元 / 桶上升至 1981 年的 37.1 美元 / 桶。

能源價格的大幅飆升對美國經濟造成了嚴重衝擊，1973 年初到 1975 年初，美國消費者物價指數（CPI）年增率從 3.6%持續攀升至 11.8%，而國內生產毛額（GDP）當季同比增速從 1973 年第一季的 7.6%降至 1975 年第一季的 -2.3%；1978 年 6 月到 1980 年 9 月，美國 CPI 年增率由 7.4%持續攀升至 12.6%，而 GDP 當季同比增速從 1978 年第二季的 6.1%降至 1980 年第三季的 -1.6%。

進入 80 年代，1981 ～ 82 年美國再次出現經濟衰退，工業生產總值從 1979 年的 2 兆 263 億美元，下降到 1982 年的 1 兆 9,218 億美元，下降幅度達到 5.2%，失業率高達 10.8%；GDP 當季同比增速從 1981 年第三季的 4.33%，下降到 1982 年第三季的 -2.56%，CPI 年增率在 1981 年 7 ～ 10 月連續維持在 10%左右的高位，其中 1981 年 9 月更是達到 11%。

### 政策扶植、市場資金挹注科技業

面對國內的困難局面和國際激烈競爭，美國政府決定採取有效措施，發展科學技術，促進經濟轉型。1980 年代初，面對新技術革命的興起和新興工業的發展，美國政府開始積極調整科技政策，頒布了一系列法律保護科技發展，鼓勵推動科技成果的轉化與應用，形成了以企業主導的科技創新發展戰略，並透過減稅、放開企業間合作等政策鼓勵中小企業參與技術創新，努力促使科研成果轉化為經濟效益。1990 年代開始，美國政府政策調整的核心在於將科技創新提高到國家戰略層面，以資訊技術為中心，注重民用科學技術的發展。

1980 年代美國資本市場大力發展股權融資。科技發展除了產業政策支持外，還需要資金投入，相比傳統行業可透過抵押資產獲得融資，新興科技產業由於處於起步期加上輕資產占比較大，很難透過抵押資產獲得足夠的資金支援快速擴張的產業規模，因此股權融資成為大多數企業的選擇。1978 年後美國推出了免稅、放寬企業登記限制等一系列政策鼓勵股權投資，一方面為新興科技企業提供了從初創到成熟所需的資金，另一方面為微軟、英特爾這類巨型公司拓寬了上市管道，對美國高科技產業發展起了巨大的推動作用。

1971 年 2 月誕生的那斯達克市場以其上市條件寬鬆、籌資成本低、市場交易活躍且效率高等特點，放寬創新型企業的上市管道，培育了一大批高科技巨人，如微軟、英特爾、蘋果、戴爾、亞馬遜等。美國高科技產業上市公司中絕大部分是在那斯達克上市的。從 IPO 數量上來看，1980 至 1999 年，資訊技術、金融、可選消費與工業行業中的企業 IPO 數量位列所有行業前四，分別為 278、187、181 與 138 家。

1980 年代在產業及金融政策支持下，美國研發總投入不斷增加，1980 到 1995 年，美國研發設計投入經費從 698 億美元成長到 1967 億美元，占 GDP 比重從 2.44%上升到 2.57%。其中企業發揮了重要作用，從 1980 到 1995 年，企業研發設計投入經費從 427.5 億美元成長到 1298.3 億美元。巨額的資金投入，使得美國在科技產出居世界首位。

1987 到 2000 年，資訊通訊技術產業增加值占 GDP 比重從 3.4%成長到 6.2%，而製造業增加值占 GDP 比重從 1980 年的 20%下降到 2000 年的 15.1%。做為資訊產業的代表，計算機和電子產品產業增加值占 GDP 比重從 1.8%成長到 2.2%，而傳統製造業如機械行業增加值占 GDP 比重從 2.3%下降到 1.1%。高科技產業逐漸取代傳統製造業，成為美國經濟發展的主要推動力。

## PC 與網路普及，科技廠業績大爆發

1980 年代開始，美國資訊技術產業中半導體、路由器等硬體設備技術不斷革新，個人電腦（PC）的出現使得電腦從企業、機構推廣到個人使用者。電腦迅速普及，美國民眾 PC 擁有率從 1984 年的 8.2%，攀升至 1990 年的 21.7%，到 2000 年已達到 51%。在電腦終端普及的基礎上，網路開始走進民眾日常生活並快速發展。從 1991 到 2000 年，美國網路普及率從 1.2%迅速攀升至 43.1%。1995 年以後，以雅虎為代表的各類入口網站相繼出現，網路進入百花齊放的時代。其中電腦的關鍵技術突破包括處理器、作業系統。

做為電腦時代的帶路人，「藍色巨人」IBM 公司在 1981 年推出第一款個人電腦 IBM-PC，真正將計算機推廣到了個人使用者，正式宣告了 PC 時代的來臨。在處理器方面，英特爾在 1979 年生產了著名的 8086 處理器，為 PC 發展提供了關鍵的技術支援。作業系統方面，1990 年，微軟發布 Windows 3.0，真正實現了人機互動。之後，微軟與多家軟體公司合作，大多數的軟體基於 Windows 系統開發，微軟得以壟斷作業系統市場。

1980 年代之前，網路只被用於軍方，直到 1986 年美國國家科學基金會建立 NSFNET 網路，才使得網路走出軍營與民間結合。同年思科推出第一款多協定路由器，將相互不相容的電腦網路連接起來，網路正式走進美國居民的日常生活。

1995 年是網路歷史上一個轉型時刻，微軟推出的 IE 1.0 瀏覽器讓人們自由搜尋網上的資訊，使網路發展到了一個嶄新的階段。1995 到 2000 年是網路百花齊放的時代，各類網站相繼出現，從政府部門、學校、公司到個人都在自建網站，資訊透過網頁以更快的方式傳播開來，人類真正進入資訊爆炸時代。

在美國傳統製造業國際競爭力衰落的時候，資訊技術產品為美國打開了新的市場，1994 到 2000 年，美國半導體產品出口總值從 269.28 億美元

成長到 600.79 億美元，通訊設備產品從 175.87 億美元成長到 312.68 億美元。科技類企業業績持續成長，帶動美股 20 年的榮景。1980 到 2000 年那斯達克指數區間最大漲幅 3179%，同期標普 500 最大漲幅 1396%，道瓊最大漲幅 1415%。

## 1997 年亞洲金融風暴，災情慘重

在美國以科技與網路業崛起的同時，亞洲卻爆發金融風暴，深陷經濟危機。為何亞洲會爆發金融風暴？ 1989 年，市場預期亞洲經濟可能以超級高速發展，在全球向開發中國家的投資中，近一半的資本淨流入亞洲地區。南亞經濟體為了集資，以提高利率的方法，吸引追逐高回報率的外國投資者，世界的熱錢一窩蜂湧入新興亞洲，帶動資產價格上漲。與此同時，泰國、馬來西亞、印尼、新加坡和韓國經濟在 1980 年代末、1990 年代初經歷 8%至 12%的高 GDP 成長，被稱為「亞洲經濟奇蹟」。

巨額資金湧入東南亞，實際生產力卻不如帳面，導致經濟出現泡沫，泰國為了挽救經濟放棄固定匯率制，而爆發金融危機，隨後進一步波及至鄰近亞洲國家的貨幣、股票市場及其他資產，相關資產的價值也因此暴跌。此風暴打破了亞洲經濟急速發展的幻象，隨後資本投資減少，新興亞洲基金抛售股票，資金大舉撤出東南亞，東南亞股市、債市崩盤，貨幣貶值，亞洲各國經濟遭受嚴重打擊，紛紛進入經濟衰退。危機還導致社會動盪和政局不穩，一些國家也因此陷入混亂。1997 年 7 月，金融危機在亞洲爆發，至 1998 年底，大體上可以分為三個階段：

第一階段

1997 年 7 月 2 日，泰國宣布放棄固定匯率制，實行浮動匯率制，正式引燃一場遍及東南亞的金融風暴。當天泰銖兌美元的匯率就暴降多達 17%，外匯及其他金融市場一片混亂。在泰銖波動的影響下，菲律賓比索、印尼盾、馬來西亞令吉相繼成為國際炒家的攻擊對象。

8 月，馬來西亞放棄保衛令吉的努力，一向堅挺的新加坡幣也受到衝擊。印尼雖是受「傳染」最晚的國家，但受到的衝擊最為嚴重。10 月下旬，

國際炒家移師國際金融中心香港，矛頭直指香港聯繫匯率制度。台灣突然棄守新台幣匯率，一天貶值 3.46%，加大對港幣和香港股市的壓力。10 月 23 日，香港恆生指數大跌 1,211.47 點；28 日，再下跌 1,621.80 點，跌破 9,000 點大關。

面對國際金融炒家的猛烈進攻，香港特區政府重申不會改變現行匯率制度，最終恆生指數上揚，再上萬點大關。接著 11 月中旬，東亞的韓國也爆發金融風暴，17 日，韓元對美元的匯率跌至創紀錄的 1,008：1。21 日，韓國政府不得不向國際貨幣基金組織（IMF）求援，暫時控制危機。但到了 12 月 13 日，韓元對美元的匯率又降至 1,737.60：1。1998 年 1 月至 3 月，韓國民間發起捐金運動。韓元危機也衝擊大量投資韓國的日本金融業，一系列銀行和證券公司相繼破產，使東南亞金融風暴演變為亞洲金融危機。

第二階段

1998 年初，印尼金融風暴再起，面對有史以來最嚴重的經濟衰退，國際貨幣基金組織為印尼開出的藥方未能取得預期效果。2 月 11 日，印尼政府宣布將實行印尼盾與美元保持固定匯率的聯繫匯率制，以穩定印尼盾。此舉等同拿外國金融市場當救生艇，也讓本國經濟復甦遙遙無期，遭到國際貨幣基金組織及可能面臨自身貨幣無故波動的美國、西歐一致反對。國際貨幣基金組織揚言將撤回對印尼的援助，印尼陷入政治經濟大危

---

**金融巨鱷索羅斯**

1990 年中期，許多東南亞國家如泰國、馬來西亞和韓國等長期依賴中短期外資貸款維持國際收支平衡，匯率偏高並大多維持與美元或一籃子貨幣的固定或聯繫匯率，這給國際投機資金提供一個很好的捕獵機會。由索羅斯主導的量子基金乘勢進軍泰國，從大量放空泰銖開始，迫使泰國放棄維持已久的與美元掛鈎的固定匯率而實行自由浮動，從而引發一場泰國金融市場前所未有的危機。

---

機。2月16日，印尼盾同美元比價10,000：1。

受其影響，東南亞匯市再起波瀾，星幣、馬幣、泰銖、菲律賓比索等紛紛下跌。直到4月8日印尼同國際貨幣基金組織就一份新的經濟改革方案達成協議，東南亞匯市才暫告平靜。1997年爆發的東南亞金融危機也讓日本經濟陷入衰退。日圓匯率從1997年6月底的115日圓兌1美元跌至1998年4月初的133日圓兌1美元；5、6月間，日圓匯率一路下跌，一度接近150日圓兌1美元的關口。隨著日圓的大幅貶值，國際金融形勢更加不明朗，亞洲金融危機繼續惡化。

第三階段

1998年8月初，趁美國股市動盪、日圓匯率持續下跌之際，國際炒家對香港發動新一輪進攻。恆生指數一路跌至6,600多點。香港特區政府予以回擊，香港金融管理局動用外匯基金進入股市和期貨市場，吸納國際炒家拋售的港元，將匯市穩定在7.75港元兌換1美元的水準上。經過近一個月的苦鬥，使國際炒家損失慘重，無法再次實現把香港作為「超級提款機」的企圖。

國際炒家在香港失利的同時，在俄羅斯更遭慘敗。俄羅斯中央銀行8月17日宣布，年內將盧布兌換美元匯率的浮動幅度擴大到6.0～9.5：1，並推遲償還外債及暫停國債券交易。9月2日，盧布貶值70%。這都使俄羅斯股市、匯市急劇下跌，引發金融危機乃至經濟、政治危機。俄羅斯政策的突變，使得在俄羅斯股市投下巨額資金的國際炒家大傷元氣，並帶動美歐國家股匯市的全面劇烈波動。如果說在此之前亞洲金融危機還是區域性的，那麼，俄羅斯金融危機的爆發，則說明亞洲金融危機已經超出區域性範圍，具有全球性的意義。到1998年底，俄羅斯經濟仍沒有擺脫困境。直到1999年，金融危機才告結束。

泰國、南韓和印尼是受金融風暴影響最嚴重的國家，資產泡沫消失後由於國家接近破產狀態，沒有能力還清債務，極需要國際支援。寮國、馬來西亞和菲律賓也受到波及。而中國、新加坡、台灣雖有影響，但程度相對較輕。日本則處在泡沫經濟崩潰後的長期經濟困境中，投資能力大減，儘管有些投資韓國的銀行受到損失而破產，但總體而言，日本受到此金融風暴的影響並不大。

此危機迫使東南亞主要貨幣在短期內急劇貶值，東南亞各國貨幣體系和股市的崩潰，投資者損失慘重紛紛停損出場，由此引發的大批外資撤逃和國內通貨膨脹的巨大壓力。亞洲各國大量企業破產、銀行倒閉、股市崩潰、房地產下跌、匯率貶值、失業率上升，人民生活受到嚴重影響。

東南亞國家和地區的外匯市場和股票市場劇烈動盪，以 1998 年 3 月底與 1997 年 7 月初的匯率比較。各國股市都縮水三分之一以上。各國貨幣對美元的匯率跌幅在 10% ~70%，受打擊最大的是泰銖、韓元、印尼盾和馬來西亞令吉，分別貶值 39%、36%、72%和 40%。

此危機導致大批企業、金融機構破產和倒閉。例如，泰國和印尼分別關閉了 56 家和 17 家金融機構，韓國排名居前的 20 家企業集團中已有 4 家破產，日本則有包括山一證券在內的多家全國性金融機構出現大量虧損和破產倒閉，信用等級普遍下降。泰國發生危機一年後，破產停業公司、企業超過萬家，失業人數達 270 萬，印尼失業人數達 2,000 萬。而且資本大量外逃，據估計，印尼、馬來西亞、韓國、泰國和菲律賓私人資本淨流入由 1996 年的 938 億美元，轉為 1998 年的淨流出 246 億美元，僅私人資本一項的資金逆轉就超過 1,000 億美元。

在金融危機衝擊下，泰國、印尼、馬來西亞、菲律賓四國經濟成長速度從危機前幾年的 8%左右，下降到 1997 年的 3.9%，1998 年上述四國和香港、韓國甚至日本經濟都呈負成長。東亞金融危機和經濟衰退引發了俄羅斯的金融危機並波及其他國家，巴西資金大量外逃，哥倫比亞貨幣大幅貶值，進而導致全球金融市場劇烈震盪，歐美股市大幅波動，經濟成長速度放慢。

## 2000 年科技產業泡沫化，拖垮全球經濟

1990 年代，美國靠著科技與網路新創企業引領風騷 10 年後，到了 2000 年，開始起了翻天覆地的變化。

## 網路公司股價超漲，完美風暴來襲

在網際網路狂飆時期只要和網際網路沾點邊，或名稱中有「.com」的股票均獲得投資者熱捧，而投資者對所投資公司是否獲利並不十分關心。在網際網路經濟的熱潮和不斷炒作下，大量資金流入科技股，網際網路 IPO 項目爆發，科技股股價飆升，其中不乏今日人們所熟知的一些網際網路巨頭，如：思科公司於 1990 年上市，而從 1995 到 2000 年，股價便由 1.69 美元飆升為 71 美元，本益比達到三位數，總市值近 6,000 億美元；亞馬遜公司截至 1999 年 10 月，淨虧損 8,600 萬美元，但股價自 1997 年上市到 1998 年底飆升了 2300%，三個月後再漲 400%。然而在泡沫當下，時任聯準會主席的葛林斯潘（Alan Greenspan）曾警告市場不理性的一頭熱是非理性繁榮，但市場卻充耳不聞。當所有完美風暴的元素皆已到位，剩下的其實只是時間問題。

首先是千禧年危機（Y2K），在 2000 年以前，電腦為了節省軟硬體空間，僅以兩位數記錄年序，而千禧年的到來，恐導致 2000 年和 1900 年都被系統記述成「00」而大亂，引發全球對金融市場和網路世界可能崩潰的災難性恐慌。接著，2000 年 2 月葛林斯潘表態聯準會可能大幅升息，僅僅是這個想法就引發各種猜測，投資人不知道更高的借貸成本，到底會對這些估值太高的網路股造成多大影響。

## 那斯達克 1 年崩 4 成，聯準會降息救災

2000 年 3 月 10 日，以科技股為主的美國那斯達克指數達到 5132.52 點的巔峰，較前一年指數幾乎已經翻了一倍。結果不到 3 天後，又發生了重量級的事件。2000 年 3 月 13 日一則宣布日本經濟再次陷入衰退的新聞，消息像是野火般延燒，引爆全球股市賣壓。當然，美國科技股也不例外，幾個指標性的科技公司如戴爾等，開始大量賣出自家公司的股票，引發市場恐慌性賣壓，不到幾周的時間，股市就蒸發了 10%的市值。最終，那斯達克指數光是在 2000 年，就下跌了 39%。

由於網際網路泡沫破裂拖累經濟發展，聯準會 2001 年 1 月開始降息救災，網際網路泡沫以前，出於對經濟過熱、通膨上升的擔憂，聯準會展

**2000 年聯準會搶救科技泡沫，啟動降息循環**

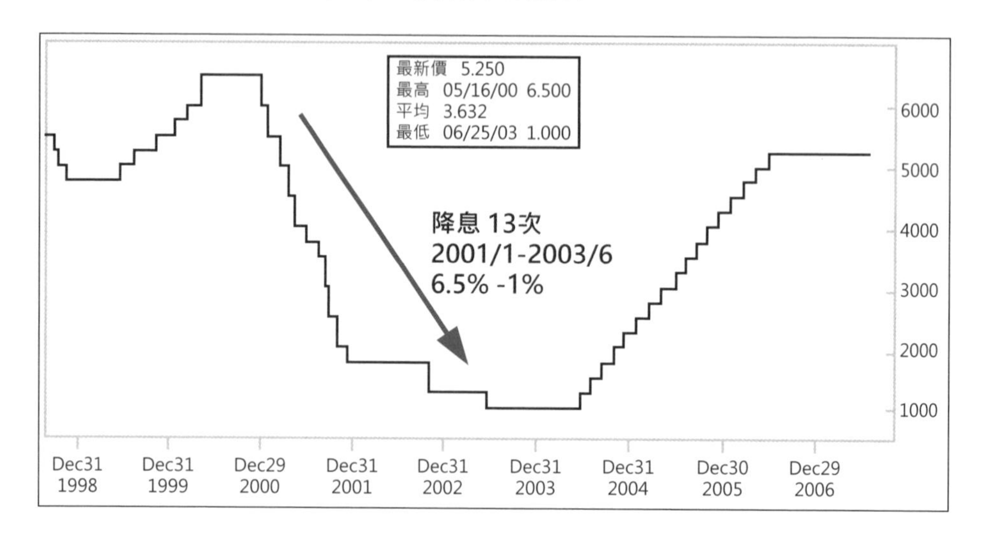


資料來源：券商研究報告

開了為時約一年，總計 6 次的升息周期。2000 年 5 月升息周期結束三個月後，經濟成長大幅下滑。2000 年第三季美國 GDP 成長為 4.08%，第四季 GDP 成長下滑至 2.89%。2001 年美國遭遇 9.11 恐怖襲擊，使得美國經濟陷入衰退，到了 2002 年 10 月，那斯達克指數自泡沫高點回吐 78.4%。5 年的榮景就像是夢一場，在 14 個月內完全化成泡影，一直到 2015 年 3 月，那斯達克指數才重回 5,000 點。

## 1991 ～ 2000 年的台灣

1990 年代的台灣和美國一樣，科技公司紛紛成立，成為美國高科技公司的代工廠或是供應鏈。科技企業也搭上這一波浪潮快速成長，公司紛紛掛牌上市，當時吸引一批優秀的理工學生投入這個產業，網路電子科技新貴是人人稱羨的行業。

台灣是科技之島，台灣電子業可以蓬勃發展，就必須細說從頭。時光回到 1974 年，當時台灣以勞力密集的輕工業、加工出口業為主，面臨產業已發展成熟，且第三世界國家崛起，擁有大量低廉勞力，台灣面臨尋找下一世代接棒產業的轉捩點。台灣半導體之父潘文淵說服美國無線電公司（RCA）以 350 萬美元的價格將技術移轉工研院，1976 年 4 月，經過招募培訓的 19 人團隊，都是年紀不到 30 歲的年輕人，包含了台積電副董事長曾繁城、聯電榮譽董事長曹興誠、前工研院院長史欽泰等人，投身積體電路計畫的引進，並分成設計、製造、測試、設備 4 組，開創了台灣半導體業的未來。

1977 年 10 月，工研院打造的全台灣第一座積體電路示範工廠，示範工廠採用 7.5 微米製程，產品良率在營運的第 6 個月已經高達 7 成，遠高於技術轉移母廠 RCA 公司的 5 成，技術成效超乎預期，替他們打了一劑強心針。

1980 年，台灣首家半導體公司聯華電子（聯電）成立；1985 年，行政院長俞國華、政務委員李國鼎、工研院董事長徐賢修等人邀請張忠謀來台擔任工研院院長。1987 年，台灣積體電路製造公司（台積電）成立，由台積電首創的晶圓代工模式至今在整個產業鏈中占有 50%的產值，並且帶動封裝、設計，為台灣經濟立下良好基礎。

科技業興起、半導體產業聚落成形

台積電成為全球舉足輕重的晶圓代工廠後，大幅改變產業生態，逐步走向垂直分工模式。有別於早期半導體公司以整合元件製造（IDM）廠居多，自行包辦從 IC 設計到產品製造的所有程序，晶圓代工模式成功後，設計公司只要專注做好產品設計，再委託代工量產即可，不必投資設立花費甚鉅的晶圓廠。

1990 年代開始，台灣半導體產業鏈逐漸完備，在各領域的代表性公司除台積電、聯電之外，還包括日月光、聯發科、群聯、穩懋、旺宏、華亞科、南亞科等，攜手為台灣締造出傲人的兆元產值。

除了半導體產業，個人電腦和筆記型電腦，在 1990 到 2000 年也蓬勃發展，帶動台灣科技產業黃金年代，也奠定了台灣電子代工王國美譽，當年廣達、宏碁、華碩、仁寶，更是包辦全球 95%以上的筆電代工生意。

隨著個人電腦快速成長，負責資料處理及運算的「動態隨機存取記憶體」（DRAM）需求大增，政府因此在 1990 年委託工研院執行「次微米計畫」，延攬當時在美國貝爾實驗室任職的盧志遠，擔任計畫主持人，負責研發 DRAM 製造技術，以 4 年半的時間發展出 8 吋晶圓 0.5 微米的製程技術，讓台灣躋身世界半導體技術的領先群。

### 中小型電子公司掛牌暴增

除了大企業，台灣的中小企業主的戰鬥力也十分強大，他們寧為雞首也不願當牛尾，提著一只皮箱就敢到海外去找訂單，有企圖心的年輕人都希望靠創業一展鴻圖。1990 年代電子產業崛起，提供創業的溫床，有企圖心的年輕人，在美系和日系公司待了幾年，練就一身功夫，就出來開公司。有些是海歸派的年輕人，在歐美先進國家，接受高等教育，滿腔熱血回台創業。他們大多從事零組件的製造，由於善於製造和管理，公司的業績蒸蒸日上。

這些公司資本額不大，但在當時都是高科技的新創公司，這些公司需要在資本市場募集資金，但是到台灣證券交易交易所掛牌確實有難度。政府也看到這樣的現象，於是在 1994 年 11 月成立中華民國櫃台買賣中心，簡稱 OTC。這些中小型的電子股紛紛掛牌，企業主透過資本市場取得資金，擴大經營規模，為國際市場做準備。而資本市場的投資人，也在資本市場上投資股票，賺到資本利得。

當時候電子類股當道，無論是上市或上櫃的電子股，都是投資人追逐的標的，1990 年代投資人狂買的金融股、傳產股和資產股反而乏人問津。電子股之所以被投資人追捧，最主要是電子產業和世界接軌，潛力無限，加上美國高科技公司的助威之下，股價往往成為飆股，投資人自然把資金往電子股集中。1990 到 2000 年，電子股一路狂飆，投資電子股的投資人樂不可支，金融股投資人卻笑不出來。

### 1997 年建設公司倒閉潮

1990 年代的台灣科技業起飛，房地產卻漸走下坡。經過 1980 年代的台北市房價狂飆，1990 年代是台灣房地產混亂時期，1990 年有專家指出房價已經飆過頭，而台北市高漲的房價也讓不少人轉而買桃園、台中、高雄，甚至連台東、花蓮的預售屋都向台北客招手。有趣的是，雖然房價有往下跌趨勢，但整體推案量仍擴大，尤其 1992 年政府便打算製定容積率管制，並在 1995 年全台實施上路，全台幾大行政區陸續在 1997 年進行容

**1995 ～ 2000 年台灣電子類股走勢**

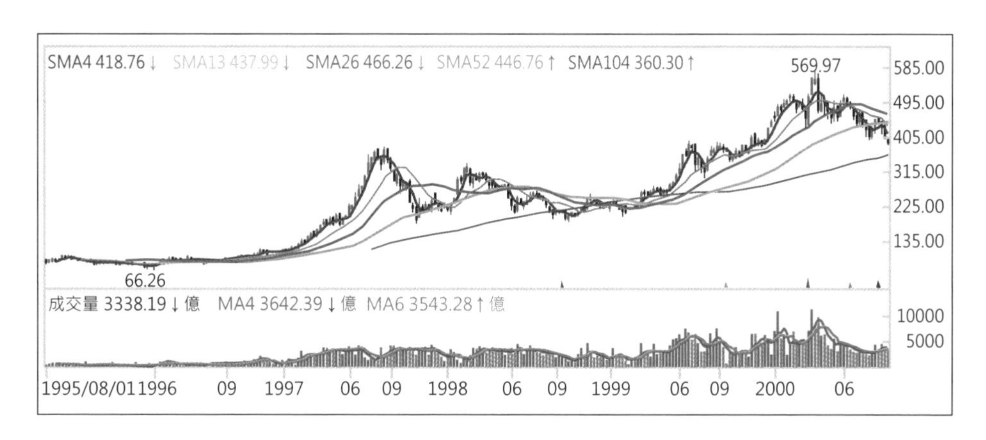


資料來源：XQ 嘉實系統

**1995 ～ 2000 年金融類股走勢**

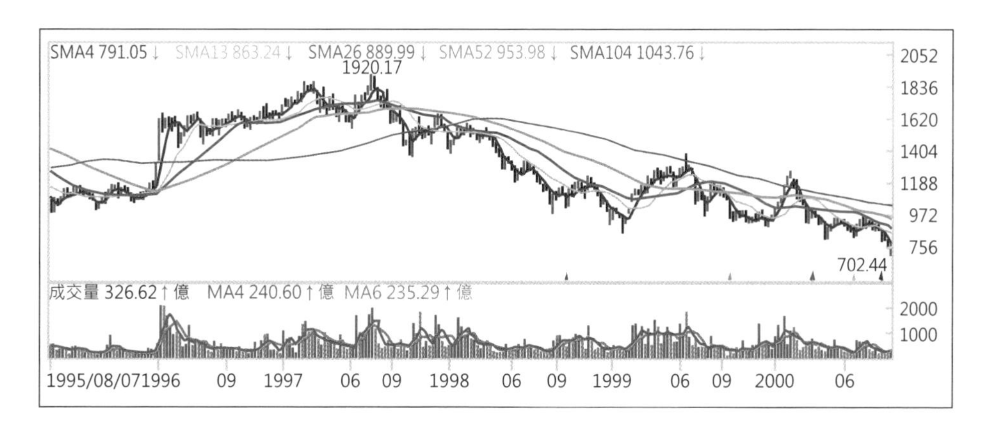


資料來源：XQ 嘉實系統

積率管制，這也使得建商拚命將庫存土地進行推案。

1996 年，總統大選前夕更爆發中共試射飛彈的台海危機，造成房市短期震盪，有些人選擇賣屋移民至美國，中國改革開放也吸引大批台商西進中國，台灣資金外流嚴重。1996 年 2 月，出現房價回跌至 5 年新低的訊息。不過，1996 年總統直選後的下半年，大台北房價已經跌至谷底，有反彈跡象。1997 年政府則嘗試「只租不售」推出 50 年使用權的國宅。而全台許多建商在搶照、搶建過後，又遇到亞洲金融風暴造成股市從 1997 年 8 月崩跌，而供過於求的房市及建商利用槓桿原理玩金融操作，一旦房屋銷售不如預期也面臨財務危機，1998 年包括國揚、瑞聯、擎碧都陸續傳出跳票，引爆建商倒閉潮。1999 年，台灣發生 921 大地震，重創中部地區房市，當時台中七期正開始發展，許多建商只能咬牙苦撐。

1998 年本土金融風暴，基層金融機構倒閉

1997 年亞洲金融風暴，台灣是少數安度風暴的亞洲國家之一，但隔年台灣卻颳起本土型金融風暴。由於集團財務槓桿比率過高，又碰上經濟不景氣、股市慘跌，1998 年爆發的本土性金融風暴，讓超過十家企業集團陸續不支倒地，部分企業老闆入獄服刑，還有不少是債留台灣、落跑海外。

這波風暴先是從台股颳起，從東隆五金范芳魁、新巨群吳祚欽、國揚侯西峰、國產車張朝翔、張朝喨兄弟等集團紛傳掏空、違約交割，財務黑洞超乎預期，陸續不支倒地。而後風暴擴大到東帝士、台鳳、華榮（中興銀）、安鋒、廣三、長億、華隆、鴻禧，甚至力霸等集團。以范芳魁兄弟為例，就掏空公司 88 億元資金；新巨群吳祚欽、國產車張朝翔掏空金額更高達百億元以上。最後是全民付出上兆元代價，幫這些落難大亨打銷銀行呆帳，才讓風暴漸歇。

## 2001~2008 年：中國成為世界工廠

因 2000 年美國科技產業過度投資產生危機，引爆「Y2K 高科技泡沫化」，拖垮全球經濟，全球經濟主導權由西方世界的美國轉移到東方世界的中國。中國運用廉價的勞力、便宜的土地和優惠的財稅制度，吸引全球

企業設廠，中國成為全球最大的製造工廠，生產便宜品質又不差的產品，行銷全世界。台資企業也紛紛西進中國投資，台商成為有錢人的代名詞。

2000 年剛好遇到千禧年，也就是 Y2K，Y2K 加大了企業資訊系統方面的開支，由於時間系統通常採用西元縮寫後兩位，當跨入 2000 年時，錯誤就發生了。2000 年時，電腦誤認 00 為 1900 年的 00，而非 2000 年的 00，因此在計算時會出錯。為了避免犯錯，所有公司在 2000 年趕著換電腦、資訊系統和網路系統，造成科技公司的營收大好，科技公司競相投資，來因應源源不絕的訂單。哪知道這些訂單實際上都是 2000 年和 2001 年的訂單，提前到 1999 年發酵，到了 2000 年新的訂單瞬間急凍，科技公司的營收下滑，虧損開始發生。

2000 年 5 月 16 日，美國聯準會決定調升利率至 6.5%，此時雖然有人警告投機泡沫嚴重，股市已有幾次下跌的預警，突然調升利率，導致泡沫破裂。各種原因交疊的影響，使得股市不斷向下修正，一直到 2001 年，那斯達克指數比起高點已經下跌約 50%，2.5 兆美元憑空蒸發。

## 911 恐怖攻擊重創美國經濟

除了網路科技泡沫化，2001 年 9 月，美國還發生了震驚全球的 911 恐怖攻擊事件。

2001 年 9 月 11 日，19 名蓋達組織恐怖分子劫持 4 架民航客機，劫持者將兩架飛機分別衝撞紐約世界貿易中心雙塔的一號大樓（北塔）及二號大樓（南塔），造成飛機上的所有人和在建築物中許多人死亡；兩座建築都在兩小時內倒塌，並導致鄰近的其他建築被摧毀或損壞。世貿現場中，包含劫機者在內，總共有 2,749 人在這次襲擊中死亡或失蹤。

美國一些證券交易所在襲擊發生後的當周內都處於關閉狀態，股市在重新開始股票交易後曾經急挫，尤其是航空和保險相關類別的股票。價值數十億美元的辦公場所在這次襲擊中被摧毀，連同損失的技術人才與家庭社會負擔，嚴重破壞曼哈頓下城經濟乃至於美國經濟帶。

為此聯準會積極介入救市，方法包括：

**大幅降息：**9 月 17 日在紐約證券交易所開市前，聯準會宣布了分別降低聯邦基金率兩碼，從 3.5%降到 3%，及聯邦重貼現率從 3%降到 2.5%。

**放寬銀根：**9 月 12 日聯準會注入了 117 億元給銀行。該數字是美國聯準會有史以來在一周內釋放銀根最大的一筆數字。9 月 14 日聯準會又以購買聯邦債券的方式注入了 800 億元到市場上。

就在美國屋漏偏逢連夜雨之際的 2001 年，在地球另一端的中國，運用廉價的勞力、便宜的土地和優惠的財稅制度，吸引全球企業到中國設廠。中國成為全球最大的製造工廠，生產便宜品質又不差的產品，行銷全世界。

## 以中國為首「金磚四國」竄起

中國從 1978 年開始經濟改革，全面發展經濟，1997 年亞洲發生金融風暴，各國相繼隕落，中國卻快速崛起，全世界製造工廠相繼在中國設立生產基地，讓中國搖身一變成為世界工廠，也帶動了原物料價格的奔馳。2000 年以來，中國的強大需求帶動原物料價格大漲，從 2000 至 2008 年，銅價漲幅高達 557%，鎳價漲幅超過 11 倍；鋅價漲幅也達 508%；鋁、鉛、

**3 年漲 5 倍！ 2005 ～ 2007 年上證指數走勢**

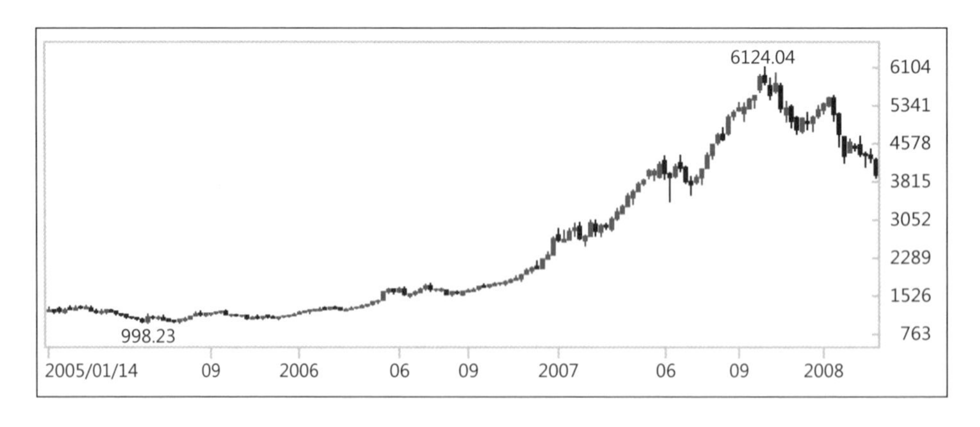


資料來源：XQ 嘉實系統

錫價漲幅也都在5倍以上。另外，油價也漲到歷史最高點每桶147.74美元。

中國的崛起還有另一個關鍵，就是2003年10月1日，一份高盛發布的全球經濟報告，報告中指出「金磚四國」——巴西、俄國、印度和中國經濟崛起。他們合組Brazil、Russia、India和China四國的起首字母，稱之為BRICs（發音類似英文的磚塊brick），預測他們將漸步取代全球前六大經濟體的地位。

當時，這四國國內生產毛額，還不及主導全球經濟的六大工業國（美、日、英、法、德、義）的15%，但假設金磚四國都維持有利經濟成長的政策和制度，「未來50年，金磚四國的GDP將超越六大工業國，股市成長倍數將達66倍。」其中，中國在未來2年超過德國，在11年後超過日本，在2041年將取代美國，成為世界第一大經濟體。

2004年，高盛世界經濟小組又發布了後續報告，估計金磚四國在世界經濟成長中的比重將從2003年的20%成長到2025年的40%。同時，他們的經濟總量在世界經濟中的比重，將從2004年的大約10%增至2025年的超過20%。而且在2005年到2015年間，這些國家將有超過8億的人跨過3,000美元的年收入門檻。因此，市場需求的大回升將不僅僅影響必需品，也會影響到價格較高的品牌產品。報告指出，首先是中國，然後10年之後是印度，將超過美國成為世界最大的汽車市場。所以中國在2006年更是成為萬眾焦點，無論是A、B股，還是香港上市的H股，漲幅至少1倍起跳。

2004年滙豐資產管理推出了金磚四國股市基金，不到一年就集資超過30億美元，使得該基金不得不「封盤」，暫停接受新的投資。MSIC金磚四國指數的表現也不負眾望，由2000年初至2006年上漲了2倍多，而同期MSIC世界股市指數僅上漲1倍。

## 借日圓套利交易興盛，引爆2007年股災

所謂利差交易（Carry Trade）就是國際金融市場的投機客，借入超低利率的貨幣到世界各地投資。在正常的情形下，這些投機客享受利差帶來

的利潤，但最大的風險是該貨幣升值，一旦升值，就要拿更多錢來還款。例如 2007 年 2 月 21 日，日本央行宣布升息 1 碼，將政策利率由 0.25%調升至 0.5%，引發全球對於日圓匯率可能走揚的預期心理，借日圓未平倉壓力增加，使得中國股市於 27 日暴跌，並引發全球股市龐大的賣壓，首當其衝的就是高收益貨幣與股市。其中，南非幣與土耳其里拉在六個交易日內分別重貶 6.2%與 5.2%，表現最為弱勢；在股市方面，俄羅斯、阿根廷、巴西等新興市場受創最重。

日圓利差交易為何在 2 月全球股災中影響如此之大？主要是日圓利差交易所帶來的心理影響層面不容忽視。造成全球金融市場重創的主因在於，投資人隨時可能被觸動的風險意識，當時日圓利差交易的盛行與過度的槓桿運用，導致全球資金氾濫，投資人的風險偏好大增，進而拉開了一波全球股市、國際商品市場、房市的多頭行情，甚至出現資產價值過度高估的失衡現象。因此，一旦出現任何觸發點，均可能啟動資金反向緊縮的惡性循環。

## 2007 年美國爆發次貸危機

2000 年初科技泡沫化，為活絡經濟，美國聯準會採取極為寬鬆的貨幣政策，自 2001 年起連續降息 13 次，使聯準會聯邦基金利率從 6.5%大幅降到 1.0%。低利率政策釋放出大筆的市場資金，信用市場為之熱絡，並營造出有利於房市的投資環境，因而美國民眾貸款購屋的意願大為增加，帶動美國房價不斷提高。美國聯準會用房地產的泡沫來挽救高科技產業的泡沫。

房貸機構為了擴大客源，發展出可調式利率貸款合約，即壓低前兩至三年的利息支出，採取固定貸款利率，之後十幾年則採用浮動利率，以前期負擔較輕的貸款方式，引誘償還能力較差的客戶貸款；另一方面，銀行還發展出較為簡化的貸款程序，藉由寬鬆的貸放標準，刺激購屋者貸款。而所謂的「次級房貸」，指的就是在低利政策的鼓勵下，發展出專門承做信評較差之貸款的房貸機構，而其所承做的房貸即為次級房貸。

投資銀行在這波房貸熱潮下，收購大批的銀行貸款，以資產證券化的方式，轉賣給債券市場的投資人，使得原本界定為長期資金的房貸，轉變為債券市場上的短期資金，大幅提高在市場流動的資金；但投資銀行的功力還不止於此，在財務工程的高度發展下，設計出全新的金融商品，把信用參差不齊的貸款重新包裝，轉換為複雜的結構型商品，推銷給全美及全世界的投資人。在金融自由化的前提下，美國金融主管機關並未嚴格控管此類金融商品的發行，房貸越放越多、房價越炒越高，各家金融機構帳上的資產也日益膨脹，卻也種下整個金融市場難以承載的危機。

2004 年 6 月起，隨著美國景氣明顯復甦，為了冷卻過熱經濟，聯準會改採連續 17 次調升利率，聯邦基金利率從 1.0% 提高到 2006 年 6 月的 5.25%，此一政策性的轉變，雖是針對當時情況調整貨幣政策，但對房貸市場卻造成骨牌式的連鎖效應，並引爆次貸地雷。

首先，採用可調式利率的貸款，浮動利率上升使得利息負擔提高，次級房貸的對象原本就是信用較差的貸款人，此時更加無力償還，導致違約風險大幅提高。其次，專門承做次級房貸的機構，由於收不回利息而破產、

**2004 年聯準會打擊通膨，啟動升息循環**

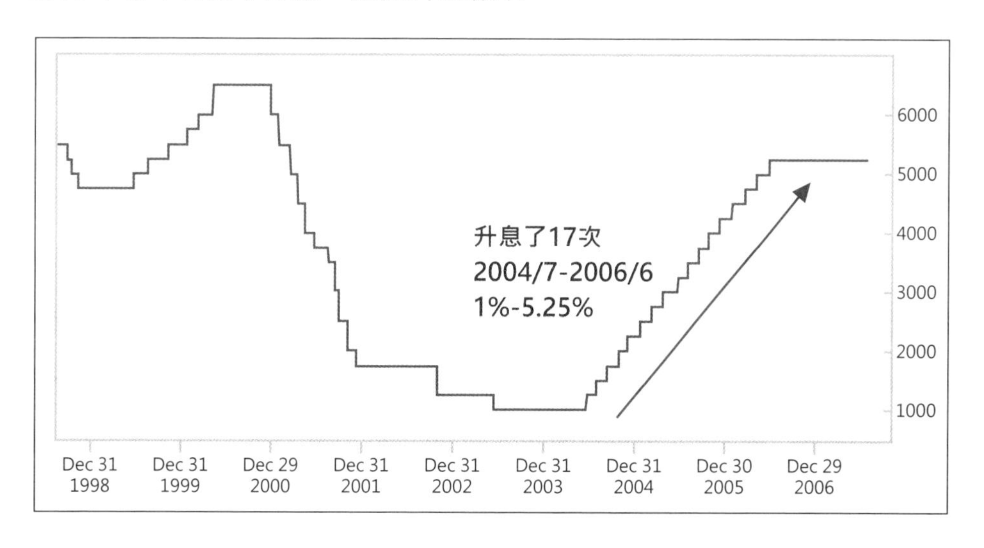


資料來源：彭博資訊、作者整理

倒閉，2007年4月，美國第二大房貸業者新世紀金融公司聲請破產。再者，將次級房貸包裝成高收益投資工具的金融機構開始受創，2007年7月美國第五大投資銀行貝爾斯登（Bear Stearns）宣布結束旗下兩檔避險基金；之後引發所謂「次貸風暴」，包括2007年8月美國大型住宅抵押投資公司倒閉、全美最大房貸業者全國金融公司爆發財務危機，以及全球股市大跌、金融市場陷入低迷。

衝擊1：「二房風暴」引發全球金融海嘯

進入2007年下半年，全球經濟還在次級房貸的風暴壟罩下難以平復，次貸風暴使美元走貶，造成油價與原物料價格飆漲，讓各國的通貨膨脹壓力倍增。2008年3月，曾是美國櫃買市場衍生性商品最大交易商的貝爾斯登公司，由於流動部位嚴重惡化而倒閉，由摩根大通銀行收購。次貸風暴的負面效應在2008年持續擴大，由於違約房貸增加、房價滑落，加上銀行貸款受到影響而緊縮。

2008年9月，美國兩大房屋抵押貸款機構——房利美（Fannie Mae，聯邦全國抵押貸款協會）和房地美（Freddie Mac，聯邦住房抵押貸款公司），在次貸風暴的影響下，因房貸品質急遽下降而產生嚴重的虧損，再次引發市場信心危機，被稱為「二房風暴」。二房的主要業務為向銀行和房貸機構收購房貸，將房貸重新包裝為證券化產品後售予投資人，透過債券籌得的資金再投入抵押放款融資市場，以擴大市場規模與資金流動性。

由於兩房的資金規模龐大，一旦倒閉衝擊難以預料，最後由美國財政部出面接管，並分別注資1,000億美元，暫時平息市場的緊張氣氛。然事隔一周，美國第三大投資銀行美林證券（Merrill Lynch）爆發財務危機，由美國銀行收購；第四大投資銀行雷曼兄弟（Lehman Brothers Holdings）則因為談不攏收購條件而破產；AIG緊急向聯準會申請融資850億美元。

美國發生一連串的金融危機事件後，全球為之震盪，包括股票市場、金融機構及各國經濟，都受到程度不等的影響。首當其衝的是對股市的衝擊，以道瓊工業指數為例，從2008年9月初政府接收兩房起，股價跌幅屢創新高，一個月內有三次下跌超過500點；其中紓困方案遭國會否決當

美國次級房貸透過證券化的過程轉手至全球投資人

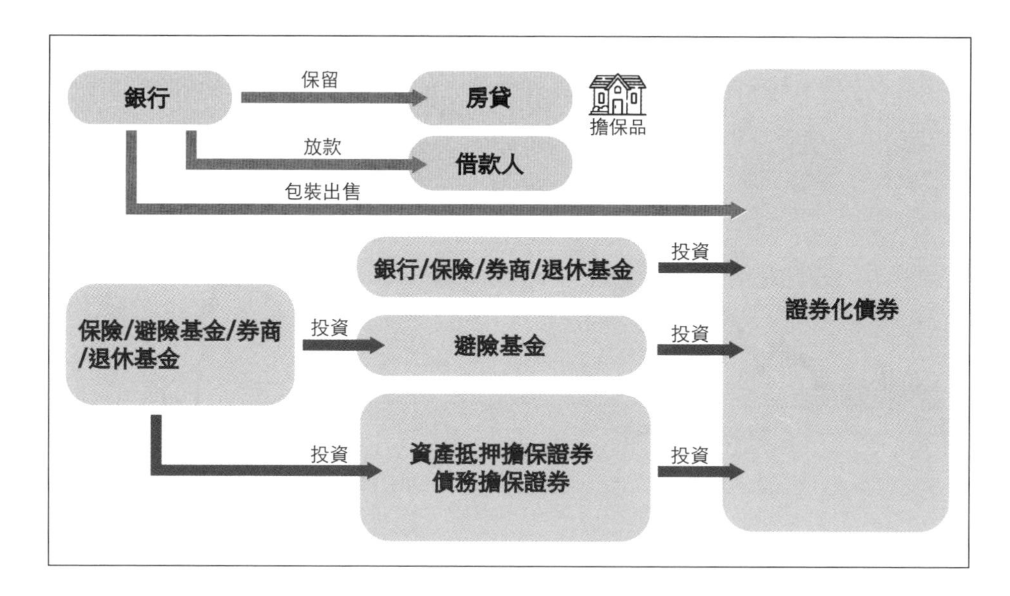


資料來源：券商研究報告

天，美國三大指數跌幅都高達 7%～9%。至此，次貸風暴的影響愈演愈烈，並蔓延至歐陸國家，多個歐洲國家驚傳金融機構發生財務問題並造成全球股市重挫，形成全球性的金融海嘯。

衝擊 2：冰島破產

2008 年 9 月底，美國最大儲蓄及貸款銀行華盛頓互惠銀行（Washington Mutual，WaMu）傳出倒閉，由摩根大通銀行以 19 億美元買下。之後風暴在歐洲開始發酵，數國的金融機構紛紛傳出財務危機，包括英國第九大房貸銀行 Bradford & Bingley（B&B）經營發生困難，由英國政府接管；比利時最大的銀行保險業者富通銀行保險集團（Fortis）不堪財務損失，由比利時政府、盧森堡政府及法國銀行出資收購；德國最大房貸銀行海波銀行（Hypo Real Estate）傳出破產危機，由德國政府與銀行團共同投入 500 億歐元以為挽救。

**2008 MSCI 世界指數崩跌**

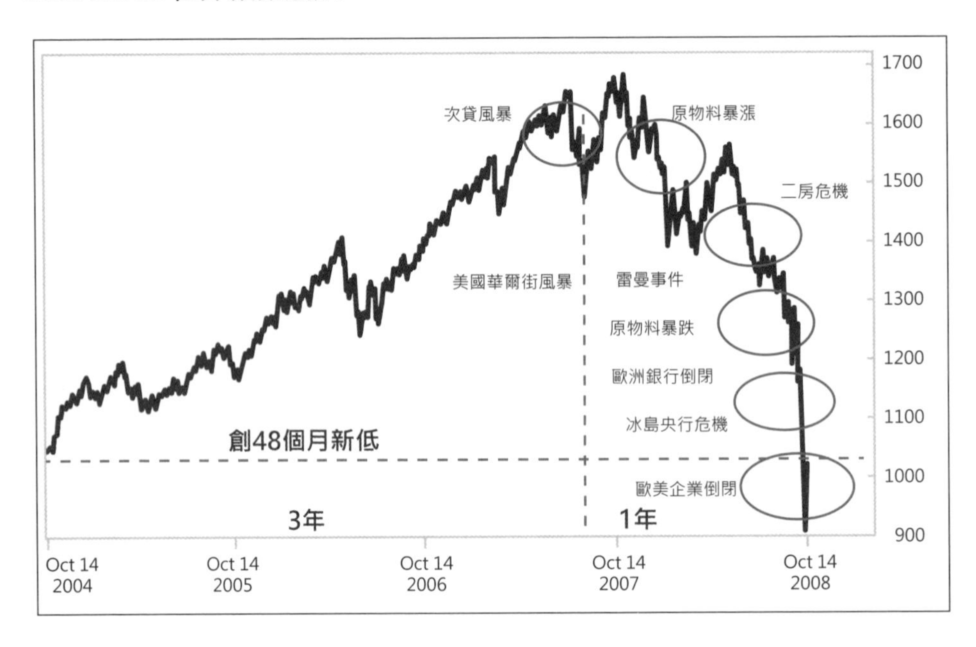


資料來源：券商研究報告

冰島金融體系更是陷入空前危機，過度操作財務槓桿的結果，包括前三大銀行都出現問題而由政府接管，整個國家面臨破產，尋求國際支援。從美國到歐洲，大型金融機構倒閉的風潮方興未艾，對全球經濟的影響，則被許多專家認為是繼 1930 年代經濟大蕭條之後，最嚴重的一次危機。

衝擊 4：美國通用汽車宣布破產

在金融海嘯的侵襲之下，美國經濟開始走向衰退，更加重了對原本就萎靡不振車市的衝擊，且不論美系、歐系或是日系車廠在美國市場中均難以倖免。2009 年美國兩大汽車巨頭克萊斯勒（Chrysler）和通用汽車（GM），先後於 4 月 30 日和 6 月 1 日申請破產保護，美國汽車業步入歷史的低谷。市場如此不振，美國政府推出「以舊換新補貼政策」試圖力挽狂瀾，但仍無法帶動市場之買氣，據統計，美國 2009 年汽車銷售量為 1,043 萬輛，相較於 2007 年同期衰退達 17.2％。

為了改善市場流動性、重拾信心，為避免金融市場出現系統性風暴，各國政府紛紛透過各種途徑直接和間接向金融市場注資。全球各國央行為了避免金融體系陷入流動性危機，採取干預政策來控制流動性的問題。由於這波金融風暴是因投資銀行存在許多不良的債務債權，像是擔保債務權證（CDO）與住宅抵押擔保證券（MBS）等衍生性金融商品，央行將回收這些不良的資產，幫助金融機構度過難關，恢復昔日做為資金借貸重要媒介的角色。為了消弭存款戶擔憂金融機構破產的疑慮，避免資金大量流出，擴大存款保險安全網，央行採取提高存款保險的上限，增加信心進而降低金融機構倒閉的機率；部分國家擁有雄厚的外匯存底，央行能加以運用以對抗金融危機。

全球央行聯手注入銀行體系資金，避免銀行出現資金不足的流動風險，不僅是美國聯準會大力推動紓困方案通過，英國、德國、歐盟等歐洲國家也聯手挽救金融業，亞洲各國像是中國、日本、台灣等也紛紛響應這次的救市活動。在世界各國相繼宣布金融紓困政策的同時，使得市場信心回穩，全球股市才逐漸出現曙光。

## 2000 ～ 2009 年的台灣

從 1978 年改革開放以來，外商直接投資對中國經濟發展也扮演非常重要的角色。從 1979 年至 2009 年 3 月，中國累計吸引 8,744 億美元的外商直接投資，連續 17 年位居發展中國家的第一位。2009 年上半年外商占中國國際貿易的 55%左右。

而從 1987 年起台灣開放外匯管制與兩岸旅行，1988 年以後台商開始到中國進行投資，1990 年以後大量投資。截至 2008 年底，中國商務部公布台商在中國直接投資的金額為 476.60 億美元，台灣經濟部投審會公布的金額為 755.60 億美元。

台商開始大膽西進

2000 年中華民國總統選舉，由民主進步黨的陳水扁當選，實現首次和平政黨輪替，結束中國國民黨長達 55 年一黨獨大的執政局面。即使政黨輪替，對中國投資政策卻更大幅度鬆綁；中國方面也由於加入世界貿易組織（WTO），對外資更為開放，台資企業更踴躍西進中國投資。這階段你如果有膽識勇闖中國賺到了錢，就是走路有風的「台商」。

然而，台灣企業資金大舉西進造成的產業空洞化問題卻逐漸浮現；另一方面，中國在加入世界貿易組織後，經濟實力更為堅強，陸企也開始崛起。學者分析，在中國經濟快速崛起後，廠商素質提升，加上中國政府的刻意扶植，台企地位逐漸被陸企取代。中國的社會結構也產生質變，土地及勞力成本逐年墊高，企業社會責任更是不可迴避的議題。早期台商登陸所享受那段遍地黃金的歲月，大抵告一段落，企業西進淘金的熱情也開始降溫。

SARS 危機把台灣房市打到最低點

如果說 1990 年代搶建造成的供給過多，連台北市房價都下跌，是房價史上「最黑暗時期」，那麼 2000 年過後，低利率環境、政府刻意做多，則意外成為投資、投機炒作的「最美好年代」。

全台實施容積管制的搶照，讓 1996 年全台買賣移轉棟數量成為近 20 年最高點，而 2000 年面對政黨輪替震盪，讓隔年成為「成交量谷底年」，卻因整體金融市場利率持續下調，2001 年政府振興房地產復甦提出土增稅減半增收 2 年，不久便出現不動產回溫狀況。不過 2003 年初爆發 SARS 疫情，引爆恐慌氣氛，成了壓垮房市的最後一根稻草，成交量與價格降至新低。好在疫情過後，政府續撥 2,800 億元優惠利率購屋貸款，讓房市「量回升、價隨後爆發」的格局打穩，隨後北市房價全盤向上，加上市場利率一路調降，都讓台灣房市成交量持續回溫。

2003 年 4 月國泰金控名譽副董事長蔡鎮宇已經嗅到房市復甦氣息，直指「房價不會再跌了！」爾後台北 101 大樓啟用，2004 年核准第一宗不動產資產信託，2006 年新光人壽以每坪 274 萬元標下信義聯勤土地，同年 4 月核發建照面積創 8 年新高。2005 年新板特區也開始爆發上漲，每坪房價破 25 萬元。至此，台灣房地產頭也不回地一路飆漲，台灣的建商每個都賺得盆滿缽滿。

贈與稅和遺產稅劇降，熱錢大舉回台炒房

2009 年，台灣的贈與稅和遺產稅一舉從最高 40%調降為 10%，按照稅法，有錢的父母每年都可以對子女贈予數百萬元而享受免稅，超過部分只要繳 10%稅金。舉例來說，早期台商如果要贈與子女一億元，要課 4,000 萬元的稅；現在台商拿一億元買豪宅，假設公告價值約 4,000 萬元，繳 10%的稅只要 400 萬元。而遺產稅扣除免稅額和扣除額的遺產淨額，也只要繳 10%稅金。當時中央研究院院士朱敬一曾撰文痛批，能夠從遺產稅率大降而獲利的，只有那些有十幾億財產以上的大富豪。在稅法修改過後，台商在海外的熱錢大舉流向台灣。這個節稅方式太誘人，難怪當時台商在海外的資金紛紛返台。

過低的贈與稅和遺贈稅，犧牲了社會公平，換來了什麼？按照財政部的官方答案，資金的確有回流。但是資金往哪裡流？台灣並沒有增加就業，經濟也沒有欣欣向榮，因為遺贈稅調降而回來的資金，都流入房地產市場。在遺贈稅調整的前 10 年，房屋住宅占總資本形成的比率平均是 6.68%，但這個數字在 2011 年成長到 10%，代表國內房地產投資越來越熱烈。

## 2009~2022 年：美國創新科技席捲全球

2008 年美國次貸風暴，引爆全球股市、匯市和債市重挫，各國央行相繼推出寬鬆的貨幣政策，企圖挽救低迷的經濟，直到美國聯準會大膽推出史上首創的量化寬鬆政策，經過 3 次大撒錢，才讓美國景氣由谷底翻身。走過世紀金融海嘯，美國靠著殺手級的創新科技再度稱霸世界，其中的關鍵就是蘋果（Apple）。

2008 年初，美國聯準會為了搶救次貸風暴，啟動降息循環，利率由 2007 年 12 月降到 2009 年 12 月，共降息 13 次，利率由 5.25% 降到 0%。各國央行在美國聯準會的帶頭下，相繼推出寬鬆的貨幣政策，企圖挽救低迷的經濟，避免大型企業和銀行倒閉。當時經濟學家預估，這樣的苦日子可能要持續 3 年以上。由於景氣不見起色，當時聯準會主席柏南克（Ben

搶救次貸風暴，聯準會啟動降息循環

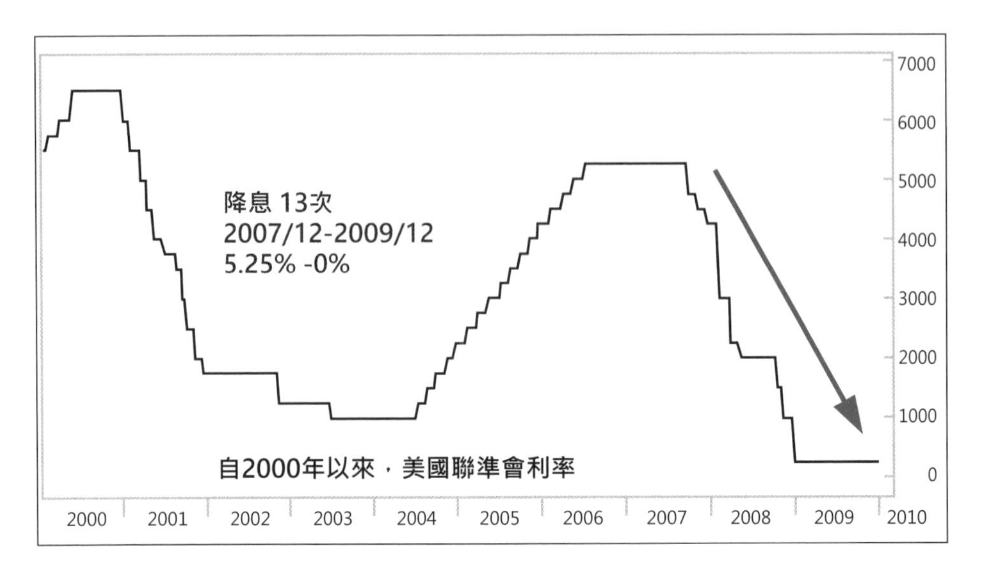


資料來源：券商研究報告

Bernake）大膽推出史上首創的量化寬鬆貨幣政策（QE），經過 3 次大撒錢 QE1、QE2 和 QE3，才讓美國景氣由谷底翻身。

## 蘋果開創智慧型行動裝置時代

在一切都非常悲觀的情形下，卻看到黑暗中的一道光，那就是 4G 加上行動裝置引爆的大商機。2009 年蘋果執行長賈伯斯（Steve Jobs）發表第一款智慧型手機，改變整個世界，也造就了往後十幾年行動裝置產業的榮景。台灣電子產業成為蘋果手機的供應鏈和組裝廠，一顆蘋果救台灣，讓台灣景氣再次出現向上的契機。現在大家已經離不開智慧型行動裝置，手機、平板、筆電、智能手表、無線藍芽耳機等，都已經融入我們的生活。

美國蘋果公司原名是蘋果電腦，公司名稱掛有「電腦」兩個字，一直以來都是與 HP、戴爾、IBM 走在一起的。後來 IBM 把個人電腦丟掉，專注軟體業務。進入 21 世紀，蘋果以 iPod、iTouch 一系列新產品，踏進消費電子新領域，到了 2007 年 1 月，賈伯斯正式宣布將蘋果電腦改為蘋果公司，為蘋果切入手機市場留下伏筆，意味著蘋果將不再局限於電腦。

2007 年 11 月，在金融海嘯發生前，智慧型手機 iPhone 正式推出，除了推出新手機，蘋果也提供開放的軟體「App Store」，以共同開發軟體科技吸引開發商參與推廣 iPhone 作業系統。一開始 App Store 提供超過 500 個應用軟體，包括遊戲、教育、行動商務、企業生產力工具。蘋果藉著 App Store 推廣行動應用軟體，把行動電話變成類似個人電腦的裝置。智慧型手機使傳統手機產業與個人電腦、筆記型電腦受到空前衝擊，蘋果所擘畫的行動裝置，宣告智慧生活時代正式來臨。

蘋果主導 IOS 平台，Google 則以 Android 平台殺出重圍。Android 在 2008 年秋天問世，一開始只有宏達電 G1 一款手機採用，而且，只有美國 T1 Mobile 一家電信業者合作。但是 2009 年美國電信業者 Sprint、Verizon Wireless 紛紛加入 Android 陣營，再加上摩托羅拉推出智慧型手機也加入 Android 平台，三星再加入。Android 殺出黑馬，打破原本諾基亞、RIM 和 iPhone 三分天下局面。

根據調查機構 Asymco 在 2021 年 10 月的報告中指出，在 iPhone 誕生 14 年以來，總銷量已經突破 20 億支。數據顯示，iPhone 活躍用戶超過 10 億人，占了全球 26%。根據市調機構 Canalys 2021 第三季全球智慧型手機的市占率調查結果，蘋果也穩居第二，雖然落後三星，但 iPhone 最早以創新掀起的智慧型手機革命，仍是無人能及。智慧型手機的崛起，對全球的電子產業造成了極大的影響，而且對電子品牌產業、觸控面板產業、鏡頭產業、遊戲與社群產業等影響最大。

## 4G 通訊產業掀起革命，電子零組件商機爆發

除了智慧型行動裝置崛起，這段期間由於通訊產業由 3G 升級到 4G，造成電子零組件價格上漲。根據資策會（MIC）研究，2013 年全球 4G LTE 用戶已達 1.2 億戶，隨全球業者陸續投入 LTE 網路布建，用戶持續快速成長。中國、印度、俄羅斯、美國等世界人口數前十名的國家陸續有電信業者開始採用 TD-LTE 技術，預估 TD-LTE 網路覆蓋人口數將可達全

球 45％以上，亦成為全球設備業者與終端業者的兵家必爭之地。特別是 2013 年底中國 4G 釋照，已啟動全球 TD-LTE 商機，2014 ～ 2018 年中國將成為全球最矚目的市場。除智慧型行動電話外，全球廠商可望在微型基地台、路由器、上網接取 Dongle 及晶片等市場爭食商機。

其次，先進國家電信業者為何積極建置新世代網路的原因可歸納如下，一是推動 4G 服務後，如韓國、美國等 4G 世代之用戶營收（ARPU , Average Revenue Per User）比 3G 世代高出 12％ ~28％，如此一來，電信業者會更積極去建設網路及提供更賺錢的應用服務。

從服務來看，雲端服務與行動電子商務將成為消費者應用的重要亮點；在雲與端的服務方面，因為 4G 提供大頻寬水管後，過去無法實現或賺錢的應用如高畫質影音服務、雲端遊戲、偏鄉遠距照護、救護車應用、消防應用、教育應用、即時影像監控等應用服務都將成為可能。而因 4G 技術特性，允許大量終端裝置或感測器同時連線，也將激發許多智慧聯網及智慧化城市服務應用，如公共安全監控測、傳輸影像的智慧交通應用、車輛聯網服務、行動影像分析服務的興起。

## 歐債危機爆發，美國卻進入升息周期

美國次貸危機引發不但引發美國經濟衰退，更造成歐元區部分國家出現主權債務危機。不過美國金融危機僅僅是導火線，問題的本質還在於這些國家政府的過度負債。美國金融危機刺破了歐元區一些國家的經濟泡沫，政府不得不發債借錢刺激經濟和維持開支，然而過度借債的結果就是某天突然發現債務到了難以接續的地步。

歐債危機最直接的原因就是政府債務過高，而導致危機的間接原因則主要有經濟脆弱、社會福利、金融危機等。經濟方面，危機國家都對房地產和旅遊業過於依賴，經濟結構單一實體空心化嚴重，使得經濟對抗金融危機的能力弱，而高社會福利讓危機國家的社會福利支出不斷膨脹。

2008 年美國發生次貸風暴時，美國政府大量發債來救金融機構，歐洲國家也有樣學樣發債救銀行。國債是有到期日的，通常是 3 到 5 年。

2008 年發行的債，在 2011 年會陸續到期，美國政府發新債還舊債，「歐豬四小國」——義大利、西班牙、葡萄牙和希臘，也想如法炮製，哪知道市場上沒人要買他們的新債，造成舊債到期無法履約，引爆歐債危機。國際評級機構下調這些國家評級，更讓情況雪上加霜，危機國家舉債成本超出承受範圍，不得不請求國際救援。

危機剛開始時，歐洲央行將歐元區的疾病誤診為「政府過度消費」，然後開出「財政緊縮」藥方，當各國政府紛紛開始財政緊縮，他們的經濟成長開始放緩，某些國家的銀行體系也出現問題，借貸成本也開始飆升，為了解決銀行業問題，政府不得不以更高的成本救助銀行業，結果產生了惡性循環。

歐債危機將歐元區經濟拖入二次衰退，由於歐洲央行在金融危機後已經將利率降至較低水準，歐債危機後該央行不得不繼續降息至負利率，並且推出量化寬鬆措施支持經濟。美國經濟由於僅遭遇了一次金融危機打擊，擺脫衰退的時間比歐元區早，聯準會在歐洲央行還堅持寬鬆政策的時候，就開始步入升息周期，讓歐元承受持續貶值的壓力。除了貨幣政策給歐元帶來負面影響外，歐債危機還打擊了投資者對歐元區的信心，資金的外流也給歐元帶來打擊。

為解決歐債危機，歐盟使出渾身解數，採取了設立穩定基金、銀行注資以及債務減計等一系列措施。穩定基金方面，先後設立了 EFSF（歐洲金融穩定基金）和 ESM（歐洲金融穩定機制），由此購買危機國家的國債，向危機國家貸款。另外，提高銀行核心資本率，透過市場融資、政府注資以及穩定基金注資等管道補充銀行資本。債務減計方面，直接將問題國家政府債務打折。至此，危機才得以受到控制。

### 2017 年景氣回春，歐美 QE 退市

2017 年，全球景氣春燕來臨，美國官方 12 月的數據顯示美國經濟預計成長 2.5%，高於 9 月預測的 2.4%；到 2017 年底美國失業率為 4.1%，低於 9 月預測的 4.3%。聯準會同時預計 2018 年美國經濟成長 2.5%，高於 9 月預測的 2.1%；到 2018 年底美國失業率為 3.9%，低於 9 月預測的

4.1%。就業市場繼續強勁，失業率進一步下降，家庭消費保持溫和成長，企業固定資產投資近幾個季度有所回升，所以美國聯準會宣布升息，符合市場普遍預期，並在 2018 年升息 3 次。

2017 年 10 月，歐洲央行決定縮減每月購債規模，邁出了貨幣政策正常化的第一步，從 2018 年 1 月起，月度購債規模從 600 億歐元削減至 300 億歐元。2018 年 6 月，歐洲央行稱，維持每月 300 億歐元的購債規模到 9 月不變，10 月至 12 月的月度購債規模為 150 億歐元，將在 12 月底結束購債，QE 逐步退市。

## 2009 ~ 2018 年的台灣

2008 年，在金融海嘯的打擊之下，也使台灣掀起關廠歇業潮，截至 2009 年 2 月，台灣的失業率已到 5.75%，共有 62 萬 4,000 人失業，其中有一半、近 33 萬人是因為工作場所業務緊縮或者歇業而丟了飯碗，創下 1978 年有統計以來的最高紀錄。根據竹科管理局公布的數據顯示，當時竹科內有高達 10 萬人休無薪假，占園區內總員工數約 77%，無薪假休假天數普遍為 1 至 2 天。至於全國放無薪假的總人數，也突破 120 萬人大關。由於無薪假就是變相減薪，上班族平均每人每個月可以領到的「名目經常性薪資」連續第 4 個月下滑， 4 個月來合計減少新台幣 1,500 餘元，減幅達 4.11%。

### 史上最大蘋果訂單，台廠大進補

2014 年 7 月 10 日出版的《商業周刊》刊登了《一次搞懂 iPhone 6 威力》的封面文章，全面總結了 9 月即將發布的 iPhone 6 的訊息，從硬體配置到產業鏈分布再到產能時間表。這篇文章認為，一張史上最大的蘋果 iPhone 訂單，從營收、股價、就業全方面提振了台灣電子業，一掃 2010 年前台灣企業大放無薪假的陰霾，也讓台灣股市出現 14 年來首度的「萬點繁榮」。

因為蘋果這張訂單，台灣多家企業業績得到提振，例如來自蘋果的收入為台積電的總收入貢獻 7% ~8%，為和碩貢獻 35% ~40%，為鴻海貢獻

## 2016 年起景氣好轉，聯準會開始升息

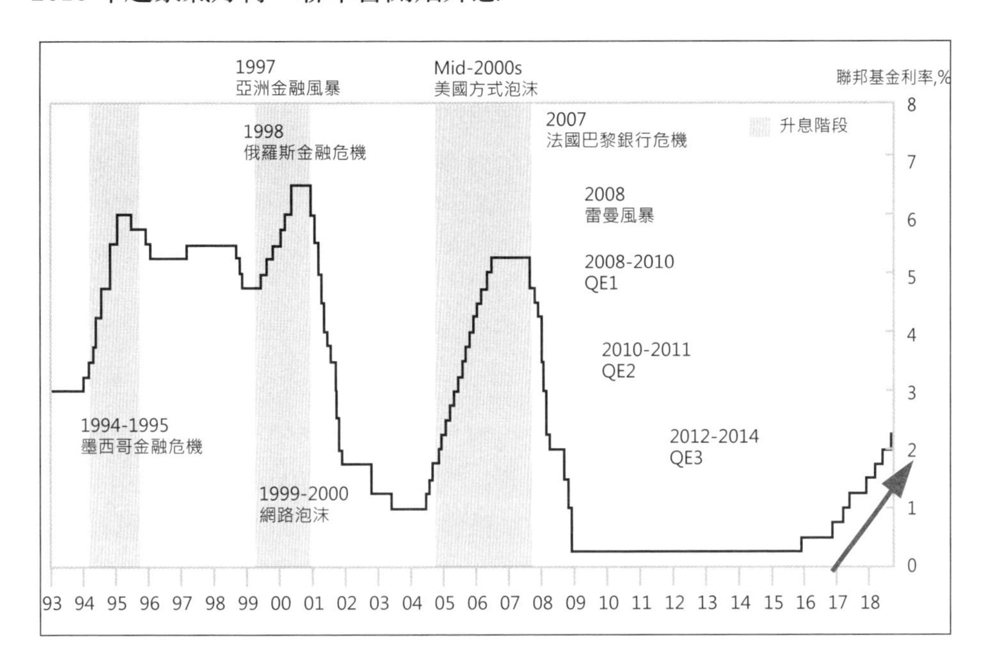


資料來源 台灣經濟研究院

## 2017 年 10 月起聯準會按計畫縮表

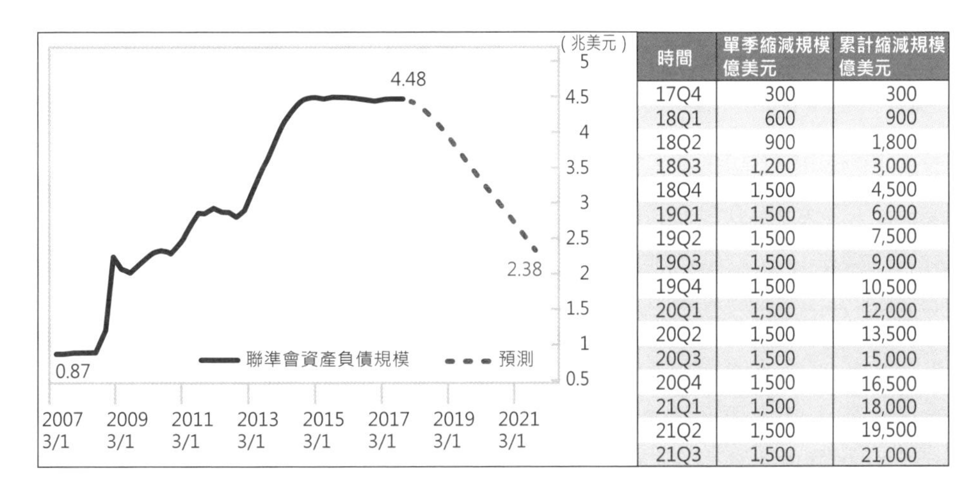


| 時間 | 單季縮減規模 億美元 | 累計縮減規模 億美元 |
|---|---|---|
| 17Q4 | 300 | 300 |
| 18Q1 | 600 | 900 |
| 18Q2 | 900 | 1,800 |
| 18Q3 | 1,200 | 3,000 |
| 18Q4 | 1,500 | 4,500 |
| 19Q1 | 1,500 | 6,000 |
| 19Q2 | 1,500 | 7,500 |
| 19Q3 | 1,500 | 9,000 |
| 19Q4 | 1,500 | 10,500 |
| 20Q1 | 1,500 | 12,000 |
| 20Q2 | 1,500 | 13,500 |
| 20Q3 | 1,500 | 15,000 |
| 20Q4 | 1,500 | 16,500 |
| 21Q1 | 1,500 | 18,000 |
| 21Q2 | 1,500 | 19,500 |
| 21Q3 | 1,500 | 21,000 |

資料來源 台灣經濟研究院

40%～50%。在台灣股市上，蘋果概念股占總市值的 20%，蘋果概念股貢獻台股 56.7% 的漲幅。

全球車市復甦，台灣汽車零組件轉型成功

除了成為蘋果的供應鏈之外，台灣汽車零組件廠商也大爆發。從 1990 年代以來，台灣的電子零組件，從連接器、電源供應器，到被動元件、端子、印刷電路板（PCB），幾乎全部與個人電腦共生，台灣的零組件產業幾乎都是為個人電腦而生；後來智慧型手機與平板電腦崛起，又興起了新的零組件產業，像大立光主導的光學鏡頭模組，新普及順達科的電池模組，甚至是觸控面板產業，但從 2013 年底起，最旺的產業則是汽車電子。

金融海嘯後實體經濟的基本面急轉直下，但是在危機後的汽車產業出現新成長浪潮，全美汽車年銷量從金融海嘯前 1,000 萬輛左右，2013 年回升到 1,500 萬輛；另一個是中國汽車強勁成長需求，成了支撐實體經濟的重要力量，汽車成了重要的火車頭產業。除了美國汽車業景氣大好之外，歐系汽車先前受到歐債危機衝擊的陰霾也一掃而空。2013 年德國股市強攻到 9,424 點，頻寫歷史新高，除了歐元偏弱帶動出口外，德國汽車廠也都大發利市，BMW 的 2012 年全年營收 769 億歐元，稅後淨利 51 億歐元，2013 年又更上一層樓。

過去汽車產業被視為傳統產業，但是在全球汽車市場蓬勃發展之後，過去涇渭分明的傳產與電子產業正逐漸融合在一起，例如傳統產業的汽車零組件與汽車電子就匯聚在一起，形成汽車模組供應鏈，競爭力也不輸國際大廠，當年台灣股市最旺盛的多頭群組，就是汽車零組件產業。台灣廠商從傳統的電腦零組件轉化為汽車電子供應鏈，具代表性的如敬鵬，過去敬鵬每年每股盈餘（EPS）都在一到兩元，但 2012 年跳升到 9.9 元，2013 年前三季稅後每股盈餘約 4 元。

台灣的汽車零組件之所以能從 2011 年站上國際舞台發光發熱，是因為台灣的機械業與電子業太強了。汽車零組件分為汽車電子零組件和傳統的零組件，在市場上分為 OE（原廠）和 AM（維修市場）。早期汽車零組件由歐美日大廠把持，台灣廠商只能加入 AM 市場，2009 年美國發生了次貸風暴，美國車廠發生經營危機，美國汽車供應鏈出現倒閉潮。到了2011年美國車市復甦，原本的協力廠商已經不見了，美國車廠只好到海外找供應鏈，有AM經驗的台廠自然是首選。

台灣的汽車零組件集中在中部的八卦山脈，北起台中大甲，南到彰化，這些黑手老闆撐起台灣汽車傳統零組件的一片天。在安全與舒適的要求下，汽車電子零組件的需求大增，如倒車雷達影像、輔助駕駛等，一輛車子的成本中，電子零組件占25%以上。台系電子廠在3C產業早已成為一方之霸，切入第4個C（Car）更是水到渠成。加上近年電動車是未來看好的產業，台系電子廠也紛紛加入，代工大廠鴻海更籌組MIH電動車聯盟，進軍電動車市場。

虛擬貨幣引爆電子零組件泡沫

全世界的電子產業分工完整，歐美日等先進國家的企業以研發、品牌和通路為主，亞洲國家則是以製造見長，無論是零組件的製造，或是組裝

**圖 2-4-5：2017 ～ 2018 年比特幣走勢**

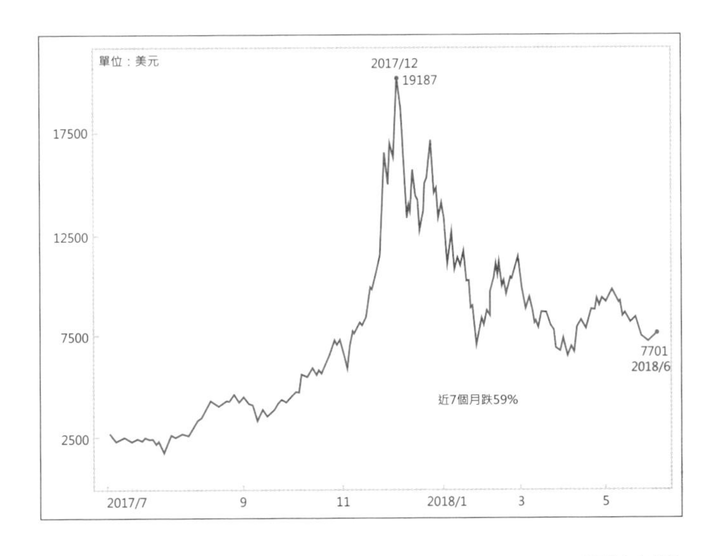


資料來源：Investing.com

代工廠，都可以看到台系和陸系的身影。早期台系和陸系電子廠為了增加營收和獲利，會積極擴廠，提升產能，加大經濟規模，壓低成本，降價搶單，擊敗同業。歐美廠商也樂得供應商互相競爭，降低採購成本，提高自身獲利。

2009 年，行動裝置不斷推陳出新，終端電子產品，如資訊、通訊和家電等電子產品需求回溫，帶動零組件的需求大增，汽車電子產業也蓬勃發展。到了 2018 年比特幣等虛擬貨幣問世，比特幣大漲，帶動全球挖礦的熱潮，大家搶買挖礦機，挖礦機價格暴漲，製造挖礦機的公司搶購零組件，造成挖礦機等相關零組件缺貨。過去一向供過於求的電子零組件，竟然出現缺貨的情形。過去每年都降價的電子零組件，反而開始漲價。

因為挖礦機的缺貨，當時候漲得最兇的是主機板和其相關主動和被動電子零組件。隨著比特幣幣值極速狂飆，吸引一大批新「礦工」加入挖礦，也帶動相關設備商機。由於中國廠商布局較早，隨著虛擬貨幣勁揚，成為這波硬體設備商機最大贏家。

比特幣帶來的意外商機：顯卡、挖礦機供不應求讓台廠受惠，與台灣最相關的，就是加密貨幣背後的挖礦商機，撼訊科技就是台股中最有感的公司，因為撼訊的主力產品 AMD 顯示卡，具有強大的電腦運算能力，可以用在加密貨幣挖礦機上。2017 年 9 月 30 日，撼訊股價收在 31.8 元；11

---

### 電子零組件

電子零組件（electronic component），又稱電子元件，是電子電路中的基本元素，通常是個別封裝，並具有兩個或以上的引線或金屬接點。電子零組件須相互連接以構成一個具有特定功能的電子電路，例如：放大器、無線電接收機、振盪器等；而連接電子零組件常見的方式之一是焊接到印刷電路板上。電子零組件有：端子與連接器、電阻、保護裝置、電容、電感、電阻、壓電裝置、晶體諧振器、感測器、固態電子元件、二極體、電晶體、積體電路和混合式電路等，種類繁多。

---

**2018 年國巨股價暴起暴落**

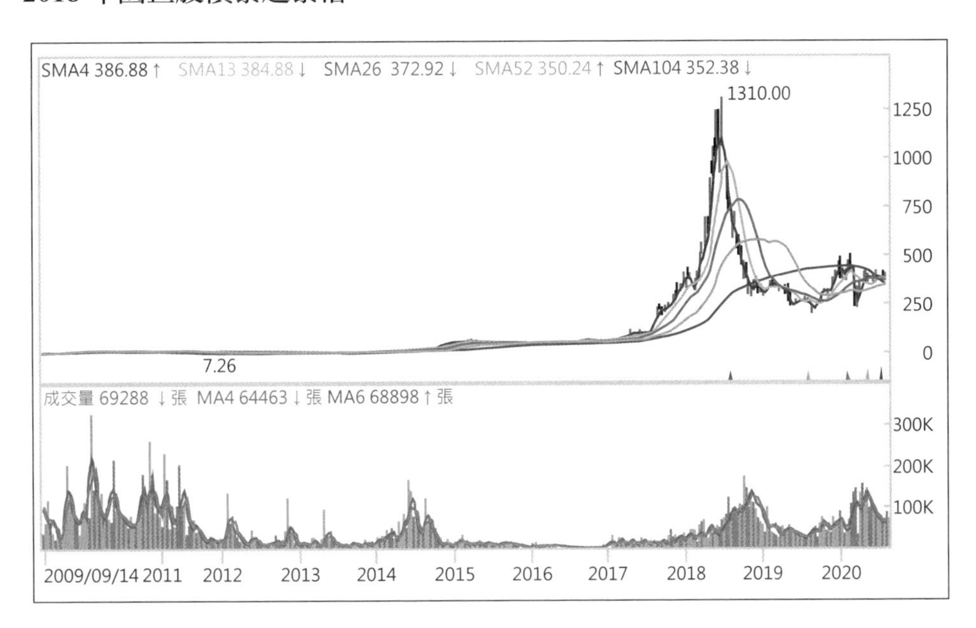


資料來源 XQ 嘉實系統

月 30 日，撼訊股價收在歷史新高 85 元。2 個月的股價漲幅是 167%，也在 2017 年 9 月創下 42 個月以來單月營收新高。

更令人瞠目結舌的當屬被動元件盟主國巨，國巨橫跨積層陶瓷電容、晶片電阻、電感、固態電容的全方位被動元件集團，2018 年來，受惠多層陶瓷電容（MLCC）供不應求及漲價、公司業績大增，國巨股價也水漲船高。國巨大漲也帶動被動元件族群強勢走高，包括奇力新、華新科、信昌電、禾伸堂、智寶等股價都大漲。

繼 2000 年禾伸堂以 999 元登上台股股王後，時隔近 20 年，被動元件產業好不容易迎來國巨重啟大局。2018 年，國巨只用 8 個月，就讓投資人領教到火山爆發式的超漲超跌。但國巨集團董事長陳泰銘前妻在股價登上 1,310 元天價後的第 5 個交易日，公布盤後轉讓 1.2 萬張持股，套現 120 億元，此後國巨股價一瀉千里。

股價總是領先產業面，隨後各國央行追殺比特幣，比特幣價格崩跌，礦工不再挖礦，挖礦機成為廢鐵，主機板和電子零組件需求跳水，之前擴產迎接急單，出現生產過剩的現象，價格又開始回落，電子零組件泡沫破滅。中小型電子公司因為不堪虧損而倒閉，大型電子公司苦撐待變。

## 2023~2030 年：半導體產業繼續引領風騷

全球金融市場從 2008 年金融海嘯的谷底，復甦到 2021 全球股市頻創歷史新高，走了 13 年大多頭；但其實根據景氣循環的理論，這波景氣早應該在 2018 年結束，因為美中貿易戰、新冠肺炎疫情，美國聯準會不得不降息與印鈔，才讓多頭得以續命，延續至 2021 年。

榮景伴隨而來的是景氣的高點反轉，2022 年一開春最困擾全球景氣的是通貨膨脹。通貨膨脹的根源就是市場流動錢太多，而帶動整體物價水準持續上漲，進而導致貨幣購買力下降的經濟現象。通膨，恐怕成為 2022 年影響景氣最重要的關鍵字。即使有通膨造成景氣蕭條的隱憂，但景氣總會雨過天青，帶領產業循環走向下一波榮景的，將是半導體產業。

2009 年以來行動裝置帶領半導體的榮景，半導體產業已經是「無所不在、無所不能」，半導體的次產業分為：邏輯運算 IC、記憶體 DRAM 和 FLASH、二極體、MOSFET、射頻元件砷化鎵和微機電 MCU 等。這些產業由最上游的矽智財 IP、設計公司、代工廠和下游的封裝、測試以及模組廠，產能利用率滿載，紛紛調漲產品和代工的價格。近十幾年來，半導體的老闆、大股東和從業人員都成為半導體科技新貴，口袋滿滿。

### 半導體製造廠商投入經費大擴產

2021 年半導體製造產業的大事是晶片荒，其嚴重性不但衝擊全球各個產業，從汽車到消費性電子產品，甚至到頭來連生產晶片的半導體設備自己都受到了影響。這情況，甚至驚動了美國白宮出面，邀請全球包括台積電、三星、英特爾等主要晶片製造商開會，商討解決方式。

2021 年各半導體製造廠商積極投入大量經費擴產的情況下，國際半導體產業協會（SEMI）預估，隨著許多新的 8 吋和 12 吋晶圓廠在 2020 至 2024 年期陸續進入量產的情況下，25 座 8 吋晶圓廠投入量產，60 座 12 吋晶圓廠新建或擴建。其中又以台積電在全球投資 1,000 億美元（約新台幣 2.85 兆元）擴產與先進製程研發投資計畫最為驚人。但這樣大規模的投資，是否會引爆史上最大半導體的泡沫，值得持續關注。

## 5G 時代來臨，第三代半導體吃香

第三代半導體是目前高科技領域最熱門的話題，在 5G、電動車、再生能源、工業 4.0 發展中扮演不可或缺的角色。第三代半導體到底是什麼？為何台積電、鴻海積極布局？台灣為什麼必須跟上這一波商機？

解釋第三代半導體前，先簡單介紹一下第一、二代半導體。在半導體材料領域中，第一代半導體是「矽」（Si），第二代半導體是「砷化鎵」（GaAs），第三代半導體（又稱「寬能隙半導體」，WBG）則是「碳化矽」（SiC）和「氮化鎵」（GaN）。

寬能隙半導體中的「能隙」（Energy gap），如果用最白話的方式說明，代表著「一個能量的差距」，意即讓一個半導體「從絕緣到導電所需的最低能量」，當遇到高溫、高壓、高電流時，跟一、二代比起來，第三代半導體不會輕易從絕緣變成導電，特性更穩定，能源轉換也更好。

隨著 5G、電動車時代來臨，科技產品對於高頻、高速運算、高速充電的需求上升，矽與砷化鎵的溫度、頻率、功率已達極限，難以提升電量和速度；一旦操作溫度超過 100 度時，前兩代產品更容易故障，因此無法應用在更嚴苛的環境。加上全球開始重視碳排放問題，因此高能效、低能耗的第三代半導體成為時代下的新寵兒。

台積電是台灣的護國神山已經是市場共識，台積電大聯盟撐起台灣半導體 IC 產業的榮景。台積電之所以成為護國神山，早在創辦人張忠謀創立時就已經決定了。下一個世代要實現物物相連的物聯網時代，5G 射頻元件是最重要的元件。三五族群中的砷化鎵（GaAs）、碳化矽（SiC）和氮化鎵（GaN）廣泛運用在通訊產業的高壓功率元件和高頻通訊元件，將什麼是第三代半導體？

| 第一代半導體 | 第二代半導體 | 第三代半導體 |
| --- | --- | --- |
| Ge 鍺<br>Si 矽 | GaAs 砷化鎵<br>InSb 锑化铟<br>InP 磷化銦 | GaN 氮化鎵<br>SiC 碳化矽<br>AIN 氮化鋁 |
| 低壓、低頻、中功率晶體，實現了積體電路的可能性。 | 高性能微波、毫米波及發光器件的優良材料。較佳電子遷移率，能階特性，但資源少，有毒性，會汙染。 | 高壓、高溫、高頻、抗輻射、大功率器件。更佳電子遷移率，能階，電壓，高頻，高溫特性。 |

不同半導體材料種類、特性與應用領域

| | | 材料種類 | 材料特性 | 應用領域 |
|---|---|---|---|---|
| | 第一代半導體 | Ge 鍺、Si 矽 | • 材料來源豐沛充足<br>• 長晶容易<br>• 成本優勢<br>• 元件設計製作容易 | • 低電壓、低頻功率電子元件<br>• 太陽能電池 |
| 化合物半導體 | 第二代半導體 | GaAs 砷化鎵、<br>InP 磷化銦、<br>AlGaAs鋁砷化鎵、<br>InGaAs砷化鎵銦 | • 高電子遷移率<br>• 低功耗<br>• 高導熱率<br>• 抗輻射 | • 光通訊傳輸<br>• 射頻(RF)元件<br>• 3D感測 |
| 化合物半導體 | 第三代半導體 | GaN 氮化鎵、<br>SiC 碳化矽 | • 耐高溫<br>• 耐高壓<br>• 開關速度快<br>• 散熱迅速快<br>• 轉換效率高<br>• 高功率密度 | • 能源車用電子<br>• 高壓電機系統<br>• 射頻通信<br>• LED |

扮演重要的角色。因此台積電不僅與全球最大氮化鎵功率 IC 公司納微、安森美與英飛凌等國際大廠合作生產第三代半導體的關鍵晶片，台積電集團的世界先進與精材，在矽基氮化鎵晶片製造技術發展以及氮化鎵射頻功率放大器的量產也不缺席。聯電方面，近年積極開發氮化鎵功率元件與射頻元件製程，並鎖定高效電源功率元件及 5G 射頻元件等商機。

另外，中美晶集團全力發展第三代半導體產業，包括氮化鎵和碳化矽，打造台灣成為全球三五族半導體的重鎮，將予以強而有力的支持，期待三五族半導體成為台灣的另一個「護國神山」，類股前景看好。

而在 2020 年組成 MIH 大聯盟要進軍電動車領域的鴻海，也積極切入第三代半導體 SiC 元件晶圓製造，布局電動車功率元件。2021 年 8 月，鴻海以新台幣 25.2 億元取得旺宏竹科 6 吋晶圓廠，董事長劉揚偉預估，到 2024 年月產能可到 1.5 萬片，因應每月 3 萬輛電動車需求。這座竹科 6 吋晶圓廠將成為鴻海集團半導體 S 事業群的新竹總部，以研發為主，並小量生產碳化矽元件所需晶圓，也將製造 SiC 模組。

## 卡位 6G，低軌道衛星產業潛力十足

另一個引領台灣走向下個 10 年榮景的產業，就是低軌衛星。這要從航太公司 Space X 執行長馬斯克（Elon Musk）推出的星鏈計畫（Starlink）談起。何謂星鏈計畫？ 2015 年，馬斯克在西雅圖宣布推出一項太空高速網際網路計畫，宗旨是打造低軌道（LEO）衛星網路服務計畫，主要是為了協助客戶在世界各地提供高速網路，在地球上空低軌（550 公里）部署 1.2 萬顆至 4.2 萬顆通訊衛星，覆蓋全球包括偏遠地區和海洋，提供低價和網速高達每秒 1GB 的無線上網服務。

目前該服務已擁有 10 萬名以上用戶、分布在 14 個國家，以超過 10 萬個包含衛星天線和 Wi-Fi 基地台的星鏈接收器提供服務，打造出「全球衛星網際網路系統」，並能運用在例如火星等環境上，在太陽系內部署通訊基礎建設。

星鏈計畫被市場視為提前掌握 6G 發展的關鍵，SpaceX 預估，星鏈計

畫潛在市場高達 1 兆美元。截至 2021 年，SpaceX 已在太空部署超過 500 顆衛星，計畫 2024 年部署完成。以目前部署的衛星數 500 顆估算，全數建置完成還有超過 20 倍的需求量，商機龐大，航太產業也成為 PCB 廠在主流消費性電子領域之外新的利基市場。

進軍低軌道衛星，台灣廠商的優勢在哪？其實台廠在低軌衛星供應鏈的發展，還是在整機組裝代工為主，包括衛星中接收的天線、訊號接收進來後轉為 Wi-Fi 網路的路由線等，其他包括天線、濾波器、RF、收發器、功率放大器等。另外，台灣因為在印刷電路板產業有很高的市場地位，所以也有很多相關供應鏈切入。在機械的部分，包括金屬、沖壓件都有廠商已布局。

另外，低軌衛星的服務在接回地面後，需要數據處理，故資訊設備也很重要，包括台廠在伺服器領域也具有優勢可切入。但不管是衛星或地面設備端，低軌衛星還未有統一標準，所以要達到經濟規模的量，可能需要一段時間，還需要規格或標準的整合。台灣廠目前仍以提供各個營運服務商客製化的產品，但有些關鍵零組件，台廠可利用過去發展資通訊產業的能量。台廠無論在價格、技術發展、製程都有相當基礎，也相對不容易被其他業者取代。

最重要的一點就是，台廠擁有優異的降低成本實力。根據 SpaceX 低軌衛星的收費方式來看，接受衛星訊號的設備要價 499 美元，電信月租費是 99 美元，相較於現在的 5G 費用貴上許多。而 SpaceX 所期待的市場價格是 200~300 美元。要想辦法達到這個售價，唯有降低成本一途。而降低成本，是台灣廠商的強項，因為產品的品質精良價格又合理。

還有另一個政治因素，衛星通訊一直以來都是屬於國防相關的領域，民間商用較少接觸，主要還是因為資安的問題。在中國與美國的關係依然緊張之下，通訊衛星的訂單自然不會下到中國，而過去幫中國代工的台廠，自然就有接獲訂單的機會。

Chapter 3

# 景氣循環與投資策略

每一個地區乃至全球的經濟狀況都有跡可循，且依循一定模式而演進的，這個演進模式不斷地周而復始。經濟學家把景氣循環分為復甦、繁榮、衰退和蕭條四個時期，投資人可依據這四個時期調整投資策略。

復甦期的特徵是利率由高檔走低，通貨膨脹在低檔，儲蓄率逐漸成長，企業獲利逐漸好轉，股市處於打底階段。此時宜投資債券基金、平衡式基金與股票基金。繁榮期的特徵是經濟持續成長，需求增加，消費提高，通貨膨脹持穩，利率由低檔開始上升，信用逐漸擴張，投機熱潮成長，有財富分配不均的現象。此時應投資股票基金、不動產基金、中小型企業基金。

衰退期的特徵為經濟成長停滯，需求萎縮，消費減少，通貨膨脹率蠢蠢欲動，利率停止上漲、甚至緩和下降，房地產股市由高檔下跌，信用出現緊縮現象。此時應投資貴金屬基金、能源基金與貨幣市場基金。蕭條期的特徵為公司倒閉、失業率創新高，貨幣供給減少，投資活動停滯。此時宜持有現金，減少投資，等待復甦訊號出現，為迎接下一次景氣循環準備。

## 景氣從谷底到高峰，周而復始

經濟循環由大而小分為景氣循環、產業循環和庫存調整循環。景氣循環是指總體經濟面的變化，在上行的軌道由景氣谷底、復甦、成長繁榮到高峰，接著是下行的衰退和蕭條，最後又到了谷底。景氣循環通常是 8 年到 12 年一個循環期，生生不息。

產業循環是指特定產業因為新產品、新市場、供需關係和法規改變造成榮景和蕭條，產業循環通常 3 年到 5 年一個循環。庫存調整循環是廠商依據過去淡旺季的經驗調整庫存，旺季來臨前廠商積極備貨，旺季時營收和獲利增加，淡季來臨前廠商清庫存，淡季時生意清淡。庫存調整通常 3 到 6 個月為一個循環。

## 景氣與產業循環周期

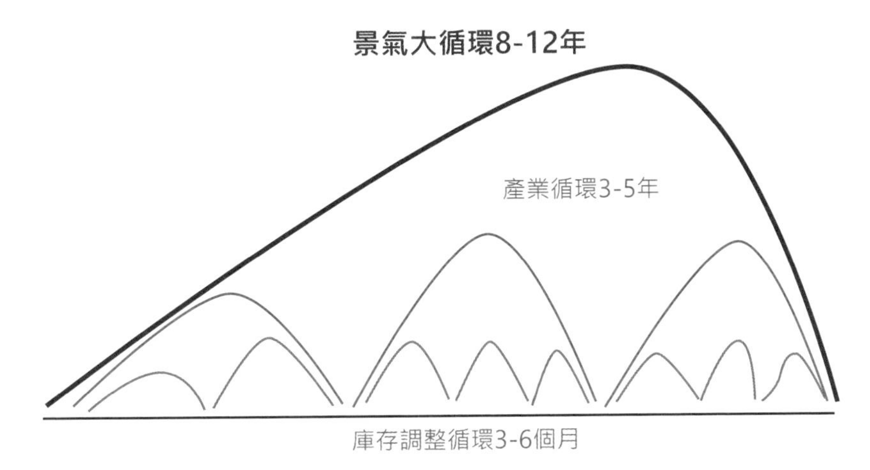


資料來源：作者整理

一般而言，景氣循環的順序為：谷底→復甦繁榮→高峰→衰退蕭條→再回到谷底。

擴張期是由景氣復甦期開始，當景氣於谷底開始復甦時，企業的營收增加，公司獲利會成長，每股盈餘（EPS）自然也會上升，因企業基本面表現亮麗，股價也跟著上漲。在景氣繁榮末期，企業獲利依然可觀，但無法再成長，股價開始呈現高檔盤旋、漲不上去的現象，最後股市出現成交量暴增，股價不再創新高，此時景氣無力再往上攻堅，景氣的擴張期就結束了。

接著進入景氣收縮期，在衰退期企業獲利仍在，只是營收成長的速度變緩慢，獲利因為同業競爭而壓縮。到了蕭條的時期，企業營收開始衰退，出現虧損，甚至倒閉事件時有所聞，人民失業比率升高，消費力道下滑。此時政府往往開始拚經濟，採取擴張的政策來刺激景氣復甦，如在貨幣政策上降低存款準備率、調降重貼現率，在財政政策上降低租稅，以及獎勵投資，擴大公共內需建設。

景氣循環是影響金融商品報酬率最重要的因素，所以觀察景氣面向，包括全球景氣變化、台灣景氣位置和產業景氣脈動對投資十分重要。全球的景氣變化可觀察世界銀行發表的景氣變化書，台灣的景氣位置可追蹤行政院主計總處發表的景氣領先指標、景氣同期指標、每一季公告的國內生產毛額（GDP）等。而衡量景氣現況的指標有：景氣對策信號燈、國內生產毛額和採購經理人指標（PMI），分別敘述如下。

## 判斷景氣的指標

### 指標 1：景氣對策信號燈

景氣對策信號燈每月由國發會公布，以類似交通號誌的 5 種燈號代表當時景氣狀況。國發會統計包括貨幣總計數 M1b、股價指數、工業生產指數、海關出口值等 9 項構成指標，每項分數為 1~5 分，加總後就可得到綜合判斷分數，介於 9~45 分。

38~45 分燈號是紅燈，代表景氣熱絡；32~37 分為警示性黃紅燈，代

景氣循環與經濟現象

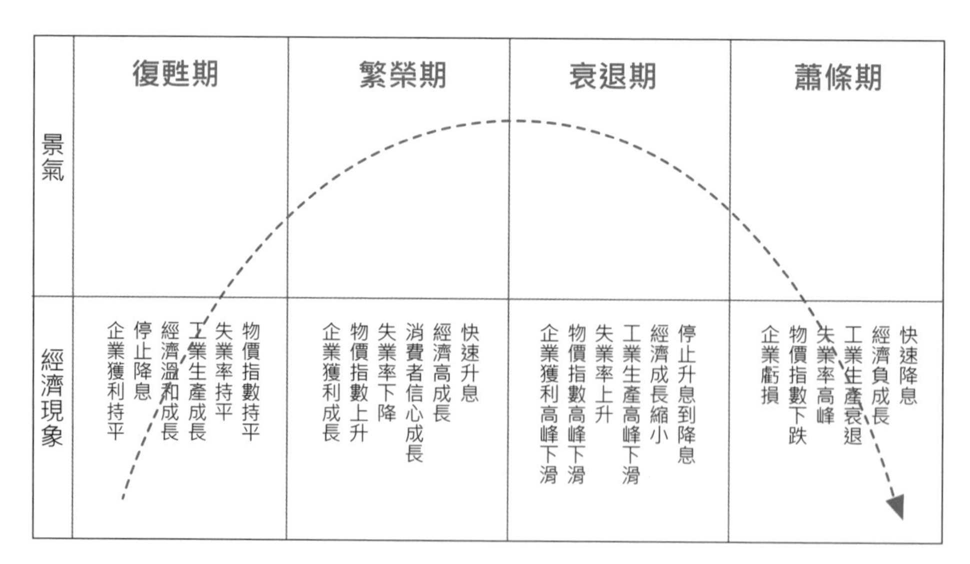


資料來源：券商研究報告

表景氣可能轉向；23~31 分為綠燈，表示景氣穩定；17~22 分為警示性黃藍燈，景氣可能轉向；9~16 分是藍燈，代表景氣陷入低迷。景氣對策信號燈每個月會由國發會公布，讀者可以上國發會網站搜尋。

投資人千萬不要以燈號位置來判定股價走勢，因為景氣燈號是股市的落後指標，但投資人可用燈號走勢判定股市的方向。例如，景氣對策信號燈向上走，即使在藍燈，股價有可能向上；景氣對策信號燈盤整，股價將陷入整理；如果景氣對策信號燈向下修正，即使在紅燈，股價也將開始做頭下跌。

## 景氣對策信號各構成項目及檢查值

| | 紅燈 | 黃紅燈 | 綠燈 | 黃藍燈 | 藍燈 |
|---|---|---|---|---|---|
| | ● | ● | ● | ● | ● |
| | 熱絡 | 轉向 | 穩定 | 轉向 | 低迷 |
| 綜合判斷(分) | 45-38分 | 37-32分 | 31-23分 | 22-17分 | 16-9分 |
| 個別項目分數 | 5分 | 4分 | 3分 | 2分 | 1分 |
| 貨幣總計數 | ← 15 — 12 — 6 — 2.5 → | | | | |
| 直接及間接金融 | ← 10 — 8 — 5 — 3 → | | | | |
| 股價指數 | ← 24 — 11 — -4 — -22 → | | | | |
| 工業生產指數 | ← 9 — 7 — 3 — 0 → | | | | |
| 非農業部門就業人數 | ← 2.6 — 2.2 — 1.2 — 0.6 → | | | | |
| 海關出口值 | ← 15 — 11 — 5 — 1 → | | | | |
| 機械及電機設備進口值 | ← 25 — 16 — 7 — -4 → | | | | |
| 製造業銷售值 | ← 11 — 7 — 3 — 0 → | | | | |
| 批發零售及餐飲業營業額指數 | ← 8 — 5 — 2 — 0 → | | | | |

資料來源：國發會

台灣景氣對策信號（2021 年 1 月到 2022 年 1 月）

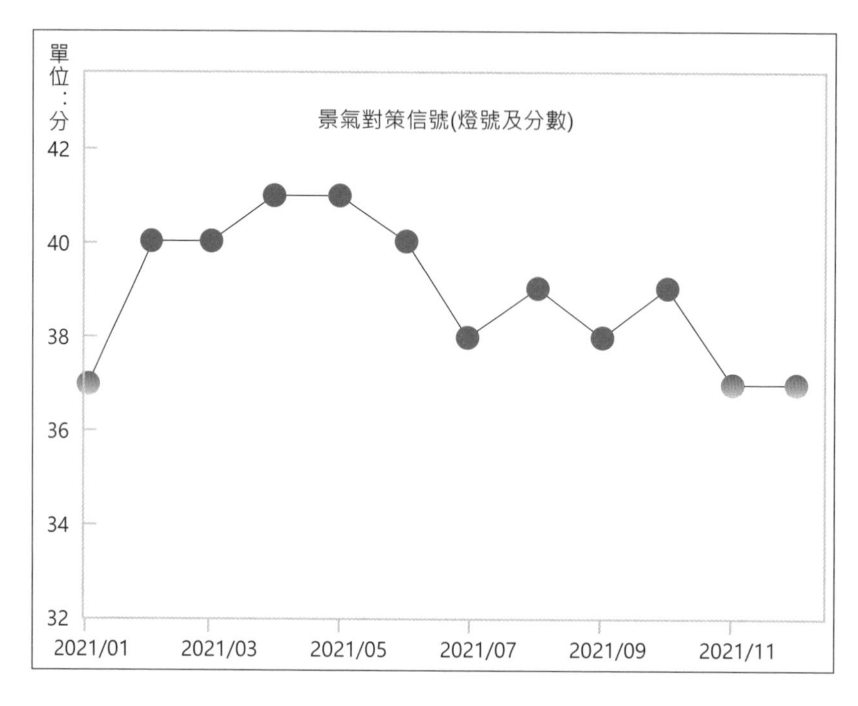


資料來源：國發會

指標 2：國內生產總值

國內生產總值（GDP，Gross Domestic Product），也稱為國內生產毛額，是一國國內經濟情況的度量。國內生產總值的定義是在一個國家內，一年內所有生產產品和貨物的總值。

GDP ＝消費＋投資＋政府支出＋（出口－進口）

政府的任務是要讓一國經濟穩定成長，全國人民豐衣足食，國內生產總值就是相當重要的衡量指標。當景氣不佳時，政府可以透過鼓勵民間消費，例如發放消費券，或是吸引國內外企業來投資，以及由政府帶頭大量投資公共建設，或是鼓勵出口產業創造外匯等，都可以讓一國的 GDP 提升。

以台灣而言，當國內生產總值成長率小於 2%，表示景氣不佳，股市難有表現；當國內生產總值成長率大於 3%，表示景氣轉佳，股市表現優異。結論就是當國內生產總值增加，大盤指數也會上揚；當國內生產總值減少，大盤指數也會下滑。

指標 3：採購經理人指數

美國供應管理協會（Institute for Supply Management,ISM）是全球最大的採購、供應、物流管理等領域的專業組織。該組織立於 1915 年，目前擁有 179 個分會，ISM 指數分為供應管理協會製造業指數（製造 PMI 業）和供應管理協會非製造業指數（非製造業 PMI）兩項。PMI 是領先指標，通常和股市表現同步，也有可能領先股債，對投資人而言，這項指標相當具有參考價值。

**台灣製造業 PMI（2021 年 1 月到 2022 年 1 月）**

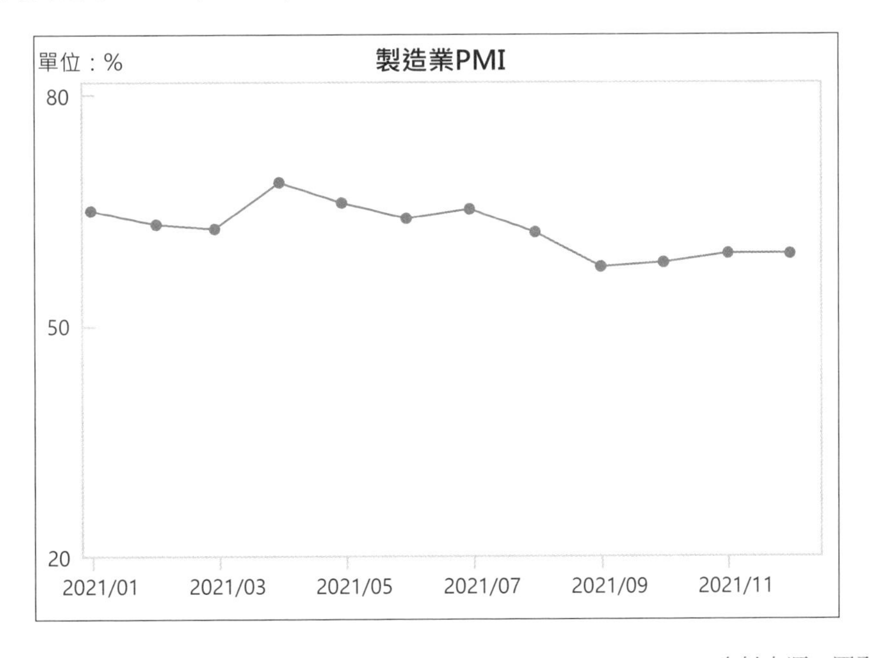


資料來源：國發會

供應管理協會編制的採購經理人指數（PMI，Purchase Management Index），反映的是美國製造業商業活動和非製造業商業活動的繁榮程度，當其數值連續位於 50 以上時，表示活動擴張，往往預示著整體經濟正處於一個擴張狀態；當其數值連續低於 50 時，往往預示著整體經濟正處於一個緊縮狀態。

除了美國，歐洲、中國與其他國家也有自己的 PMI，投資人可依據各國的 PMI 來決定投資比重。由於全球三大經濟體分別是美國、歐洲和中國，因此投資人要特別關心這三個地區的 PMI 走向。因為市場比較不相信中國官方數據，因此中國的 PMI 分為官方的 PMI 和匯豐銀行編制的財新 PMI。台灣投資人則要關心國發會每個月發表的台灣採購經理人指數，這個數字和大盤指數連動密切。

## 依據景氣指標擬定投資策略

策略 1：看景氣對策信號燈上行與否

對投資人而言，景氣對策信號燈是屬於落後指標，因為景氣對策信號燈的公告時間為次月月底，再加上股價的走勢往往領先景氣對策信號燈 2 到 3 個月。所以股市投資人在運用景氣對策信號燈來判定大盤走勢時，要了解此一特質。投資人關心的是景氣對策信號燈的運動方向，也就是趨勢是往上還是往下，如果景氣對策信號燈的分數逐月向下，表示景氣下行風險大，此時宜減少持股。例如 2010 年 12 月景氣燈號是代表景氣即將轉向的黃紅燈，大盤指數仍在 9,000 點以上，但隨後的半年股市已經上攻無力，在高檔做頭。到了 2011 年 6 月以後，台股因為國際景氣下滑加上歐洲債務問題，而快速下跌。

至於要減持哪一些股票呢？投資人要去看看哪些類股的指數比大盤更弱勢，這些股票就是必須減少的標的。2011 年 1 月以後，台股的金融股、航運股、電子類股中的面板、太陽能、DRAM 等類股表現劣於大盤，投資人若在當時持有這些類股，就要考慮減碼。

股市有一句話「景氣藍燈買股票，景氣紅燈數鈔票」，意思就是說，

台股市值占 GDP 比率（1987 ～ 2021 年）

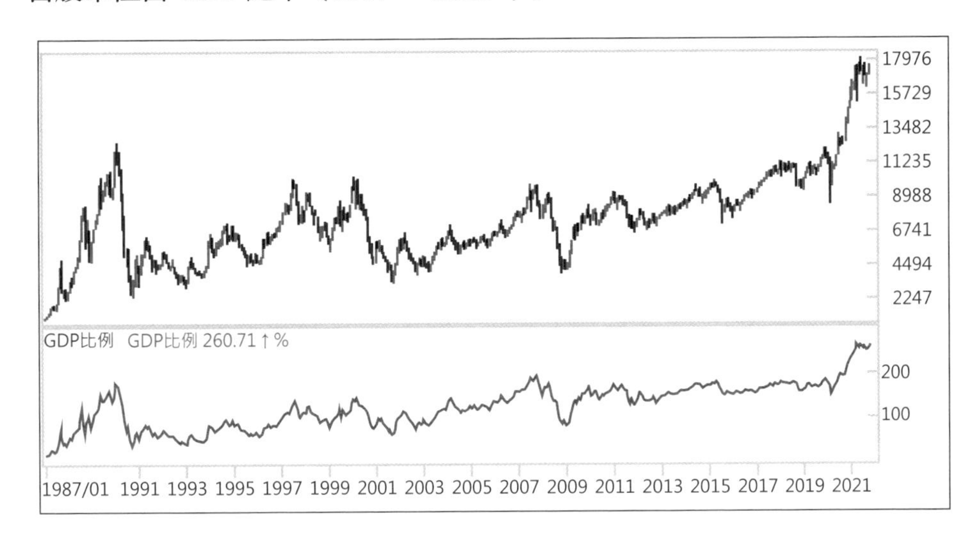


資料來源：XQ 嘉實系統

在景氣熱絡時將手中股票慢慢出清，減少持股比率，增加手頭現金，等到景氣最不好、股市下挫時，靜待一些好股票被錯殺，買進便宜的優質股票。

策略 2：看台股市值占 GDP 比率

景氣是直接且長期影響股票市場走勢的重要因素，投資人可根據 GDP 的趨勢和預估值，來判定大盤走勢和持股比率。我們通常會用當台股股市總市值占 GDP 的比率為衡量標準。在正常情形下，股價總市值要和 GDP 同等幅度上漲或下跌，當台股飆漲過多，股價就會做頭拉回，當台股下跌過多，股價就會打底回升。

台股市值占 GDP 比率＝大盤總市值 ÷GDP

依據過去的經驗值和下圖資料顯示，當台股市值占 GDP 比率超過 150%，表示台股飆漲過多，股價就會做頭拉回；當台股市值占 GDP 比率低於 100%，表示台股下跌過多，股價就會打底回升。

所以當投資人發現台股市值占 GDP 比率超過 150%，表示股市過熱，就要逢高減碼；當台股市值占 GDP 比率低於 100%，表示台股已經超跌，可逢低進場布局績優股。

策略 3：以 PMI 指數 50 為分水嶺

製造業採購經理人指數（PMI）和非製造業採購經理人指數（NMI）兩項為景氣領先指標，因為採購經理人指數往上，表示採購量增加，意味著現在訂單增加，將來出貨會增加。另外，當採購量增加，表示公司預期將來景氣往上，營收會增加，而多下單累積庫存。PMI 以 50 為臨界點，高於 50 被認為是製造業處於擴張狀態，低於 50 則意味製造業萎縮，影響經濟成長的步伐。

當投資人看到 PMI 趨勢往上且大於 50 時，表示產業界預期景氣循環向上，投資人可增加投資部位；當投資人看到 PMI 連續兩個月下滑，就必須減少投資部位。當 PMI 小於 50，就表示景氣進入衰退期，投資人要保留現金，靜待買點。

當採購經理人看好景氣，所以增加採購量，下單採購原物料或是成品；當採購經理人看壞景氣，會盡量減少庫存，減少原物料或製成品的採購量，當供應商接到客戶的訂單才會生產，隨後才會反映到公司營收。所以說 PMI 是一種領先指標，投資股市的投資人，要特別重視這個指標。

## 產業循環案例解析

隨著產業全球化和企業跨國化的浪潮，全球的產業脈動是相互影響，呈同一方向發展。例如 1980 年代，汽車、造船和塑化產業引領全球的經濟走了一波榮景。1990 年代，個人電腦、筆記型電腦和網路崛起，造就了微軟、英特爾、IBM、宏碁和廣達等大企業，和口袋滿滿的高科技新貴。2000 年中國崛起，中國成為世界工廠和龐大的內需市場，前仆後繼的台商，搭上中國快速成長的列車，成為億萬富翁。2009 年行動裝置崛起，智慧型手機相關產業如雨後春筍般快速成長，造就半導體的大榮景。

產業循環的原因不外以下四點：供給與需求改變、產業創新、產品應用面變廣、庫存調整。以下舉幾個近年台灣產業循環顯著的例子深入解析。

案例 1：產品應用面變廣

**2018 年被動元件**

被動元件產品配合主動元件運作，終端產品應用面相當廣，包括智慧手機、遊戲機、電視，甚至汽車都用得到。從電容、電阻、電感三大類產品來看，電容積層陶瓷電容（MLCC）多是日本大廠如村田製作（Murata）、東電化（TDK）、太陽誘電的天下。不過，如同記憶體產業一般，市場殺價競爭時有所聞，甚至 2016 年中還一度傳出日本大廠東電化想要淡出 MLCC 市場。

2018 年，因日本大廠村田製作所、東電化等公司，將產品由消費市場轉至車用等高階市場，加上過去產品價格直直落，廠商擴產保守，大多僅針對利基型產品進行 5%～10%的增產，標準品產能供給增加情況相當有限。然而，中國手機品牌崛起、高速運算、車用、工業用需求增加，卻意外引爆供需缺口。更值得注意的是，當時中國供給側改革也成了被動元件報價上漲的推手，如昆山限汙令，部分電阻廠商產能因此受到限縮，上游原料供給不足，部分製程受限，加上擴廠設備也不及支應，進而使得台廠受惠轉單及供需失衡的漲價效應，帶動營收、獲利大幅成長。

**2018 年國巨（2327）股價走勢**

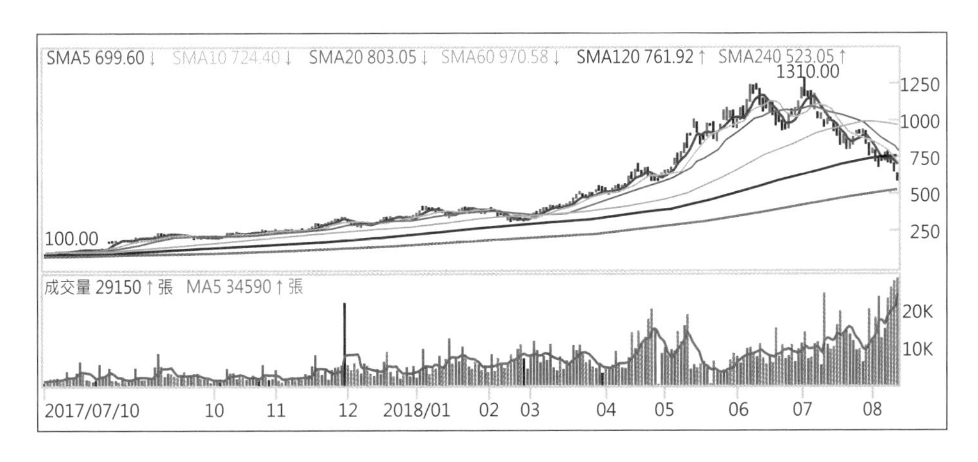


資料來源：XQ 嘉實系統

台灣被動元件廠較少投入上游材料，主要專攻 MLCC 與晶片電阻，其中，晶片電阻產品，全球市占率就高達七、八成。而 2018 年被動元件漲勢就是由 MLCC、鋁質電解電容等領漲。2018 年 1 月初，被動元件大廠國巨正式對通路商調漲大尺寸厚膜電阻、一般厚膜電阻價格，平均漲幅達 15%～20%；同集團奇力新旗下晶片電阻廠旺詮、國益和麗智、光頡都宣布跟進。2 月又啟動第二波漲價，相關廠商漲價接力登場。被動元件市況大好。到了 2018 年底，國巨旗下大型通路商國益向經銷商發出通知，停止晶片電阻接單，被外界視為動元件類產品漲價第三部曲。國巨從 2017 年 8 月減資後重新掛牌以來，在 2018 年 7 月攻上 1,300 元新天價，股價上漲超過 10 倍。

案例 2：供給與需求改變

**2019 年記憶體**

記憶體屬於半導體產業，在電子產品中的功能是存取、讀取和記憶資料。記憶體有 SRAM、SDRAM、DDR3、DDR4、NOR Flash 和 NAND Flash，種類相當多。記憶體分為兩大類，一種為揮發性記憶體，當電流關閉後資料就會流失的記憶體，如 DRAM 與 SRAM（Static Random Access Memory，靜態隨機存取記憶體）。另外一種為電流關閉後仍可繼續保存資料，稱為非揮發性記憶體，如 ROM、NOR Flash 與 NAND Flash 為主。

記憶體的製造商又稱為原廠，全球供應商三分天下：三星（Samsung）、SK 海力士（SK Hynix）和美光（Micron Technology）。三星是全球第二大半導體企業，以及全球最大 DRAM、NAND Flash 記憶體製造商，全球市占率高達 47.5%。SK 海力士市占率 26.7%，排名第二，為全球第二大 DRAM、NAND Flash 製造商。美光市占率 9.4%，排名第三，美國唯一的 DRAM、NAND Flash 製造商。

記憶體就產業供應鏈來說，分為上游的原廠、中游的封測廠，以及下游的模組廠和通路商，模組廠和通路商再把成品交給電子代工廠，組裝成終端產品，如家電、通訊和資訊產品。台灣記憶體廠分為 DRAM 原廠：華邦電、南亞科、力晶；DRAM 封裝廠有：力成、南茂、華泰；模組廠有：威剛、宇瞻、宜鼎；NAND Flash 大廠是旺宏。

記憶體雖屬電子產業中的半導體產業，但不是太高科技的產業，技術不像半導體的 IC 產業一樣可以不斷創新，因此不能用電子業的投資邏輯看待。記憶體產業比較像大宗物資，產業循環和供需變化相當密切。當供給大於需求，記憶體價格下跌，產業進入寒冬；當需求大於供給，記憶體價格上漲，整個產業就開始吃香喝辣。

當景氣變好，終端需求增加，電子代工廠就會向模組廠和通路商大量進貨，下游記憶體模組廠會囤貨，現貨價格會上漲，獲利就會比上游原廠好。如果景氣持續上揚，上游的原廠會開始提高合約價，此時形成整個記憶體產業的榮景。

以過去的經驗，記憶體產業大約三到四年循環一次，投資人如果仔細觀察記憶體現貨價和合約價的變化，就可以知道目前產業所處位階。當記憶體產業開始復甦時，先買進模組廠和通路商的股票，當產業景氣進入繁榮期，買進原廠和封測廠的股票，都會有極高的獲利。

**2021 上半年 DRAM 報價因居家商機而上漲**

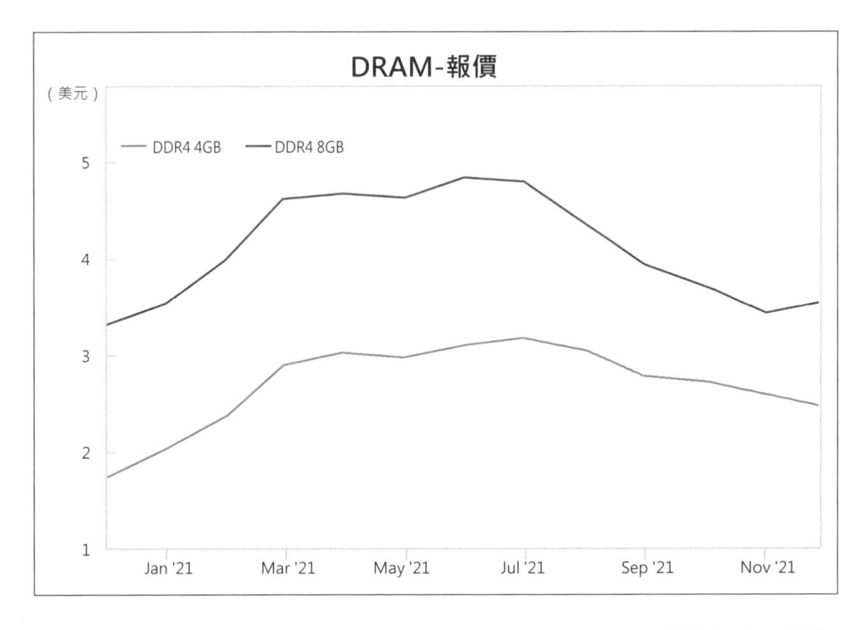


資料來源：財經 M 平方

### 2019 年威剛（3260）股價漲幅高達 1.8 倍

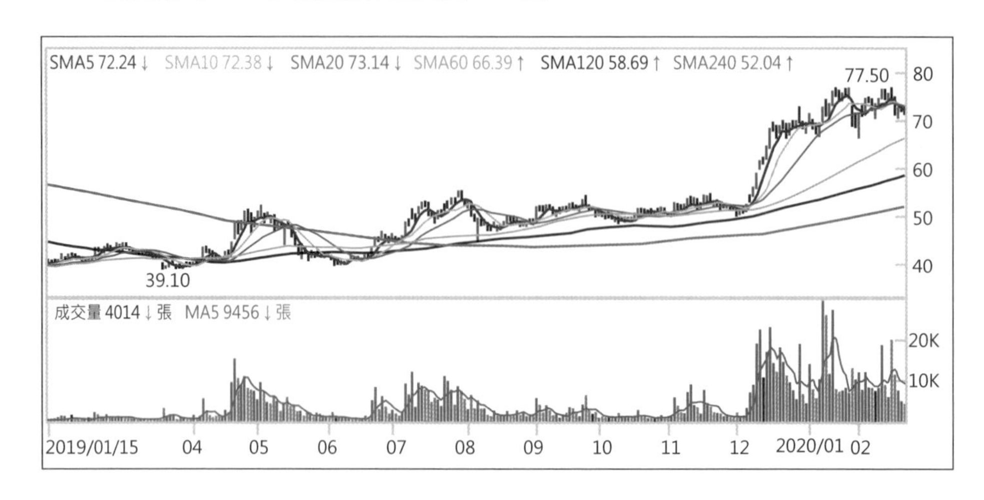


資料來源：XQ 嘉實系統

### 2021 年威剛（3260）股價漲幅高達 1.2 倍

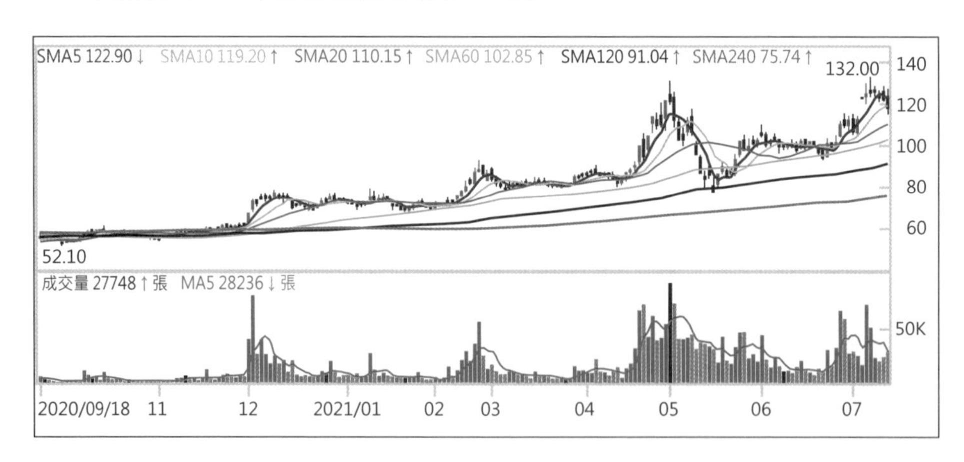


資料來源：XQ 嘉實系統

**記憶體周期 3 ～ 4 年一循環，以威剛（3260）為例**

資料來源：XQ 嘉實系統

例如：2019 年底，隨著記憶體現貨價格止跌回升，帶動記憶體模組營收成長，威剛 2019 年 12 月營收較 2018 年同期增加 19.03%，2019 年第 4 季營收累計達 71.1 億元，較第 3 季成長 9.51%，公司股價也創下當年新高，1 個月漲幅就達 3 成。2020 年 3 月新冠疫情爆發，引爆居家商機，筆電、個人電腦、平板賣到缺貨，記憶體的需求暴增，威剛的股價又出現一波漲勢，股價最高來到 132 元。

案例 3：產業創新

**2020 年半導體**

根據市場研究及調查機構 TrendForce 公布統計數據，2020 年全球晶圓代工銷售金額比 2019 成長 23.8%，是過去 10 年最大增幅，銷售金額有機會一舉突破 750 億美元。TrendForce 解釋，2020 年全球晶圓代工銷售金額大幅成長的主因，是新冠疫情帶動居家辦公、遠距教學需求提升，加上 5G 於智慧手機與電信設備持續擴展，市場對半導體產品的需求量增加。

全球晶圓代工產業中，台灣的台積電位居全球市場龍頭，其次是三星電子、格羅方德與聯電。台積電和三星的 10 奈米以下晶圓代工先進製

**2020 年台積電（2330）股價漲幅高達 1.8 倍**

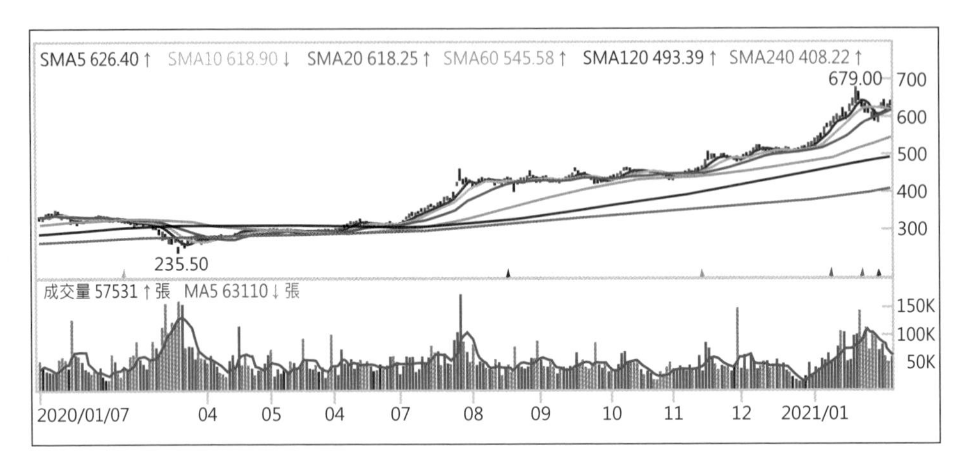


資料來源：XQ 嘉實系統

程市場競爭激烈，兩家廠商都有 10 奈米以下先進製程製造晶圓的能力。2020 年，台積電 5 奈米製程率先量產，且獨拿蘋果 iPhone12 系列 A14 處理器及 Mac 處理器晶片 M1 等訂單，先進製程技術領先全球，無人能出其右；另外，英特爾在先進製程的進展上受阻，不排除將訂單外包，市場共識認為，除了台積電，也沒有別的廠商可以承接，預計來自英特爾的訂單，也是台積電另一個重要的成長動能。而台積電從 2021 年也開始為聯發科、輝達和高通生產晶片。

2020 年可謂台積電的「驚喜年」，自 2019 年中美貿易戰以來，台積電股價就穩步向上，加上 2020 年因疫情促使紓困金出籠，市場資金充裕，外資法人唱多、持續加碼，股價也從 1 月 3 日的 339.5 元到封關日收在 530 元，創下歷史新高，市值達 13.74 兆元。

台積電本業在 2020 年也因為疫情加速數位化，意外造成下半年的產能吃緊，不僅產能利用率維持滿載，2020 年業績再創歷史新高，每股獲利逼近 2 個股本。同時寫下股價、市值、市值飆漲居冠、美國設廠震撼彈、英特爾訂單在望、先進製程持續領先等驚奇，護國神山名號當之無愧。

案例 4：供給與需求改變

**2021 年貨櫃航運**

2020 年上半年，全球經濟受到新冠疫情影響，各行業普遍陷入低迷，航運業也因為疫情蔓延以及機場和港口停擺等因素受到衝擊，其中航空和散裝航運受創尤其嚴重。不過，疫情於 2020 年下半年暫時趨緩，製造業也復工復產，經濟開始明顯復甦。此外，貨櫃航運業是經濟先行指標，率先迎來多年罕見的行業榮景，台灣多家海運企業也受惠其中。

貨櫃航運多為定期航線，主要運載工業製成品，以標準化包裝將貨品直接送至客戶倉庫，可節省作業時間，因此與全球消費市場息息相關。貨櫃航運的運價是由行業協會依市場狀況釐訂及調整。值得注意的是，貨櫃航運與航空運輸業都對油價十分敏感，油價走勢、運力平衡及附加費用等，都是影響業者獲利的主要因素。

台灣四面環海，加上進出口貿易是主要經濟支柱，因此航運業發展較早，並已形成完整的產業鏈，台灣業者在全球海運業也占有一席之地。根據法國海運諮詢機構 Alphaliner 於 2021 年 5 月 29 日公布的最新全球貨櫃航運公司運力排名，台灣有兩家公司躋身前 10 名，分別為排名第 7 的長榮海運和第 9 的陽明海運。

在新冠疫情爆發之前，全球海運經歷近 10 年的低迷景氣。2010 年前後，全球進入金融危機後的低利率時代，融資成本低，海運業者紛紛投下巨資訂購大批貨櫃船，導致船隻過剩，但全球貿易量卻未同步成長。

根據研究機構克拉克森（Clarksons）的調查，在 2017 年，全球商用航運業的總運力比金融危機前成長 50%；不過世界貿易組織（WTO）的數據顯示，全球貿易從 2007 年到 2015 年僅成長 15%。數據顯示，全球海運業者的運力供過於求，也是行業陷入低迷的主因。當時許多財經專家指出，隨著經濟型態越來越趨向知識經濟和服務業，全球貨物貿易成長將停滯不前，因此對海運業的前景多持悲觀態度。

然而，2020 年初爆發新冠疫情，卻成為海運業景氣榮枯的轉捩點。

2020 年上半年，疫情迫使全球貿易活動停擺，但下半年中國等地疫情趨緩後，貿易需求隨之快速反彈，尤其是 2020 年第三季，歐美地區因疫情擴散紛紛採取居家上班上課措施，帶動「宅經濟」爆發，個人電腦、健身器材以及各種娛樂設施的需求大增。這些商品多在亞洲製造，主要消費市場則在歐美，加上尺寸較大，必須依賴海運運輸；但歐美許多港口因疫情停工，港口嚴重擠塞，導致貨櫃航運供需緊張，推動運價節節攀升。上海出口集裝箱運價指數（SCFI）是全球運價主要指標之一，2020 年 4 月跌至 816 點低點，但到 2020 年 12 月已飆升至 2,783 點。

海運市場運力緊張，另一個主要原因是全球貨櫃供應嚴重不足。全球貨櫃幾乎都由中國廠商製造，但中國工廠於 2020 年上半年停工停產，貨櫃隨之缺貨。因此，當下半年貿易量激增時，廠商無櫃可用，許多海運業者的貨運量於 2020 全年甚至出現倒退。不過，海運業者受惠於運價大漲，業績得以轉虧為盈。

## 近年上海出口集裝箱運價指數走勢

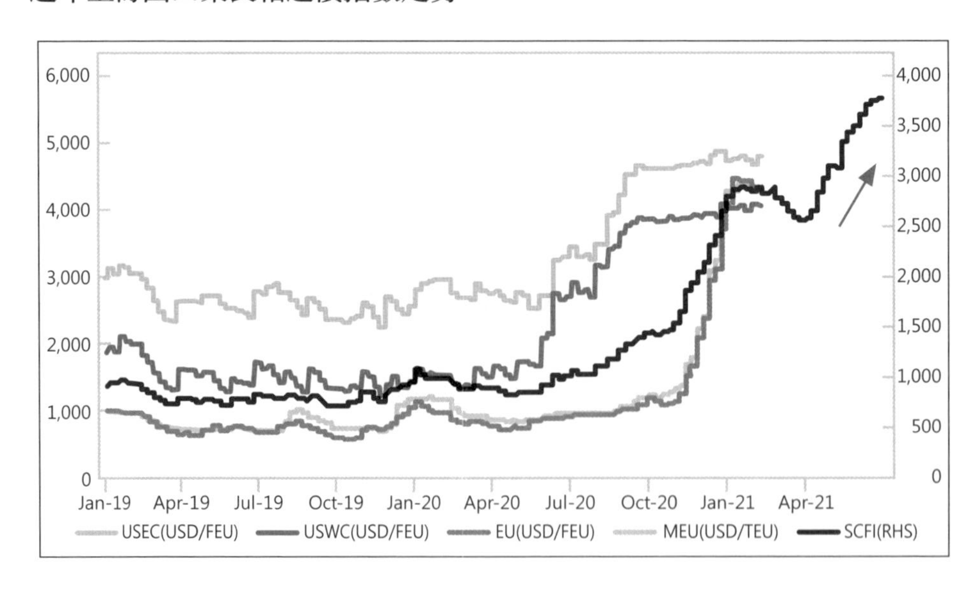


資料來源：券商研究報告

**2020/9 ～ 2021/7 長榮（2603）股價走勢**

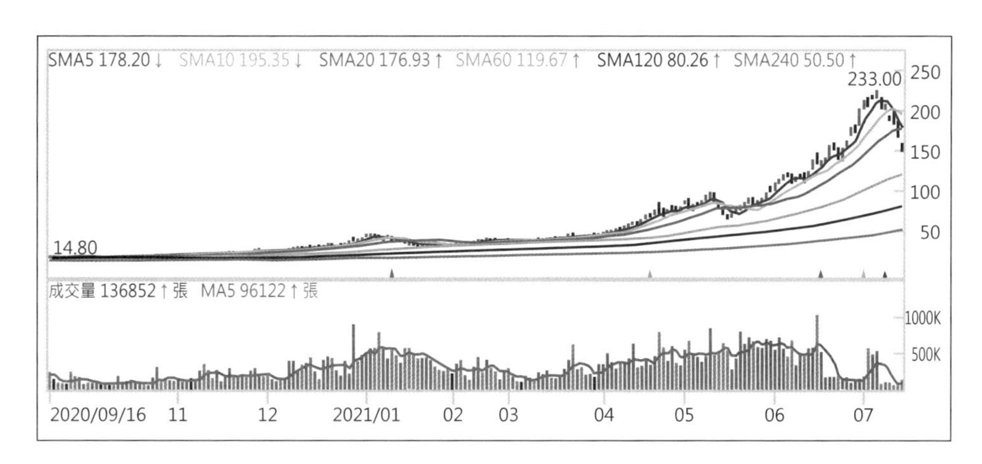


資料來源：XQ 嘉實系統

以台灣為例，長榮海運從 2011 年至 2019 年累計虧損新台幣 67 億元，2020 年不僅由虧轉盈，獲利更高達 243.6 億元，全年營收則達 2,070.7 億元，創歷史新高。陽明海運 2020 年營運量年減 6.63%，但營收年增 1.4%，達到 1,512.8 億元，業績由虧轉盈，稅後淨利 119.8 億元，一年獲利已彌補過去多年的虧損。

到 2021 年，海運市場依然暢旺，運價延續 2020 年下半年的漲勢，台灣海運業者於第一季交出更亮眼業績，長榮營收 899 億元，稅後淨利 361 億元；陽明海運當季營收年增近 8 成至 623 億元，稅後淨利 245 億元，創單季歷史新高。萬海第一季營收年成長 114%至 386 億元，稅後淨利年增 176 倍至 147 億元。企業股價表現更是亮眼，以長榮為例，股價從 2020 年 7 月的近 11 元，飆漲至 2021 年 7 月的最高點 233 元，一年的時間漲了超過 20 倍。

案例 5：庫存調整

**2021 年石油**

2020 年新冠疫情大爆發，由於各國政府限制旅行、商業活動，並實施封城、停工政策，造成經濟需求活動下滑，使得國際油價重挫，石油需求在 2020 年初出現斷崖式墜落，紐約原油期貨 5 月交割價在 4 月 21 日破天荒摜破 0 元，以每桶「負 37.63 美元」作收，不僅買進 WTI（西德州中質原油）的期貨玩家一口就大虧 55 萬元，就連當紅的元大 S&P 原油正 2ETF 淨值也暴跌，最後宣布下市，數萬名受益人只能認賠。

當時根據國際能源署（IEA）的數據，2021 年庫存量將比疫情大流行之前高出 6.25 億桶，石油輸出國組織（OPEC）便從 2020 年 5 月開始每日減產 970 萬桶，8 月再減產 770 萬桶。

不過 2021 年 7 月以來，經濟復甦推動了全球石油需求，使全球庫存降至當時平均以下，低於新冠疫情前 5 年的平均水準。當時報告顯示，美國商業原油庫存為 4.27 億桶，較 2021 年同期的 5 年平均低約 6%，帶動國際油價上漲。

儘管 2021 年夏天美國和亞洲爆發新一波疫情，但石油市場的供應仍不及需求。首先，從 8 月底到 9 月，颶風艾達限制了美國從墨西哥灣的石油供應。與此同時，OPEC +（石油輸出國家組織與夥伴國）繼續保持市場吃緊，每月只增加 40 萬桶的總供應量。因此國際油價繼續上攻，2021 年 10 月布蘭特原油期貨更一度站上每桶 86 美元，為 2018 年 10 月來最高，主因各國放鬆防疫封鎖措施、冬季逼近助長需求，加上天然氣和煤炭價格居高不下，促使用戶改用燃料油和柴油發電。

根據彭博資訊報導，Francisco Blanch 等美銀分析師表示，全球能源危機帶動了世界各地天然氣與煤炭價格飆漲，並且使倫敦布蘭特、紐約西德州原油期貨價格快速回升。數名石油交易員表示，隨著需求超過供給以及氣候問題造成的新油源投資放緩，可能導致石油儲備枯竭。這些分析師並指出，汽油需求激增、中間餾分油（如柴油和航空燃油）的需求反彈，以及煉油產能受限，可能使油價漲勢加速。油價上漲帶動塑化類股利差加大，塑化類股表現優於大盤走勢，台塑集團旗下的台塑四寶：台塑化、台塑、南亞和台化，2021 年合計大賺 2,402 億元，年成長 230%。

**2019～2022 年布蘭特原油期貨走勢**

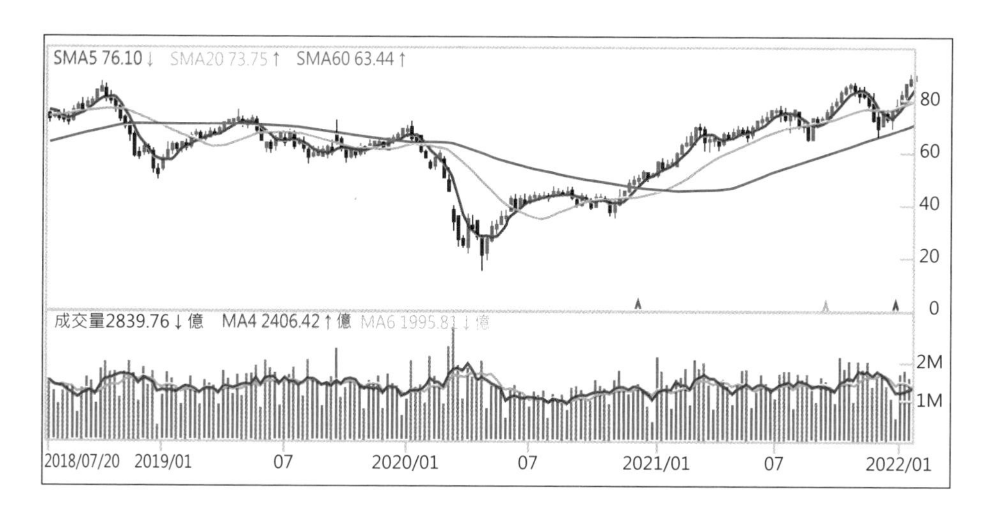


資料來源：XQ 嘉實系統

元石油 **ETF（00642U）**走勢

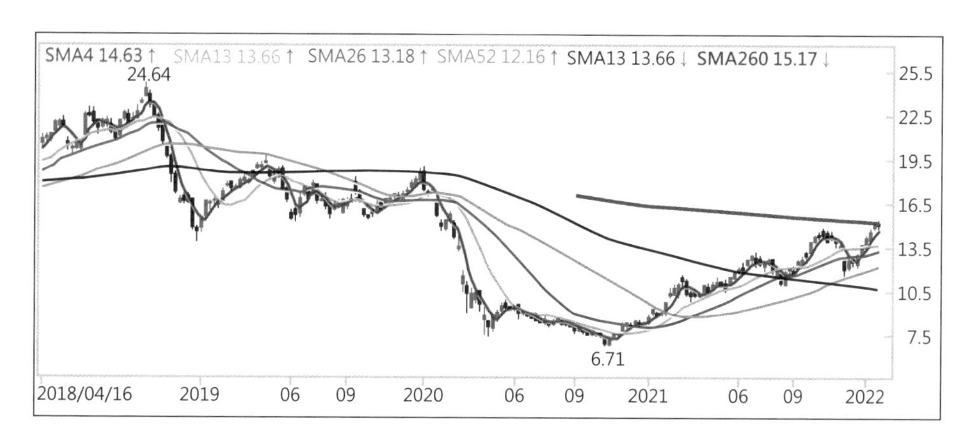


資料來源：XQ 嘉實系統

## 景氣循環與股債攻略

了解景氣循環之後，投資人究竟該怎樣在正確的時間點，分配股、債的投資配置呢？以下根據景氣循環 4 個階段，解釋該如何選擇股、債。

復甦與成長期：

資金選擇離開債市，轉往報酬高、風險高的股市，因此「股優於債」。

高峰期：

股市、債市的波動程度加劇，股市、債市皆須審慎操作，而當景氣衰退期特徵逐漸顯現時，可增加現金部位。

衰退期：

公司獲利大幅下滑，股票價格大跌，資金轉向避險性商品，債券需求提升。

谷底期：

消費及投資逐漸回穩，復甦的景氣也有利股市上漲，股債齊漲。

股價上漲與下跌與景氣循環一樣，都屬正常現象。股價漲高了就會下跌，跌深了就會反彈，就好像一年四季春、夏、秋、冬。冬天過了，春天就會來；股價超跌，就會醞釀反彈契機；秋天過了，冬天就會來；股價超漲後，就會回跌。

股市中有「物極必反」的原理，當市場一片看好，股價就準備反轉向下；當市場一片悲觀，股價就會築底，準備回升。一般投資人習慣做多股票，股價上漲視為理所當然，股價下跌就怨聲載道，希望政府護盤，其實這都是不理智的行為。投資股票要順勢而為，多頭市場進場買進股票，空頭市場則融券放空或離開市場保有現金。

股價上漲過程中，可分為初升段、主升段和末升段；下跌過程中也可分為初跌段、主跌段。由於上漲過程中是大漲小回，股價一路墊高，因此上漲行情的時間比較久；下跌過程中由於是恐慌性賣壓，股價一路下挫，因此下跌行情的時間比較短。

一般而言，上漲時間若花2/3，下跌時間就是1/3；也有可能是3/4上漲，1/4下跌，上漲行情與下跌行情都有它的特色，分別敘述如下：

## 初升段行情

股市經過空頭的洗禮，一大堆利空打擊，股價打到最低點，甚至超跌。此時人氣退場，股市成交量萎縮。若景氣不再惡化，央行資金寬鬆政策發揮效果，股價開始慢慢回升，這就是股市的初升段。

初升段的特色是，所有股票呈現跌深反彈，無論有沒有基本面或業績的支撐，股價有好消息就上漲，遇到壞消息也跌不下去。雖然景氣還未好轉，股價已經提前反映，行情就在迷迷糊糊中上漲。關注基本面的人不會進場，而散戶經過前一波的大跌，驚魂未定，也不會進場。

初升段行情就像是魚頭，股價剛經歷過最低點，準備往上走，唯有「先知先覺」的投資人敢在此時買進。初升段又稱為資金行情，有人稱為「無基之彈」，就是說沒有基本面的彈升。股價之所以上漲，不是基本面慢慢轉佳，而是政府的貨幣寬鬆政策所引發的資金氾濫，沒有地方去化，只好往股市跑，最後造成股價上漲。若投資人發現「景氣不再惡化，或惡化的程度趨緩，又或者利空來襲股價不跌」等現象，就有可能是進入初升段。

## 主升段行情

股市歷經初升段行情後，接著就進入主升段行情。此時成交量漸次放大，資金回流股市明顯，貨幣供給額M1b快速增加，景氣開始回溫。景氣對策訊號燈脫離最糟的藍燈，往黃藍燈上揚。在企業公布的營收與獲利數字，開始表現出成長的態勢，關注基本分析的投資人開始把資金往股市移動。

景氣循環與股債配置

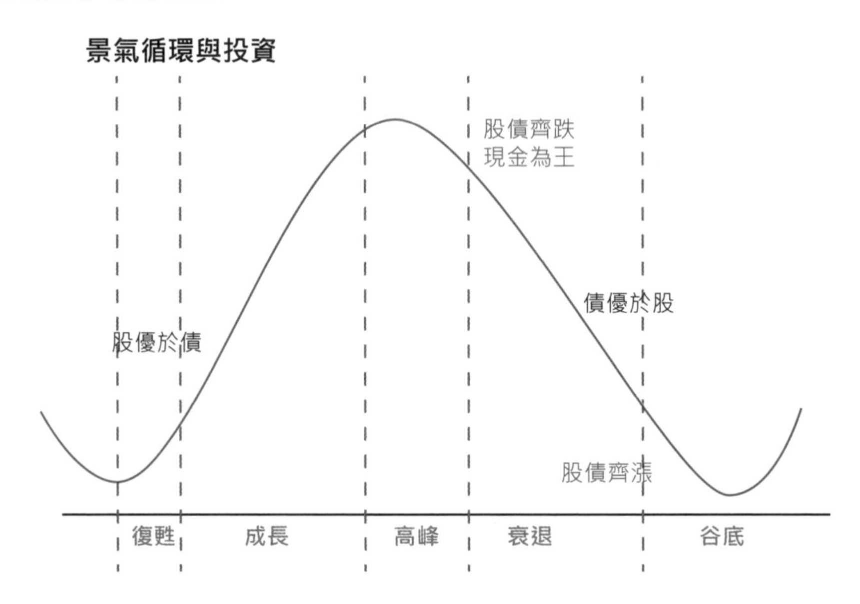


資料來源：作者整理

景氣循環與股市的關係

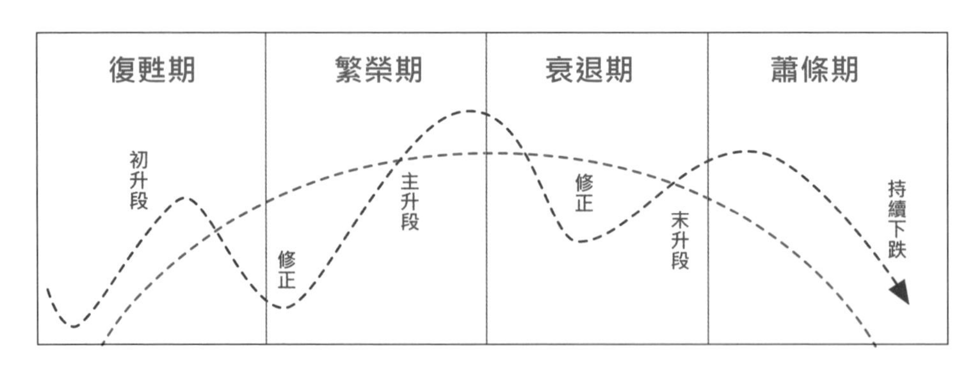


資料來源：券商研究報告

在主升段行情中，不是所有的股票都會漲，是有業績題材、有企業展望和有利多新聞的個股，才有上漲空間，其他股票只會隨大盤回升而小漲，甚至不漲。例如，1980 年代漲勢最兇的是金融類股；1990 年代電子類股飆漲，金融股卻沒有表現；2000 年原物料股漲勢最凌厲，這就是當時的主流股。2009 年電子書類股、LED 類股股價由低點漲起，也都有 4 ～ 5 倍的漲幅，傲居股市之冠，這就是主流股在主升段的表現。

主升段又稱為「魚肚行情」，是整個上升行情最甜美的時刻，只要有膽識進場買進，就是大賺和小賺之分。

2002 ～ 2008 年的行情中，2004 ～ 2006 年屬於主升段行情，主升段行情是資金與景氣共同構築的賺錢行情，是「後知後覺」的人進場的行情。這一階段股市呈現大漲小回的走勢，投資人隨便買隨便賺。當投資人獲利了結，賣掉股票後又漲上來，結果覺得賣太早，又去追股票，整個市場沉醉在賺錢的喜悅中。

主升段在整個上升行情中，通常時間最長、上漲幅度最大，並且呈現緩步上漲格局。雖然投資人樂觀看待行情，市場仍有少數看壞行情的雜音，整個行情在驚驚漲的過程中，投資人或多或少都有獲利。由於景氣開始復甦，政府也開始執行「退市政策」，也就是把先前貨幣寬鬆政策所放出去的資金收回。退市政策啟動，股價會稍微回檔休息，但是當投資人確定景氣進入擴張期，「景氣與資金行情」很快就取代了初升段的「資金行情」，股價也開始一路攀高，見回不回。

## 末升段行情

股市在走完主升段行情後，接下來就進入末升段行情，此時成交量放大、速度加快。以台股而論，這個階段每天成交量都在4,000到6,000億元，貨幣供給額 M1b 往上飆升，證券劃撥存款餘額也不斷增加，投資人把定存解約後的資金投入股市。此時景氣對策訊號燈來到紅燈，企業營收與獲利創歷年新高，公司大方辦理員工分紅，市場一片樂觀預期未來行情。

在末升段行情中，不是所有的股票都會漲，而是主升段沒有上漲的股票在漲，稱為「補漲行情」。這是因為主升段時績優股漲翻天，投資人居高思危，開始尋找基期低且沒有上漲的股票，例如 2009 年的行情中，指數由 4,000 點直攻 8,000 點，最後一波行情是由一直沒有表現的被動元件族群擔綱。末升段行情又稱為「魚尾行情」，是整段行情中最危險的時候，雖然末段行情噴出，成交量暴增，市場一片樂觀，但是到最後發現利多不漲的情形越來越多。行情總是在一片樂觀中結束，就是這個道理。

這一波行情幾乎是全民投入股市，也就是所謂的「擦鞋童理論」，連從來不投資股票的人都進場買股，談得一口好股票。這一種連「不知不覺」的人都希望靠股票致富，其實是相當危險的事，聰明的人會在此時離開股市，但股市新手仍勇往直前，最後行情一旦反轉，新手措手不及，結果都被套在高檔。股市有句名言：「新手套在山頂」，指的就是這種情形，所以末升段又稱「邪惡的第五波」。

面對末升段行情，投資人要有居高思危的想法。魚尾巴肉少刺多，稍有不慎就會慘遭套牢，因此逢高宜減碼，千萬不可見獵心喜，大筆押注，反而要有捨得的心態面對行情。畢竟股價漲到這裡，風險已經大於報酬。能在此反向操作賣出持股的，才是股市贏家。

## 初跌段行情

當上升行情結束，接下來就是下跌行情，由於大多數人都還在一片樂觀的氣氛中，並不覺得空頭市場已經到來。最後一批熱情散戶紛紛把手中的資金往股票市場堆，成交量不斷創歷史新高，景氣與企業營收也很捧場，開出非常優異的成績。此時市場開始出現利多不漲的怪現象，分析師大喊「大跌大買，小跌小買」的投資策略。

股價在做頭反轉向下時，行情有如霧裡看花，個股輪動速度加快，沒有主流類股，投資人抓不到方向，買了股票後也不容易賺到錢，即使賺錢也賺得很辛苦。聰明的老手已經開始離場，把股票丟給散戶新手，就在此時，一個利空消息開始引發投資人恐慌，所有股票無論業績好壞，一起帶量下跌。

雖然景氣表現仍然很好，甚至景氣對策訊號燈出現難得一見的紅燈，但是資金開始退潮，政府出面「口水護盤」，宣稱只是股民的信心問題，基本面仍佳。市場也是多空論戰，有人仍然看好，有人開始悲觀，投資人開始感覺到「怎麼買，怎麼套牢；怎麼賣，怎麼對。」

### 主跌段行情

初跌段行情結束後，股價開始出現盤整或反彈，先前安全離場的股市老手見機不可失，紛紛進場搶便宜。沒想到此時景氣開始出現衰退訊號，企業獲利也紛紛下滑，股價又開始像溜滑梯一樣直線下跌。市場上有一句話說：「新手套山頂，老手套半山腰」就是此情形。由於老手、新手和散戶都套牢。當行情不好的情形下，財富開始縮水，恐慌性的賣壓一擁而上。這些先前看好股市的投資人殺出手中持股，稱為「多殺多行情」。此時只要出現利空，股價就急挫，利多也無法挽回投資人的信心，資金快速抽離股市，貨幣供給額 M1b 也快速下滑。

## 景氣谷底期

在景氣谷底初期，也就是最寒冷的冬天到來，此時投資人不是該想如何獲利，而是該想如何避免財富縮水，此時要盡量保有現金。之後等景氣開始慢慢復甦，經濟情況不再惡化，此時投資人可漸漸增加手中持股，基於風險考量，投資標的以權值股、產業龍頭股和集團股為主。

了解股債的投資邏輯後，就可以依照景氣循環正確進行資產配置。

首先是谷底期，在經濟成長疲弱下，伴隨全球金融性危機的發生（如 2000 年網路泡沫、2008 年金融海嘯），GDP 和新增就業人數同步進入負成長、企業普遍面臨虧損、失業率大幅上升，需求明顯滑落，也導致通膨轉為通縮，央行強力降息以刺激經濟。

股市是經濟的領先指標，隨著景氣衰退蕭條，股市也跟著崩跌一大段，甚至跌破 10 年線（10 年平均成本），政府為維持金融秩序穩定出面護盤，國安基金就是最後的手段。例如 2020 年 3 月受到新冠肺炎疫情影響，全球爆發股災，台股也連 2 周呈現雪崩式暴跌，從 11,525 點下殺，不但摜破 8800 點、10 年線關卡，3 月 19 日指數最低一度來到 8523 點，創 2016 年 8 月以來新低，吃掉 3 年半的漲幅。國安基金在 3 月 19 日召開臨時委員會議，決議授權執行秘書啟動護盤，市場信心大振，隔天台股止跌強勁反彈，6 月彈回年線且年線轉為上揚，重返中長多行情，從 8,523 低點一路上漲至 2021 年 7 月的 18,034 高點，一年多來漲逾一倍。

## 應勇於危機入市，獲取超額報酬

政府透過政策刺激經濟、護盤等手段，讓景氣開始慢慢復甦，企業開始逐漸獲利、失業率持平，經濟溫和成長，央行也不再降息；但經濟指標仍然不明朗，投資人的信心不足，不過經濟情況不再惡化，最壞情況已過，其實投資人可以準備現金，伺機進入股市。因為所有的壞消息全部都發生後，就是股價的最低點。

當行情在最悲觀的時候，股價也來到了相對低點，此時，不安定的籌碼已經全數出場，留下來的人，不是很看好公司，就是不敢停損，這些都是安定的籌碼。當壞消息不再出現，或是壞消息出現時股價不再下跌，股價就開始進入打底階段，接著好消息一來，股價就開始上漲。

以 2020 年 3 月新冠肺炎危機為例，全球股市大崩跌，為了讓股市止跌，政府會投入資金拯救企業，讓人民回歸原本的生活，股市則會最快反映利多，在這個時間點，就可以備妥現金，趁漲勢周期來臨前投資或加碼。只要大家都感受到危險與恐懼時，危機入市的機會就來了。

每次金融危機結束後，大家都說：「如果經濟再次面臨危機，我要危機入市！」但當危機真正來臨時，通常都會因為恐懼而錯失投資時機。雖然很煎熬，但這種危機可說是百年難得一見，只要確實理解投資基本概念，做好萬全的準備，一定能掌握機會。從歷史經驗看來，每次黑天鵝出現如 2000 的年網路泡沫、2008 年的金融海嘯、2011 年的歐債危機，甚至是 2020 年的新冠疫情，股市出現大崩跌，有勇氣和智慧在危機結束就立刻進場的投資人，幾乎都能享受其後大漲的甜美果實。不過要記得的是，「天上掉下來的刀子不要接，掉到地下的刀子可以撿」，不要在危機剛爆發時入市，危機結束後才是安全的入市時機。

## 此階段適合的投資工具

經濟自衰退逐漸復甦，建議持續持有低風險性的資產，像是投資級債券。同時逐步買進體質良好的風險性商品如股票，由於此時容易發生「股債齊漲」的情形，因此不論是股票型基金、債券型基金、平衡型基金也都是不錯的選擇。另外，隨著全球需求逐漸回穩，可以逢低布局原物料。基於風險考量，此時投資股市最好以權值股、產業龍頭股和集團股為主，例如台積電、台塑、台泥、統一等。

另一個值得投資的標的就是高收益債基金。為什麼在景氣衰退末期，會建議投資高收益債基金？因為景氣谷底時市場最恐慌，高收益債的價格和恐慌指數（VIX）呈反比，恐慌指數越高，高收益債大跌；恐慌指數回穩，高收益債就上漲。高收益債又稱為垃圾債，也就是債信不好的債券，為了避免踩到地雷，投資人可以買高收益債基金，畢竟基金旗下的高收益債數百檔，即使倒了 1 ～ 2 檔，淨值減損不大。一旦景氣落底，恐慌指數回穩，高收益債基金的淨值就會快速回升。

2020 年 3 月，新冠疫情全球大爆發，歐美因封城造成商業活動停止，景氣陷入泥淖，股市、債市跳水式暴跌，金融市場的恐慌指數大漲，此時高收益債出現超跌的現象，是危機入市的好時機。隨後美國聯準會降息救經濟，股市回穩，債市不再下跌，恐慌指數回落，高收益債基金也能從低點回升。

因此在 2020 年 3 月 26 日，市場崩盤，恐慌指數大漲，市場擔心高收益債因違約風險大增而下挫，筆者見機不可失，進場買進聯博高收益債基金，到了 2021 年 10 月，含息報酬率高達 30％。

**2020 年股災投資高收益債基金實例**

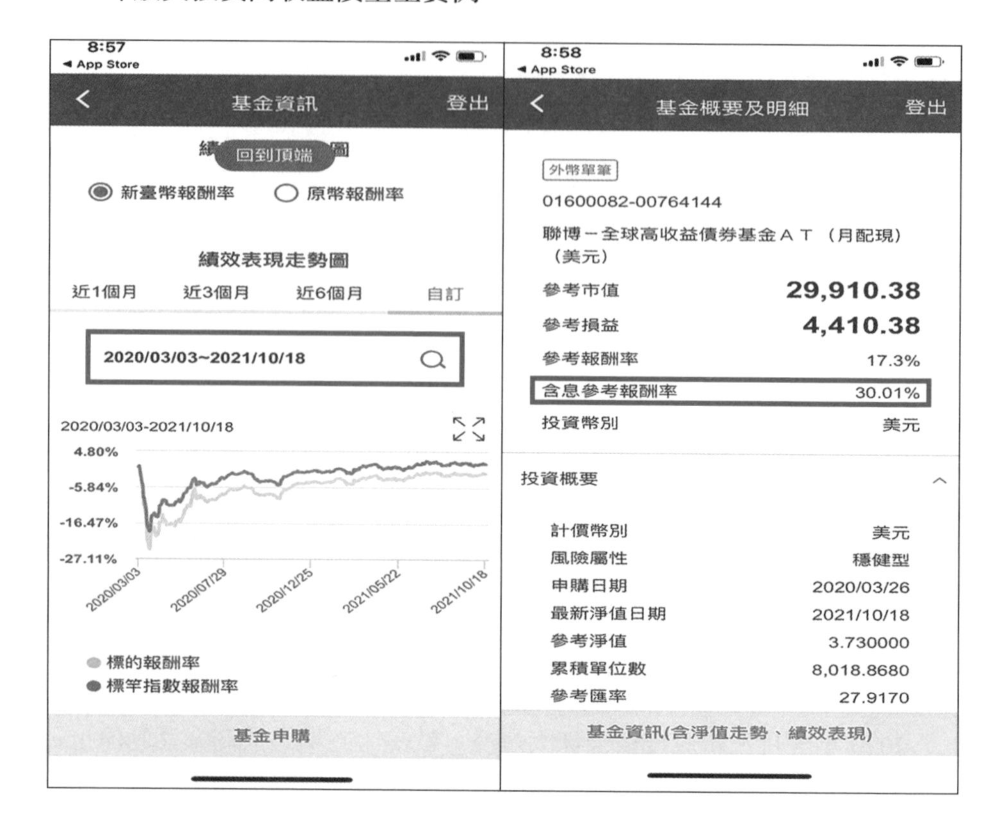


## 景氣復甦成長期

在景氣復甦成長期，所有經濟指標呈現正向表現，商業活動熱絡，公司因為景氣繁榮而營收、獲利提升。此時投資人也應積極尋求投資管道，投資的標的要以公司營收、獲利逐月創新高的股票為主，持股比率可達 8 成以上。

景氣進入擴張期，在央行保持寬鬆、物價維持低檔的情形下，經濟重拾成長動能，新增就業人數回升，失業率開始下降，物價指數上升，消費者信心也隨之成長。此時所有經濟指標呈現正向表現，商業活動熱絡，公司因為景氣繁榮而營收、獲利提升，此時投資人也比較積極尋求投資管道，適合投資風險性商品，例如：股票及股票型基金、原油、大多數貨幣。

## 此階段適合的投資工具

成長型股票

投資股票要以公司營收、獲利逐月創新高的股票為主，持股比率可達 8 成以上。

指數期貨

股價指數期貨（Stock Index Futures）交易，簡稱期指，就是以股價指數為投資標的的期貨。投資人預期該指數會上漲，則進場做多；投資人預估該指數會下跌，則進場放空，一買一賣來賺取差價。

過去投資機構為了規避個股風險，常利用投資組合方式購買不同類型股票，以期某些股票價格下跌時，可用其他上漲的股票來彌補虧損。但一般小額投資者沒有足夠的資金採取這種避險方式，而且遇到市場崩盤時，別說是小額投資者，財力雄厚的投資者也無法招架。為了規避這種市場風險，股價指數期貨應運而生，藉由期貨市場保證金制度的特性，提供避險者一個低交易成本的避險工具。由於價格波動劇烈，吸引投機者介入，套利者也穿梭在現貨市場與期貨市場間，尋找獲利機會。

股價指數期貨允許投資者投資整個股市的漲跌，而非專注於個別股票。投資者購買股價指數期貨，損失或與獲利是由股價指數的漲跌所決定，如此可避免發生賺了指數，賠了股價的遺憾。

股價指數是由一組股票的價格計算出來的。例如台灣發行量加權指數的編制，是以台灣證券交易所交易的股票計算而得；SIMEX 推出的摩根台灣股價指數則由 91 種股票組合而成。電子類股價指數與金融類股價指數期貨，分別以電子類股與金融類股為組合標的。

在從事期貨交易前，客戶必須存入一筆金額做為保證金（Margin），目的在於客戶保證將履行期貨契約的擔保。期貨經紀商對客戶在期貨交易保證金、權利金專戶內的存款，不得任意挪用。期貨之所以被視為以小搏大、風險極高的投資工具，在於期貨的保證金制度。客戶保證金可分為原始保證金（Initial Margin）、維持保證金（Maintenance Margin）與變動保證金（Variation Margin）三種：

目前台灣期貨交易所（TAIMEX）推出的股價指數期貨可分為三類，分別為台灣期貨交易所發行量加權股價指數、電子類發行量加權股價指數與金融保險類發行量加權股價指數。此外，國外期貨交易所發行的台灣股價指數，也有新加坡國際金融交易所（SIMEX）發行的摩根台股指數期貨。

發行量加權股價指數期貨

簡稱台股期貨，交易時間為營業日上午 8:45 到下午 1:45。契約價值為台股指數期貨乘 200 元，每日最大漲跌幅限制為 10%，投資於台股指數每一點賺賠 200 元。2020 年，台灣期貨交易所規定原始保證金為新台幣 148,000 元，維持保證金為 113,000 元，交易所會根據市場波動修正保證金的金額。假定某一投資人看好台股指數會向上攀升，決定買入一口台股指數 7,500 點，事後指數如預期的上揚至 7,800 點，投資人於是賣出期指，共賺 300 點（7800 － 7500 點），獲利為 60,000 元（＝ 300×200）。

電子類股價指數期貨

簡稱電子期指，其契約價值為電子期貨指數乘 4,000 元，而每一升降單位為 0.05（相當於新台幣 200 元）。電子期指契約到期的交割月份與台股期指相同，為自交易當月起連續兩個月份，另加上 3、6、9、12 月中三個接續季月，總共五個月份。假定某一投資人看空台股電子類股的表現，在電子期指 400 點放空一口期指，三天後，電子指數跌至 380 點，此時投資人共賺 20 點，每一點折合 4,000 元，因此共獲利 80,000 元（＝ 20×4000）。

金融保險類股價指數期貨

簡稱金融期指，契約價值是金融期貨指數乘以 1,000 元，交易時間、契約到期交割月份、每日結算價、每日漲跌幅和最後交易日，皆與台股期指同。金融期指的交易標的，是台灣期貨交易所金融保險類發行量加權股價指數，若投資人看多台灣金融類股的發展，可買入金融期指；反之，可放空金融期指。

個股期貨

是以個股為標的的期貨商品。個股期貨有四大特色。1. 交易成本低。2. 財務槓桿高。3. 多空交易靈活。4. 撮合速度快。個股期貨每一口代表兩張股票，也就是 2,000 股。每跳動一點，等同 2,000 元的損益。「小型個股期貨」每一口代表 100 股的股票，每跳動一點，等同於 100 元損益。保證金是契約金額的 13.5%。

2021 年在交易所掛牌的個股期貨有 200 多檔，但很多成交量都不大，流動性不佳，交易難度大。因此，投資個股期貨首先要考慮成交量大的標的。例如：台積電、鴻海、聯電等。期貨只是交易方式，重點還是在個股，因此研究個股的基本面和技術面是重點。

ETF

ETF 是由英文「Exchange Traded Funds」翻譯而來，是證券交易所掛牌的基金，雖然並沒有特別指定是哪一種，但投資人都知道 ETF 指的就是「掛牌交易的指數型基金」，它屬於基金的一種，其投資組合與指數內容一樣，因此，它同時具備了股票和基金的特色，等於是股票與基金的綜合商品。

ETF 與一般共同基金相似的地方，在於它的運作模式都是由基金公司（即國內的投信）發行受益憑證，並替投資人操作股票。在投資組合管理上，共同基金是經由操盤人主動選股並操作，因為操盤人的能力不一樣，因此每一檔基金績效可能會差距很大，有可能領先大盤，也可能落後大盤。ETF 就不同了，它在發行之初，便會選擇一檔指數做為追蹤標的，投資組合會與標的指數的股票一樣。因此，ETF 漲跌幅會和標的指數相同，若指數漲 15.5%，ETF 就可能漲 15.5%，若指數跌 15.5%，ETF 就可能跌 15.5%。

ETF 與股票相似的地方在買賣方式相同，而不論放空、限價單、下市價單、停損指令這些在股市操作的行為，在 ETF 都能做。ETF 與股票都是在交易所掛牌上市，投資人只要利用股票帳戶就可以買賣 ETF，流通性及便利性和股票一樣，只是投資人買到的不是某家公司股票，而是一張 ETF 的受益憑證，其交易稅也比股票低。由於 ETF 的投資組合與指數內容一致，因此，投資一檔 ETF 等於投資一籃子股票，不僅可以達到分散風險的效果，還可免除選股的煩惱，避免看對大盤趨勢卻誤判個股的狀況。

對於初次接觸金融商品的投資人而言，「決定大盤漲跌」遠比「決定個股漲跌」來得重要，「操作大盤的績效」遠比「操作個股的績效」穩定。投資 ETF 指數型基金的特色，是讓初學者在傳統的銀行存款、債券、基金與股票等理財工具之外，多了另一種穩定性高、介入門檻低、交易成本小、市場接受度高，又無需太多專業知識的金融理財商品。

台灣發行的 ETF 相當多，例如元大台灣 50、元大中型 100、富邦科技、元大電子、元大台商 50、元大 MSCI 金融、元大高股息、富邦摩台、元大寶滬深、BP 上證 50、元大 MSCI 台灣、富邦上証、永豐臺灣加權、元大上證 50、FH 滬深、富邦台 50、元大台灣 50 正 2、元大台灣 50 反 1、富邦上証正 2、富邦上証反 1、國泰中國 A50、元大 S&P 黃金、元大滬深 300 正 2、元大滬深 300 反 1、富邦深 100。進入台灣證券交易所網站，可查詢 ETF 相關資訊。

對一般的散戶而言，ETF 最大特色在於績效表現緊貼指數，投資人只要關心大盤指數走勢，就可直接賺取大盤指數漲跌的報酬。由於 ETF 是一堆股票的組合，無論投資哪一種 ETF 都能降低投資風險，增加勝算。ETF 績效比一般股票型基金穩健，報酬空間比債券型基金更高，風險則較股票投資更低。因此投資 ETF 有不同的策略：

**保守策略》ETF 為核心，搭配一般債券型基金**

對保守的投資人而言，債券型基金是經常被使用的投資工具。然而低風險隱含低報酬，單純投資債券型基金雖然能提供穩健的報酬，卻無法享受股市大漲時的獲利。為了在風險有限的情況下提高獲利，保守型的投資人不妨利用 ETF 做為核心持股，再搭配一般債券型基金。如此在股市行情大好時，ETF 與指數漲跌一致的績效表現，可以讓投資人充分享受指數上漲的獲利；在股市表現不佳時，則可以藉著 ETF 分散風險與債券型基金的下檔保護特色，取得比股票型基金更低的風險。

**積極策略》期貨型 ETF 搭配股票、股票型基金**

對於積極型的投資人而言，股票及股票型基金是經常使用的投資工具。然而，高報酬帶來高風險，單純投資股票及股票型基金，在行情大好時，雖然可以獲得極高的報酬，相對的，在行情不佳時，損失也相當可觀。為了在高獲利下，也能維持一定程度的風險控制，積極型投資人不妨利用 ETF 做為核心持股，或是選擇期貨型的 ETF，再搭配一些個別公司的股票、股票型基金，在股市行情大好時，一樣可以有高獲利。

**長期持有策略》確定該市場向上趨勢後，就可放心投資**

過去投資人偏好以銀行定存或共同基金做為長期理財的工具，不過在低利率時代，定存所能獲得的報酬非常有限。共同基金則需要另外負擔基金經理人的人為操作風險及頻繁進出的交易成本。反觀 ETF，它著重指數與趨勢的操作，在投資 ETF 之前，只要先對全球市場、個別國家或產業有深入的了解，確定它的向上趨勢之後，就可以放心投資。

對於長期投資者來說，投資成本是獲利與否的重要因素，由於 ETF 是跟著指數跑，在向上趨勢確定後，不但可以避免「看對大盤，選錯股票」、「賺了指數，賠了差價」的情況，還能省去買進賣出的各項交易成本，非常適合穩健的長期投資策略。

可轉換公司債

可轉換公司債（Convertible Bond，CB）是某上市櫃公司發行的有價證券，是直接向投資者籌措長期資金的一種金融工具，該公司依當時所訂定的發行條件，定期支付一定的利息給投資者，並附有可轉換為普通股的權利。持有這種公司債的投資者，得在當轉換為普通股的報酬率高於公司債可領取的利息時，於特定的期間內，依事先約定的轉換比率或轉換價格，將此公司債轉換為股票，以獲取更高的報酬率。若未行使轉換權的投資者，發行公司在到期時就會依發行條件償還本金、補償利息。

企業利用可轉債募集資金已經蔚為潮流，主因是市場利率水準低，讓發債成本降低，加上可以延緩股本膨脹、每股獲利稀釋。相較於往年企業偏愛使用現金增資方式募資，上市櫃公司轉而青睞發行可轉債，連承銷商也多會建議企業發行可轉債。當市場利率水準很低，企業發行可轉債幾乎都不需要額外的優惠條件，就可以賣得很好。根據財務報表評價計算，發行可轉債的利率都不高於長期借款的利率，而且只要發行期間股價達轉換價格以上，投資人即會轉換為股票，到時候發行者根本不用還債，資金成本便會相對便宜。

另外，由於發行可轉債採詢價圈購，大多由承銷商包銷，因此，大股東不必擔心繳款率不高的問題。反觀企業辦理現金增資案時，只要有原股東放棄認購，大股東就必須找特定人、找資金認購，否則就有辦不成現增的問題。這點也是可轉債的優點，由於辦理現金增資時大股東也必須按持股比率認購，如果沒有事先做好資金規劃，很可能必須賣老股認新股，造成在現金增資之前，股價往往會先下跌。發行可轉債因為希望轉換價格訂得比較高，反而在訂價前股價上漲機率較高。

實務上，對產業景氣能見度比較有把握的上市櫃公司，用發行可轉債的方式募資，除了利率低，在前景看好、股價上漲機率高的情形下，發行可轉債在閉鎖期間結束後，投資人多半會陸續轉換成普通股。

買賣可轉債當然是為了獲利，但在國人理財知識漸長之後，套利空間已經變少了。而在整個套利的過程中其實只有兩個步驟，就是：一、買進價格相對被低估的可轉債；二、透過放空公司的股票，以抵銷做多的可轉債部位。以上就是讓可轉債獲利的邏輯，投資人可在公開資訊觀測站查詢可轉債的相關訊息。

台灣證券交易所規定台灣發行的可轉換公司債，每股面額 100 元，每張 1,000 股，一張面額為 10 萬元。可轉換公司債一旦轉換成普通股後，即不得再轉回為公司債。可轉換公司債與普通股的變換比率，稱為轉換比率，轉換公司債面額除以轉換比率，稱為轉換價格，普通股每股市價乘以轉換比率，就是它的轉換價值。

例如某公司發行票面利率 0 的可轉換公司債，每張面額 10 萬元，其轉換價格為 50 元，即每張可轉換公司債可轉換 2 張公司股票（100,000 元 ÷50 元＝ 2,000 股），假如該公司的普通股每股市價為 60 元，則該可轉換公司債的轉換價值為 12 萬元（60 元 ×2,000 股），此時具有轉換價值；但若該公司的普通股每股市價為 40 元，則該可轉換公司債的轉換價值為 8 萬元（40 元 ×2,000 股），低於票面價值 10 萬元，沒有賺頭，投資人就不會要求轉換。

由此可知，轉換比率越大，則轉換價格越小，轉換價值越高。可轉換公司債持有人通常於普通股股價上漲時，會向發行公司要求轉換。相反的，當可轉換公司債持有人於普通股股價下跌時，通常會持有可轉換公司債直到到期日。轉換公司債發行時的定價，如果比面額 10 萬元來得高，就是溢價發行，例如可轉換公司債每股 100 元，發行時每股 101.5 元，發行溢價就是每股 1.5 元。投資人在公司業績尚未臻理想時，可持有可轉換公司債，至少保本（假設公司不倒閉）；在公司業績進入佳境時，將其轉換為股票，享受優厚股利及其他股東權益。

可轉換公司債市場價格的下限，就是指公司債的市價，上限則是股票的市價。可轉換公司債的價格，隨發行公司股價上升而上升，有時候也會隨發行公司股價下跌而下跌。可轉換公司債不但保本性較股票強，亦可與股票同樣享受差價利益。當可轉換公司債的轉換價格低於普通股市價時，投資人可以買進可轉換公司債，放空普通股，進行套利交易。

可轉換公司債最大的風險在於：可轉換公司債到期時，公司是否還得出錢來？如果不倒閉，最少也可領回本金每張 10 萬元；如果公司還不出錢來，只好進入債權協商。所以，可轉換公司債分為有擔保可轉換公司債和無擔保可轉換公司債。所謂有擔保可轉換公司債，通常由銀行做為擔保的金融機構，投資人不用擔心倒帳風險；至於投資人購買無擔保可轉換公司債，則是著眼於發行公司債信優良，不用擔心倒帳情況。

轉換公司債的名稱，通常在普通股股票名稱後多出「一」、「二」或

「三」等的證券名稱，就是該發行公司所發行的轉換公司債，如:「鴻海一」是指鴻海國內第一次轉換公司債，「遠雄三」即指遠雄建設國內第三次轉換公司債。而轉換公司債五個阿拉伯數字代碼中的前四碼為公司代號，最後一碼為第幾次可轉債，如「福華二」的代碼 82852，前四碼 8285 為公司股票代號，最後一碼「2」即福華第二次的轉換公司債。

對想要進場買進轉換公司債的投資人而言，下列幾項原則要非常注意，否則很容易遇到該普通股股價漲，但你的可轉債卻不漲，或者可轉債投資明明就沒有什麼風險，最後卻栽在發行公司違約的陷阱裡。

**價外程度太深的可轉債不要介入**

如果是看好發行公司普通股未來價格走勢，但又想要擁有下檔保護而投資可轉債，有一件事粗心不得，那就是要看該可轉債的轉換價格與標的股票市價的關係，當前者遠高於後者，即所謂價外程度太深。例如某一可轉債的轉換價格目前為 50 元，假設標的股價為 20 元，可轉債市價為 102 元。在此情況下，可轉債市價並不容易隨著標的股價上漲，除非標的股有機會上看 50 元，可轉債開始進入價內狀態，其市價才有可能因為轉換價值的逐步提升，而開始上揚。

**可轉債市價太低，表示發行公司有違約可能**

如果某一可轉債市價遠低於面額 100 元，通常透露一個訊息，那就是市場強烈質疑該可轉債發行公司的償債能力，投資人宜抱持謹慎的態度，畢竟這是相當投機的行為。例如可轉債的市價每股只有 40 元，表示市場對於該公司債信有很大的疑慮，甚至連僅能保本的可轉換公司債都不要買。

積極成長型的股票型基金

市場上的基金琳瑯滿目，依據投資屬性可分為積極成長型的股票型基金、保守型的債券基金和股債平衡型基金。在景氣往上的繁榮期，投資人可以將部分資金投資在積極成長型的股票型基金，獲得比追蹤大盤指數的 ETF 基金更多資本利得。

例如，2021年5月，本土新冠肺炎疫情擔憂再起，台股萬八近關情怯，短線拖累指數震盪整理，但投信法人表示，電子題材、內資買盤加上元宇宙商機三大利多齊備，不少台股基金在強勢股激勵下，績效攻頂，台股基金2021年平均績效36.25%，更勝大盤的21%。其中前10強基金，報酬均在60%以上，新光創新科技更狂飆83.42%。所以在景氣循環向上時，要買進積極成長型的股票型基金。

積極成長型的股票型基金以追求長期資本利得為目的，為達成增值的目的，這類基金通常以業績、盈餘展望較佳，股性較為活潑的股票為主要投資標的，固定配息的投資工具，如特別股、公司債、公債、票券所占比率極小。股票行情的起伏會影響基金的淨值，投資人應隨時掌握買賣時點才有利可圖。

**配息越低，追求資本增值的「積極性」越高**

成長型基金標榜以成長為目標，但經理人的操作手法與策略因投資的金融商品不同而有所差別，有些基金偏向「積極成長」，有些強調「穩健成長」。部分成長型基金為達到資本快速累積的目的，在信託契約中規定已實現資本淨利得「全部」或「部分」排除於可分配收益項目之外，有的資本淨利全部不予分配，有的只提撥一定成數在會計年度終止後配發股息。

配息程度越低的基金，追求資本增值的「積極性」越高，採高配息的基金則較強調「穩定性」。以股票為主要投資標的，也少量投資於其他高流動性資產。有些基金公司採取融資操作方式投資股市，在多頭市場固然有較多的漲幅，但空頭市場時風險也較大。

投資人常把基金當股票操作，將錯誤的經驗從股票延伸到基金，每天注意淨值的變化，稍有風吹草動就「追高殺低」，也在不知不覺中增加了交易成本。其實，投資共同基金應有長期投資的觀念，只要定期檢視投資組合，或是向所購買的基金公司詢問即可，不必天天投以「關愛」的眼神。

**須仔細評估基金經理公司績效**

投資人把資金交給基金公司買賣金融商品，當然要對基金經理公司與共同基金做一番評估，在眾多共同基金中，選出最優良的產品投資，才能保本而且獲利。評估的方向，一是針對基金經理公司，另一是針對該基金。

挑選基金經理公司的方法很多，主要根據基金經理公司的業績。比較基金經理公司的業績，要對基金經理公司以往經理的基金其他業績加以評價，該經理公司以往經理的基金業績好，說明該經理公司具有較強的管理能力，值得選擇；如果以往經理的基金業績差，則反映該經理公司經營管理能力弱。除了比較基金經理公司的績效外，投資者還應分析基金經理公司在不同行情或景氣循環周期的表現。在多頭行情中，大部分基金公司應該都有獲利，但獲利最大的公司才是最優秀的公司；反之，在空頭市場中，大部分基金可能虧損，若基金公司還能有不錯的績效，則值得投資人信賴。

基金經理人直接關係到基金的投資績效。一個精明強悍的經理人，會使基金的投資達到最佳，為投資者帶來較好的收益。基金經理人若無能，就不可能管好基金的投資，投資者也就無從獲取較高的利益。投資者應即時了解基金的人事變動，可以透過有關報導和直接打電話詢問經理公司得知，以免自己的投資糊裡糊塗受到損失。投資人應每一季檢視投資策略，由於各金融商品有其行情循環的特性，故即時獲利並調整投資重心於其他有潛力的市場，方能掌握源源不斷的獲利機會。

## 景氣高峰期

到了景氣高峰期，所有經濟指標表現都相當亮眼，但公司成長力道已經到了盡頭，股市無法再創新高，此時投資人要開始減少投機性或是主力炒作的股票，並有居高思危的態度。

這一段時間是看基本面投資人最痛苦的時候，因為總體經濟面無論是景氣對策訊號燈、GDP、進出口的表現或是貨幣供給額，都是可圈可點；此時翻開報紙都是好消息，市場氛圍也是相當樂觀，財經雜誌賣得相當好，幾乎全民皆股民，吃飯聊天三句不離股市。上市櫃公司營收和獲利的表現都很好，可是股價卻出現利多不漲，甚至利多下跌的情形。

這段期間就是在下修本益比，因為股票要漲，必須營收或是獲利的成長率是正數，而且成長率也要成長。一旦成長率不再成長，精明的投資人就會賣股。這段時間就是股市常說的，用利多來測試頭部，放了一大堆好消息，股價卻漲不上去，那就是有大咖的投資人趁著好消息在賣股票。

如果公司成長力道已經到了盡頭，雖然所有經濟指標表現相當亮眼，投資人的意願也相當積極，上市櫃公司老闆也看好產業前景，股市竟然無法再創新高，甚至有大股東在高檔出脫持股。例如上市運輸類股指數 2021 年大漲近 2 倍，但大股東及經理人陸續申報轉讓持股，6 月 22 日陽明、正德、台船等三家航運公司分別公告申讓持股，出脫持股市值高達 23 億元。其中，台航公告申讓陽明持股 1.32 萬張，出脫近三成持股；此外，台船法人代表謝國榮申讓台船持股 200 張，正德董事正展投資顧問公司公告申讓持股 6,200 張。隨之而來的，便是航運類股的一波跌勢。所以投資人在此階段要開始減少投機性或是主力炒作的股票，並有居高思危的態度。

常聽人家說行情在絕望中誕生，在半夢半醒中上漲，在最樂觀時消失。當整個市場都看好後市，反而要多一份謹慎，因為所有的人都看好，所有的資金都進場，連最後一隻老鼠也進去了，那到底誰能夠再買進股票呢？當沒有人願意再用更高價錢買進股票時，行情就會結束。

所以當市場上極度樂觀，成熟的投資人應該要適時減碼，雖然股票有可能再上漲，但風險已經越來越高。沒有人有辦法把股票賣在最高點，賣在相對高點就非常厲害。所以當投資人發現市場上極度樂觀，報紙攤開來都是好消息，投顧老師的生意好得不得了，證券雜誌賣到缺貨，朋友聚會都在聊股票，計程車司機也可以跟你報明牌，平常沒買股票的人也躍躍欲試，成熟的投資人應該要知道，此時行情已接近尾聲。

## 泡沫不可怕，破了才可怕

其實在景氣高峰時，股票市場上有金融泡沫是相當正常的現象，因為有一批投機性的資金在市場進出。當市場上一片看好，投機性的資金積極進場，造成市場價格大於實質價值，就是所謂的金融泡沫，金融泡沫通常是浮濫的資金所造成。

當金融市場泡沫產生時，會讓投機者興奮，因為不管什麼時候買進，都能夠獲利；甚至追到高檔，經過一段時間，不但解套又賺了錢。此時股價一波比一波高，隨便買隨便賺，市場所有人都失去戒心，即使股價漲到相當離譜的價格，都認為價格還是便宜，明天還會漲，這就是金融泡沫。

當金融泡沫越吹越大，市場依然「馬照跑、舞照跳」，大家都沉浸在多頭市場的喜悅中，最後這個泡沫會被一個利空因素戳破，大家才驚覺股價漲太高了，互相踐踏，恐慌賣出手中持股，股價「跳水式」下跌，股市引爆多殺多的危機。1990 年日本發生金融風暴、1997 年亞洲金融風暴、2000 年 Y2K 高科技泡沫危機、2008 年美國次級房貸風暴、2011 年歐洲債務危機，都是金融泡沫破滅後，產生全球系統性金融風險。這些金融泡沫破滅的故事不同，但是劇本大部分都相似。

1990 年日本發生金融風暴，背景是日圓大幅度的升值，全世界的資金湧向日本，造成日本房地產跟股市的大泡沫。1997 年亞洲金融風暴，起源於成熟型國家將資金投資在新興亞洲市場，這些投機的資金大舉炒房產和炒股票，最後這些資金撤離亞洲，引爆新興亞洲市場的金融大危機。

2000 年 Y2K 高科技泡沫危機，是大量資金投入科技公司的股票和公司債，最後科技公司營收不佳，出現債務違約。2008 年美國次級房貸風暴，是因為美國聯準會在 2002 年開始降息，美國的房地產蓬勃發展，全球的資金都跑到美國炒房。2006 年聯準會為了抑制通膨疑慮，開始升息，房地產才出現泡沫化。

## 此階段適合的投資策略

當金融市場泡沫化在成形的過程中，由於市場一片樂觀，投資人其實應該積極進場，勇敢買股票，因為股價一波比一波高，所以大部分的人都能夠賺到錢。但最後泡沫一定會破滅，破滅時股價開始下修，投資人應盡速離場，持有現金為宜。

股市的軋空行情

此階段股市行情大起大落，自然令投資人膽戰心驚，但最恐怖的莫過於股市軋空戰術。有人說，融資買股票，股價跌下來，固然可能會出現追繳、斷頭壓力，只要資金能周轉得過來，還是有一張股票在。但是放空股票，股價大漲，被軋空後，假使主力硬是不放出籌碼，就算你有錢，也買不到股票來回補，那種恐懼煎熬的滋味，絕對不輸套牢。

主力在製造軋空行情前，首先必須取得金主支援與大股東認可，畢竟一場軋空秀要動用龐大的資金與籌碼。其次，主力要以融資方式買進股票，一方面增加鎖碼的功效，另一方面擴大融券的可用餘額。接著便是透過媒體等管道放出不利公司的言論，誘使空頭放空；等到資券比達到 50%或 60%以上，再強行上拉股價，軋空該股，直到融券戶棄甲投降。從歷年著名的軋空事件可發現，融券戶都以慘賠收場，縱使炒作主力受到法律制裁，融券戶都早已陣亡殆盡。喜歡針對問題股放空的人，實應引以為鑑。

軋空戰縱使在主管單位出面關切後，主力有可能因順應輿情，釋出籌碼供融券戶認賠回補，而軋空主力也可乘機將部分籌碼獲利了結。但更恐怖的現象 其實還在後頭，假使軋空主力短期間將融資籌碼大量出脫了結，使信用交易面資券比嚴重失衡，將融資股票出借給融券戶放空的證券金融公司，在券源不足的情形下，勢必得天天到證交所標借股票。由於標借費用最高可達到價金的 5%，而這筆費用又得由所有融券戶平均分攤。以 1995 年的高興昌股軋空標借事件為例，融券戶光是借券費用，至少又多賠上 1 億多元。同時，由於高興昌幕後主力財力出奇雄厚，一度也讓檢調單位懷疑是中資介入台股，結果卻發現是國際票券員工楊瑞仁藉假票券，陸續挪用國票資金數百億元，交由市場主力鄭楠興等人炒作高興昌股票，並因此引爆「國票案」這場規模空前的金融弊案。

細數台灣股市軋空史，從 1980 年復華證券金融公司開業，融券制度正式建立以來，台灣股市幾乎年年都會發生重大的軋空、標借事件。從最早的合發興業標借案例，由證交所、復華等相關單位，邀請大股東出借股票，雖然順利擺平券源問題，但卻衍生出 1981 年萬有紙廠股軋空事件。1979 年翁大銘結合大戶蔡克寬介入華新電纜股票，軋得華新焦家最後破了大財，高價回補，才保住經營權，翁大銘也一戰成名。

以上例子還算和平收場，但後來發生的長億、榮聯、億豐等股軋空事件，幾乎都是融券戶以慘賠局面收場。

## 景氣衰退蕭條期

景氣高峰過後，循環進入衰退蕭條期，經濟出現下行現象，GDP 成長動能將開始下滑，新增就業人數也逐漸趨緩，且由於就業情形未如擴張期一般強勁，消費力度轉弱使企業獲利成長動能不如擴張期，甚至出現虧損，但失業率依舊處於很低的水準。物價方面，由於央行在此時可能因應經濟趨緩進入降息循環，導致通膨隨後明顯升溫。

進入景氣衰退期，投資人要減少持股比重，持股比率降到 5 成以下，手中持股僅剩高股息的個股，部分資金可以轉成債券。之後進入蕭條期，股市走空，每位股民的財富縮水，企業也開始虧損。政府為了刺激景氣也推出各種政策來避免景氣下滑，投資人的投資組合債券比重要大於股市。

在景氣循環的高峰繁榮期過後，經濟走緩趨勢越加明顯，全球風險性資產可能出現一定程度的價格修正，當企業體營業淨利成長率出現負成長，而總體經濟成長率亦低於過去長期平均值，或變為負成長率時，表示景氣循環已進入衰退期。

因企業不僅不願意增聘員工，甚至開始裁員，失業率逐步走高，消費者信心開始逐漸下降，各種消費品物價持續走低。銀行存款準備率或銀行存放款利率逐漸調降，債券市場殖利率也同步走低（債券價格上漲）。當政府開始調降銀行存款準備率初期，絕對不是太好的現象。

上市櫃公司營業收入持續衰退，長、短期營收趨勢線呈現空頭排列，部分公司出現營業淨損情形。少部分公司開始出現財務危機，銀行逾期放款金額及比率同步走高。另外，中央銀行持續調降官方利率。例如在 2008

年 3 月時，美國聯邦基金利率為 3% 以上，但聯邦基金利率是官方的拆借利率，市場上早就低於 2%，3% 等於徒具形式而已，所以聯準會一定會降利率，除非發生停滯性通貨膨脹。

真正停滯性通貨膨脹出現時，消費者物價指數（CPI）上漲率會超過 15%，而失業率高達兩成。這時，股票價格一開始持續下跌，但跌幅逐漸縮小，最後在景氣衰退末期呈現谷底盤整、小幅回升的型態。股票市場成交量極低，證券公司營業廳人潮一天比一天少，高檔餐廳及五星級度假飯店生意清淡，最後降價促銷但仍門可羅雀。因為消費者不是失業，就是各項所得逐漸降低。

景氣衰退期的投資人該如何應對呢？在這個階段你需要謹慎下調風險性商品比率，逐步增加避險性商品，如現金、投資級債券及相關基金產品的持有部位，可持續維持債權資產占總資產中較高比率的配置，並開始增加債信優良、投資等級（BBB）以上公司發行的、可轉換成股權之高收益公司債。

部分公司股價跟隨大盤下跌，但換算出的實際股東權益報酬率，因股價大跌反而走高，這時可以開始小量買進此類公司股票。在此階段，投資者應耐心蒐集總體經濟數據的變化，並不斷與個體企業營業收入變動趨勢互相印證，耐心等待企業體營業收入進入盤底階段訊號。如果盤底的訊號已經出現，此時投資人就必須逢低開始增加股權資產投資。

## 股市崩跌，「融資斷頭」潮湧現

在景氣進入衰退和蕭條期，投資人手中的持股大都開始大跌，股民財富縮水，如果是融資買股票，更可能面臨斷頭的狀況。例如 2020 年 3 月，國際股市因為新冠疫情崩跌，每天不斷刷新紀錄，台股自 11,525 點算起跌至 3 月 20 日收盤，「最低點」跌至 8,523 點，跌點合計 3,002 點，跌幅達 26.04%。這一路跌下來，「融資斷頭」成為許多人的痛。究竟「融資斷頭」是什麼？又會對股市造成什麼影響？

介紹「融資斷頭」以前，一定要先認識「融資」這項槓桿工具。簡單來說，「融資」是指投資人向券商借錢並支付利息，購買股票的意思。假設 1 檔股價 100 元的股票，買進一張須支付 100×1,000（股）＝ 10 萬元的現金；但如果是以「融資買進」的話，就只要支付 4 萬元（4 成），等於剩下的 6 萬元（6 成）是向券商借的。因此以 4 萬元操作 10 萬元的部位，槓桿就是 2.5 倍（10 ／ 4 ＝ 2.5）。

當然，把錢借出去的那一方，也就是券商，一定會盡可能把借出風險降到最低，所以也就有了「融資維持率」的保護機制（保護券商）。延續上面的案例，以 4 萬元購買 10 萬元的股票，買進後融資維持率為 166％，算法為 10 萬／ 6 萬 ×100％＝ 166％，就是「股票現值／融資金額」，所以當股價跌，現值也就跟著跌，當股價跌到融資維持率「小於」130％時，券商就會發出「融資追繳令」要求客戶「補錢」。以股價 100 元的股票來說，股價跌到 78 元時會被發融資追繳（78,000 ／ 60,000×100％＝130％）。所以簡化計算，融資買進股票的當下，「股價 ×0.78」＝「融資追繳價格」。

補錢得在維持率不足當天（T 日）之後 2 日內（T+2 日收盤前）補錢。那麼補錢到底要補多少？有以下 3 種狀況：

1. 兩日內補到融資維持率 166％→撤銷融資追繳令。

2. 兩日內補到融資維持率 130％以上、166％以下→不處分股票，但追繳令還在，只要哪一天盤中維持率又低於 130％，就要在「當日下午」再補錢，否則直接斷頭賣股。

3. 完全不補錢進去，就會融資斷頭了，第 1 次收到融資追繳令時（T 日）不補錢，會在 T+3 日開盤被賣出股票；如果第 1 次有補，但後面又低於融資維持率沒補，就是在隔天開盤被賣出股票。

「融資斷頭」等於是券商把股票拿去「拋售」（情急之下券商當然不管能賣多少，快點掛市價拿回現金就是了），也就是這個不惜成本的「拋售」行為，讓你的股票成為股市「賣壓」。如果市場上被融資斷頭的股票一多，就會出現「融資多殺多」的狀況，這些龐大賣壓就會引發股價急跌。

如果大盤盤勢原本就不好，股票一檔接著一檔跌停，就要留意市場上所有的「融資」部位要開始斷頭，「融資斷頭潮」即將出現，就會再進行一波以上的殺盤。

## 此階段適合的投資策略

進入衰退期，投資人要減少持股比重，持股比率降到 5 成以下，手中持股僅剩高股息的個股，部分資金可以轉向避險性商品，如投資級債券及相關基金產品、黃金、日圓。

停損

除了把資金從股市轉出，手中若有大跌的股票，停損也是相當重要的功課。當投資人看好一檔股票，無論是聽消息或是自己潛心研究基本面、觀察技術面、追蹤籌碼面，進場買進股票後，股票的漲跌就由市場決定，因為你沒有辦法控制市場。運氣好，股價上漲賺到錢；運氣不好；股價下跌，賠了錢。

股價上漲，投資人逢高賣出，不要認為自己有多厲害，看得多準確，其實是市場上給你的福份，所以說，賺多少是市場決定的。當股價下跌，就要嚴格執行停損，把損失設定在可容忍的範圍之內。當你把股票賣掉之後，如果股票再上漲，你會氣死；但是，當你把股票賣掉以後，如果股票下跌，你會覺得你是對的。所以說，賠多少是自己決定的。

投資股票能否成功，都是靠長期經驗值的累積，無論是賺錢或是賠錢，都是很重要的經驗。把這些經驗轉化成有效的能量，才能在股票市場上成為贏家。

融券放空

面對股市的崩跌，還在股市的投資人可以有更積極獲利的方法，那就是融券放空。所謂融券放空，就是投資人看壞一檔股票，認為股價會下跌，你手中又沒有該股票，投資人可向證券金融公司借券，先行賣出，等到低價時再回補還券。若你想用融券方式借一張 A 股票賣出，A 股票當時股價

500 元，總計得款 50 萬元；不久後股票慘跌，跌成一張 400 元，你就花 40 萬元買回 1 張補回。不含手續費、借券費和交易稅，在這一來一往中，你就賺到差價 10 萬元。

但要注意，融券須在該公司除權息日前將所有股票補回，就算當時股票還沒下跌，也必須回補，所以必須先弄清楚該公司除權息日是哪一天。

放空股價指數期貨

當景氣開始下滑，公司經營狀況不佳，股價自然下跌，當權值股下跌會引發指數下修，以追蹤股價指數的股價指數期貨也會跟著下跌，此時投資人可以放空股價指數期貨賺取差價。

目前台灣期貨交易所（TAIMEX）推出的股價指數期貨，可分為 3 類：台灣期貨交易所發行量加權股價指數、電子類發行量加權股價指數與金融保險類發行量加權股價指數。台股期貨其契約價值為台股指數期貨乘以 200 元。假設投資人看壞台股指數會下跌，決定賣出一口台股指數 7,800 點，事後指數如預期的下跌至 7,500 點，於是投資人回補買進期指，共賺 300 點（7,800 － 7,500），獲利為 6 萬元（每點賺賠 200 元）。

電子類股價指數期貨簡稱電子期指，其契約價值為電子期貨指數 4,000 元，而每一升降單位為 0.05（相當新台幣 200 元）。假定某一投資人看空台股電子類股的表現，在電子期指 400 點放空一口期指，3 天後電子指數跌至 380 點，此時投資人共賺 20 大點，每一大點折合 4,000 元，因此共獲利 8 萬元。

金融保險類股價指數期貨簡稱金融期指，其契約價值是金融期貨指數乘 1,000 元，其交易時間、契約到期交割月份、每日結算、每日漲跌幅和最後交易日，皆與台股期指相同。

當大盤下跌，投資人信心喪失，無論是好公司或是壞公司，股價會因為賣壓湧現出現非理性的下挫，甚至出現超跌的情形，投資人持股面臨停損的壓力，卻又不願意賣股，或者有些大股東沒辦法賣股票，這些人都可以運用股價指數期貨，規避個股下跌的風險。

## 台股指數期貨合約規格

| 交易類別 | 台股期貨 TX | 電子期貨 TE | 金融期貨 TF | 小型台指期 MTX |
|---|---|---|---|---|
| 合約價值 | 指數 ×200 元 | 指數 ×4000 元 | 指數 ×2000 元 | 指數 ×50 元 |
| 最小跳動點 | 1 點＝ 200 元 | 0.05 點＝ 200 元 | 0.2 點＝ 200 元 | 1 點＝ 50 元 |
| 合約月份 | 連續 2 個月外加 3 個接續季月（3、6、9、12）共 5 個月。 | | | |
| 交易時間 | 台灣證券交易所正常營業日 8：45 ～ 13：45。 | | | |
| 最後交易日 | 契約交割月份第三個星期三。 | | | |
| 最後結算日 | 最後交易日之次一營業日 | | | |
| 最後結算價 | 依各成分股開盤 15 分鐘為基礎，先計算出該段時間內各成分股之成交量加權平均價，再予以訂定最後結算價。 | | | |
| 每日漲跌幅 | 前一日收盤價之 10% | | | |
| 單邊期交稅 | 合約價值的千分之 0.25。 | | | |
| 單邊手續費 | 依各家期貨商之規定不同 | | | |
| 交割方式 | 現金交割 | | | |
| 原始保證金 | 90,000 元 | 75,000 元 | 60,000 元 | 23,000 元 |
| 維持保證金 | 69,000 元 | 58,000 元 | 46,000 元 | 18,000 元 |
| 結算保證金 | 60,000 元 | 50,000 元 | 40,000 元 | 15,000 元 |
| 交易所可依狀況調整：原始保證金、維持保證金、結算保證金 | | | | |

資料來源：期貨交易所

## 台指期貨行情

| 中文簡稱 | 成交 | 買進 | 賣出 | 漲跌 | 漲幅% |
|---|---|---|---|---|---|
| 台指現貨 | 18218.84s | -- | -- | ▼29.44 | -0.16 |
| >>台指012 | 18246↓ | 18246 | 18252 | ▲37 | +0.20 |
| 台指022 | 18214= | 18212 | 18222 | ▲35 | +0.19 |
| 台指032 | 18165= | 18154 | 18165 | ▲48 | +0.26 |
| 台指062 | 18027↓ | 18025 | 18041 | ▲35 | +0.19 |
| 台指092 | 17615 | 17624 | 17648 | ▲18 | +0.10 |
| 台指122 | -- | 17527 | 17558 | -- | -- |

資料來源：XQ 嘉實系統

假設台灣股價指數在 19,000 點，台積電股價 700 元，由於景氣下滑，台股崩盤，指數由 19,000 跌到 17,000，跌幅高達 2,000 點。台積電股價也由 700 元下跌到 600 元，投資人如果有 10 張台積電，將損失 100 萬元，

## 台股指數期貨走勢（日線圖）

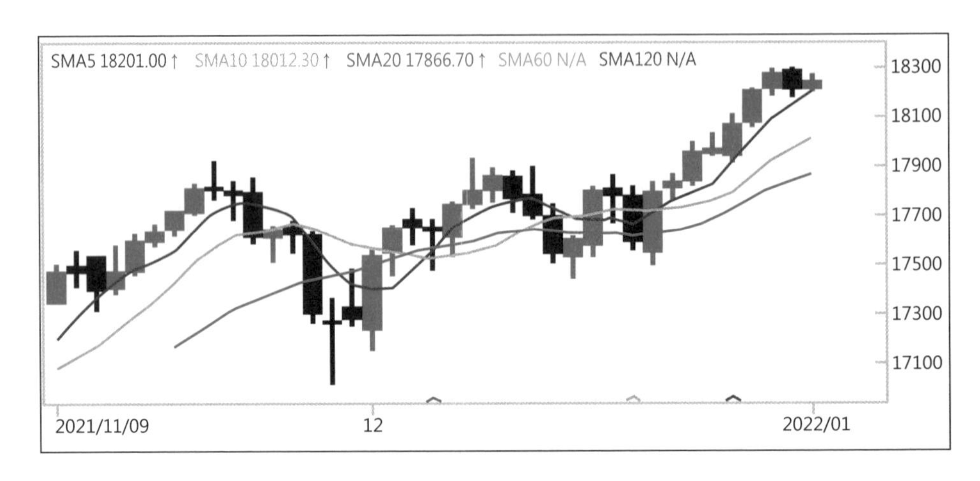


資料來源：XQ 嘉實系統

## 台股指數期貨走勢（5 分鐘線圖）

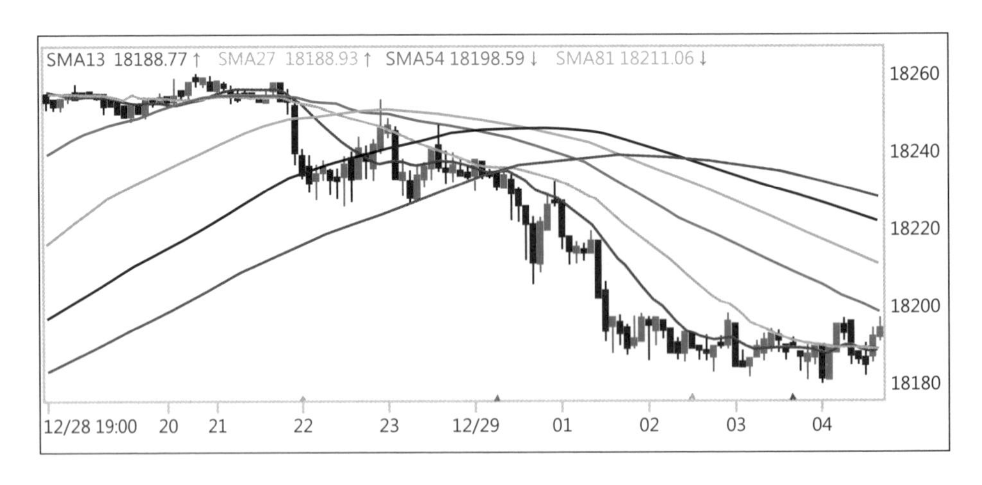


資料來源：XQ 嘉實系統

**藉由放空指數，來減少持有台積電的損失**

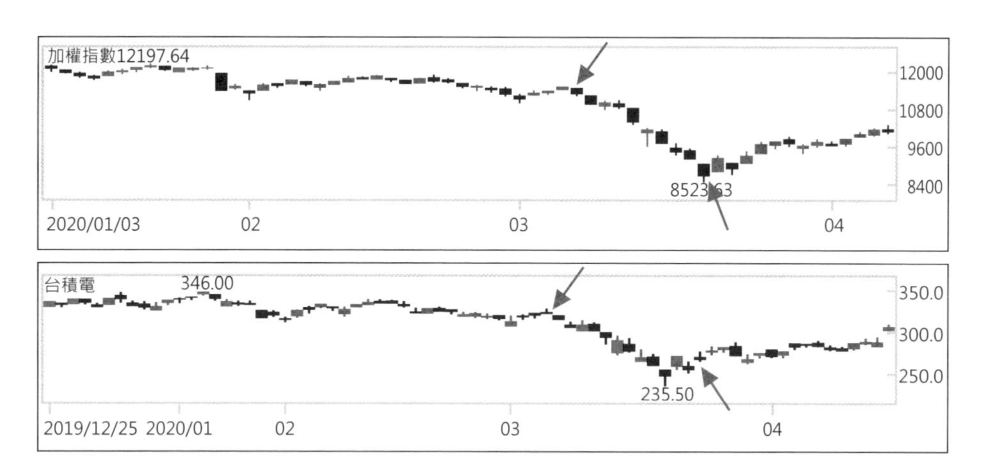


資料來源：XQ 嘉實系統

投資人若不願意賣出台積電，可以藉由放空指數來減少損失，放空 1 口期貨可獲利 40 萬元（ 2,000 點 ×200 元），放空 2 口期貨可獲利 80 萬元，如此就可以減少台積電下跌的損失。

## 放空股票期貨

當股票下跌，保守的投資人可以降低持股減少損失，積極的投資人除了可以融券放空個股，也可以放空個股期貨。交易標的是台灣證券交易所上市或櫃買中心上櫃之普通股股票。截至 2021 年 11 月 15 日，共有上市股票 173 檔、上櫃股票 48 檔、ETF9 檔。

股票期貨契約單位為標的證券 2,000 股，交易規則和台股指數期貨相同，只是標的是個股股票。股票期貨原始保證金為股價 ×2000 股 ×13.5％、維持保證金是股價 ×2000×10.35％，跳動一點為 2,000 元。假設台積電的現貨價格為一股 320 元，如果想賣出一口台積電期貨 05，則需要原始保證金 320×2,000×13.5％＝ 86,400。另外，維持保證金為 320×2000×10.35％＝ 66,240，也就是說，必須要有 86,400 元才能交易一口台積電期貨，且帳戶餘額必須維持在 66,240 元以上。

假設在 230 賣出台積電期貨一口，然後在 220 平倉買進一口，在不算稅與手續費的情況下，賺 10×2000 = 20,000 元。假設在 230 賣出台積電期貨一口，然後在 240 平倉買進一口，在不算稅與手續費的情況下，虧 10×2000 = 20,000 元

買賣股票期貨的重點是成交量，很多股票期貨每天的成交量很少，流動性不足，這類標的要避免投資。每日成交量至少要千張以上的標的，才比較適當，大型權值股原則上都沒有這疑慮，小型股就要小心。

**股票和股票期貨比較**

| | 股票 | 股票期貨 |
|---|---|---|
| 交易單位 | 盤中以「張」為交易單位，每張為 1,000 股 | 盤中以「口」為交易單位，每口等於 2 張股票 |
| 所需資金 | 股價現值的 100%。 | 以合約價值 13.5%～ 20.25%做為原始保證金。 |
| 入金時間 | 須在 T+2 日前存入交割戶。 | 委託交易前，需要存入足額的原始保證金進保證金專戶中。 |
| 財務槓桿 | 現金交易沒有財務槓桿效用。 | 以保證金做為履約的擔保，槓桿倍數約 4.9 ～ 7.4 倍。 |
| 到期限制 | 沒有到期限制，可長期持有。 | 有到期限制，每個月的第 3 個星期三為到期日。 |
| 每日結算 | 不需要每日結算，沒有資金追繳壓力。 | 每日結算，若保證金餘額低於維持保證金水準，必須追繳。 |

資料來源：期貨交易所

## 股票期貨行情

| 中文簡稱 | 成交 | 買進 | 賣出 | 漲跌 | 漲幅% | 總量 |
|---|---|---|---|---|---|---|
| >>1303南亞012 | 85.5s | 85.4 | 85.6 | ▼0.60 | -0.70 | 34 |
| 1303南亞022 | 85.5s | 85.4 | 85.6 | ▼0.10 | -0.12 | 13 |
| 1303南亞現貨 | 85.4s | -- | -- | ▼0.60 | -0.70 | -- |
| 2002中鋼012 | 35.20s | 35.20 | 35.25 | 0.00 | 0.00 | 781 |
| 2002中鋼022 | 35.20s | 35.15 | 35.20 | ▲0.05 | +0.14 | 151 |
| 2002中鋼現貨 | 35.35s | -- | -- | ▲0.10 | +0.28 | -- |
| 2303聯電012 | 64.6s | 64.6 | 64.7 | ▼0.30 | -0.46 | 7739 |
| 2303聯電022 | 64.6s | 64.5 | 64.7 | ▼0.20 | -0.31 | 388 |
| 2303聯電現貨 | 65.0s | -- | -- | 0.00 | 0.00 | -- |
| 2330台積電012 | 615s | 615 | 616 | ▼3.00 | -0.49 | 4065 |
| 2330台積電022 | 615s | 615 | 616 | ▼4.00 | -0.65 | 849 |
| 2330台積電現貨 | 615s | -- | -- | ▼1.00 | -0.16 | -- |
| 2881富邦金012 | 76.4s | 76.3 | 76.5 | ▼0.30 | -0.39 | 431 |
| 2881富邦金022 | 76.3s | 76.3 | 76.5 | ▼0.20 | -0.26 | 192 |
| 2881富邦金現貨 | 76.3s | -- | -- | ▼0.30 | -0.39 | -- |
| 2881富邦金1現貨 | 76.3s | -- | -- | ▼0.30 | -0.39 | -- |
| 1301台塑012 | 104.5s | 104.0 | 104.5 | ▼1.00 | -0.95 | 53 |
| 1301台塑022 | 104.5s | 103.5 | 104.5 | ▼0.50 | -0.48 | 16 |
| 1301台塑現貨 | 104.0s | -- | -- | ▼1.50 | -1.42 | -- |
| 2324仁寶012 | 24.25s | 24.15 | 24.25 | ▼0.05 | -0.21 | 14 |
| 2324仁寶022 | 24.10s | 24.15 | 24.25 | ▼0.25 | -1.03 | 1 |
| 2324仁寶現貨 | 24.20s | -- | -- | ▼0.05 | -0.21 | -- |
| 2409友達012 | 22.90s | 22.90 | 22.95 | ▲0.20 | +0.88 | 6123 |
| 2409友達022 | 22.80s | 22.80 | 22.85 | ▲0.15 | +0.66 | 1449 |

資料來源：XQ 嘉實系統

## 股票期貨成交量排行

| 中文簡稱 | 成交 | 買進 | 賣出 | 漲跌 | 漲幅% | ▽ |
|---|---|---|---|---|---|---|
| 2618長榮航012 | 27.95s | 27.95 | 28.00 | ▲0.70 | +2.57 | 22758 |
| 2344華邦電012 | 34.15s | 34.10 | 34.15 | ▲2.40 | +7.56 | 15229 |
| 2603長榮012 | 142.5s | 142.0 | 142.5 | ▼1.50 | -1.04 | 12943 |
| 2303聯電012 | 64.6s | 64.6 | 64.7 | ▼0.30 | -0.46 | 7739 |
| 2340台亞012 | 71.4s | 71.3 | 71.5 | ▼3.80 | -5.05 | 6575 |
| 2498宏達電012 | 85.1s | 85.1 | 85.2 | ▼0.80 | -0.93 | 6193 |
| 2409友達012 | 22.90s | 22.90 | 22.95 | ▲0.20 | +0.88 | 6123 |
| 3481群創012 | 19.60s | 19.55 | 19.60 | ▲0.20 | +1.03 | 5839 |
| 3035智原012 | 238.5s | 238.0 | 238.5 | 0.00 | 0.00 | 4546 |
| 2330台積電012 | 615s | 615 | 616 | ▼3.00 | -0.49 | 4065 |
| 2883開發金012 | 17.55s | 17.55 | 17.60 | ▼0.15 | -0.85 | 3076 |
| 3037欣興012 | 231.0s | 231.0 | 231.5 | ▼2.50 | -1.07 | 2309 |
| 3008小型大立光012 | 2470s | 2470 | 2475 | ▲50.00 | +2.07 | 2248 |
| 5371中光電012 | 92.9s | 92.9 | 93.1 | ▲4.90 | +5.57 | 2191 |
| 3260威剛012 | 92.3s | 92.2 | 92.4 | ▼0.10 | -0.11 | 1916 |
| 2618長榮航022 | 27.75s | 27.70 | 27.80 | ▲0.60 | +2.21 | 1898 |
| 6116彩晶012 | 18.10s | 18.05 | 18.10 | ▲0.25 | +1.40 | 1730 |
| 8069元太012 | 150.5s | 150.5 | 151.0 | ▲3.50 | +2.38 | 1572 |
| 2409友達022 | 22.80s | 22.80 | 22.85 | ▲0.15 | +0.66 | 1449 |
| 2330小型台積電012 | 617s | 616 | 617 | ▼1.00 | -0.16 | 1386 |
| 6182合晶012 | 85.5s | 85.4 | 85.5 | ▲0.30 | +0.35 | 1374 |
| 2323中環012 | 11.55s | 11.55 | -- | ▲1.05 | +10.00 | 1365 |
| 3481群創022 | 19.55s | 19.55 | 19.60 | ▲0.15 | +0.77 | 1334 |
| 1314中石化012 | 13.20s | 13.15 | 13.20 | ▲0.30 | +2.33 | 1320 |

資料來源：XQ 嘉實系統

認售權證

權證是選擇權的一種，所謂認購權證是站在買方投資人在期初支付權利金購買權證，於契約期間內或到期時，向發行券商以事先約定好的金額（履約價），買進一定數量的標的證券，或以現金結算方式收取價差。認售權證則是站在賣方，發行券商發行以上市公司股票為標的之賣出權利，投資人可在一定期間內或特定到期日，按履約價格向發行人賣出該標的股票，或以現金結算方式收取價差。

認購或認售權證的運作原理頗似股市裡的融資融券，只不過權證的槓桿倍數遠高於融資融券，也無追繳保證金的問題，因此權證除了可以賺取股價漲跌的利潤，更可以做為避險的工具。簡單說，認購權證適合市場走多時操作，股價上漲，認購權證的市價就跟著漲。認售權證則適合在空頭市場中操作，或規避多頭部位的價格下跌風險，因股價下跌，認售權證價格就會上漲。

許多投資人購買權證，看中的是權證多空行情皆可參與的靈活特性。當景氣開始下滑，進入衰退甚至來到蕭條期，台股進入空頭市場，個股開始因為賣壓沉重而下跌，此時投資人可以買進以權值股為標的的認售權證。因為當台股指數轉為熊市，投資人信心全失，紛紛賣出持股，法人調整權重，權值股首當其衝，成為出貨標的。認售權證的權利金因標的股價下跌而上漲，此時買進認售權證將賺到價差。

## 權證依權利內容分類

| | |
|---|---|
| **認購權證（Call Warrants）** | 有權（非義務）於契約期間內或到期時，以事先約定之價格買進約定數量之標的證券。 |
| **認售權證（Put Warrants）** | 有權（非義務）於契約期間內或到期時，以事先約定之價格賣出約定數量之標的證券。 |

資料來源：券商資料

影響權證價格因素

| | 認購權證 | 認售權證 |
|---|---|---|
| **標的股票↑** | ↑（上升） | ↓（下降） |
| **履約價格↑** | ↓ | ↑ |
| **波動率↑** | ↑ | ↑ |
| **存續期間↑** | ↑ | ↑ |
| **市場利率↑** | ↑ | ↓ |

資料來源：券商資料

## 股價和每股盈餘、本益比的關係

影響股價因素有：景氣、資金、籌碼、財報、消息和心理等，這些因素互相影響股價的漲跌。其中，基本分析的範疇是指總體經濟景氣和個別公司財報。理論上當一家公司基本面表現優異，股價應該上漲；一家公司基本面表現不佳，股價應該下跌。但實際的狀況並非如此，這是因為股價等於每股盈餘（EPS）乘以本益比（P／E）。每股盈餘是一家公司的基本面，本益比是資本市場給一家公司的評價。當每股盈餘或是本益比調整時，股價自然也跟著改變。

股票致富密碼：股價＝每股盈餘（EPS）× 本益比（P／E）

金管會規定上市櫃公司於每一季底之後的 45 天之內，必須公告上一季的財報，也就是 5 月 14 日前，公告第一季財報；8 月 14 日前，公告第二季財報，依此類推。損益表是顯示企業營運及損益情況的財務報表，投資人可以從損益表中，了解公司的盈餘狀況。

損益表通常分成若干部分，首先是營業毛利，也就是銷貨收入減去銷貨成本的餘額。其次是營業盈餘（或虧損），為營業毛利減營業成本支出的差額。再其次是稅前純益（或純損），為營業盈餘加（減）營業外收入（支出）所得的淨額。最後是稅後純益，為稅前純益減預估所得稅的餘額。由於每家公司資本額不同，因此會將稅後純益除以在外流通股數，得出最重要的每股盈餘。

投資人會用每股盈餘來衡量股價是否合理，是否還有上漲空間，這個指標就叫本益比。股價除以每股盈餘等於本益比，是衡量股價最重要的參考數據。本益比多少才合理？不同產業或不同公司都不相同，合理的本益比是依據歷史本益比來的，生技股、IC 設計公司享有比較高的本益比，傳產股的本益比就比較低。

當公司本益比低於過去水準，表示股票有上漲潛力，當公司本益比高於過去水準，表示股票漲幅過大，股價有下修的疑慮。在正常情形，當公司獲利表現亮眼，股價通常會上漲；相反的，當公司獲利表現衰退，股價通常會下跌。

財報是公司編製，經會計師查核，因此在公告前，內部人或是相關人員就會知道約略的數字，股價漲跌就會先反映了。法人機構、基金經理人或是投資機構研究員，也知道這種情形，因此在公司公告財報之前，會勤於拜訪公司，希望早點得到訊息。一般投資人看到報紙的公告，其實已經是第三手的消息了。

因此在投資策略上，要加以修正。當公司發表財報獲利表現亮眼，如果過去一段時間，股價漲幅已大，千萬不能追高，因為先前得到消息的投資人早就卡位進場，趁著利多出貨，特別是當股價漲不上去，更要小心。相反的，當公司發表財報獲利表現衰退，股價通常早已下跌。此時，投資人要耐心等待股價修正到一定價位，等到所有利空都出盡了，股價跌不下去了，公司經營績效改善後，才可慢慢布局。

股價＝每股盈餘 × 本益比，當一家公司每股盈餘是 6 元，本益比是 10 倍，合理股價就是 60 元。當一家公司每股盈餘是 5 元，本益比是 10 倍，合理股價就是 50 元。

合理的本益比除了依據歷史本益比、公司展望、景氣位階、資金多寡和大盤走勢，都會上下調整。這也是眾多投資人心理的疑問：我買的公司營收和獲利都很好，為何股價表現不如人意？其實這就是本益比被下修。以下就景氣變化的 4 個時期：景氣復甦成長期、景氣高峰期、景氣衰退蕭條期和景氣谷底期，來說明股價、每股盈餘和本益比三者間的變化。

## 景氣復甦成長期

當景氣由復甦到成長，公司營收和獲利脫離谷底往上攀升，每股盈餘無論是年度（YoY）和季度（QoQ）都是正成長，公司對外的發言都相當正向，對未來前景也相當樂觀，訂單滿單，產能全開，甚至調漲價格。

由於前景看好，資本市場也紛紛調高本益比。當每股盈餘增加，本益比又被調高，股價自然上漲。而且好消息一再出現，又引發積極追價的買盤進場，形成股價利多上漲的局勢。

此時看基本面的三大法人開始進場，推升股價緩步向上；在籌碼安定之下，吸引一批看籌碼進場的買方；當股價再向上推升，技術面出現多頭格局，買進訊號接連出現，看技術線型買進股票的投資人開始進場，股價呈現一波比一波高的走勢。

## 景氣高峰期

在景氣高峰期，公司對未來狀況依舊相當樂觀，由於訂單接不完，開始大量規劃資本支出，同業也都積極擴產，認為整個產業前景還可以再更好，投資人瘋狂追逐股票，股價開始有超漲的疑慮。

此時公司開出來的財報，無論是營收或是每股盈餘，仍舊維持正成長，但成長率開始衰退；公司業績表現優異，但已經沒有預期的那麼好，此時資本市場開始下修公司的本益比。由於每股盈餘增加，本益比被下調，股價出現漲不上去的現象。公司公告好消息，股價出現利多不漲，甚至利多下跌的怪現象，市場稱之為利多測試頭部。

此時看基本面的三大法人持續進場，散戶更是瘋狂追逐股票，當沖、隔日沖盛行，券商的研究報告一再調高目標價，股價出現高檔爆大量的情形。

此時公司大股東卻開始申報轉讓股票，股價在高檔震盪，但無法再創新高。此時籌碼開始凌亂，有些投資人不耐久候，賣出持股，有些投資人停損出場，有些被套在高點。當股價開始下修，技術面出現頭部型態，賣出訊號接連出現，看技術線型的投資人，賠錢殺出手中持股。

## 景氣衰退蕭條期

當景氣開始下修，公司營收和獲利表現不佳，每股盈餘無論是年度和季度都呈現衰退，公司對外的發言開始保守，對未來前景趨於謹慎，訂單開始減少，產能無法滿載，各家新產能開出，開始出現殺價競爭的現象。由於前景看淡，資本市場也紛紛調降本益比。當每股盈餘減少，本益比又被下修，股價自然加速下跌。而且壞消息一再發生，股價因此又形成恐慌性的賣壓。

此時看基本面的三大法人因為基本面轉壞，又來到停損點，只好開始減碼。此時籌碼開始凌亂，有些投資人停損出場，有些進場搶反彈也被套牢，反手再賣出股票，形成多殺多的格局。當股價開始下修，技術面出現空頭格局，賣出訊號接連出現，看技術線型的投資人，殺出手中持股，甚至融券放空。

## 景氣谷底期

當景氣來到谷底，因為大環境不好，訂單快速減少。由於產能過剩，公司開始裁員，無薪假人數倍增。公司營收和獲利表現不佳，每股盈餘來到歷年低點，甚至出現虧損，公司對未來前景表示悲觀，公司減產、倒閉和合併的消息時有所聞。

企業獲利持續衰退，壞消息滿天飛，市場上充斥著悲觀的言論，投資人認為整個產業前景還會更糟糕，瘋狂砍股票，股價開始有超跌的疑慮。此時公司開出來的財報，無論是營收或是每股盈餘，仍舊是負成長，但是負成長率開始出現減緩；公司業績表現不佳，但是已經沒有預期的那麼壞，此時資本市場開始上修公司的本益比。由於每股盈餘減少，但是本益比因為之前下修過頭，反而開始被上修，股價出現跌不下去的現象。公司公告壞消息，股價出現利空不跌，甚至利空上漲的怪現象，市場稱之為利空測試底部。

此時，股價在低檔震盪，無法再創新低。有些投資人因為套牢太久，受不了而出清持股。在籌碼方面，買的人很少，賣的人也很少，成交量極低，看技術線型的投資人也退場觀望。大股東卻開始默默回補股票，籌碼慢慢集中，先知先覺的人開始長線布局，耐心等待下一波的榮景。

**景氣 4 階段 股價漲跌的秘密**

| 景氣循環 | 復甦成長期 | 高峰期 | 衰退蕭條期 | 谷底期 |
|---|---|---|---|---|
| 消息面 | 好消息多<br>壞消息少 | 充斥好消息<br>樂觀到極點 | 壞消息多<br>好消息少 | 充斥壞消息<br>悲觀到極點 |
| 每股盈餘 | 開始增加 | 持續增加 | 開始減少 | 持續減少 |
| 本益比 | 持續上修 | 開始下修 | 持續下修 | 開始上修 |
| 股價 | 一波一波高<br>大漲小回 | 超漲現象<br>高檔震盪 | 一波一波低<br>大跌小彈 | 超跌現象<br>低檔整理 |
| 現象 | 利多上漲<br>利空回檔 | 利多不漲<br>利多下跌<br>利多測試頭部 | 利空下跌<br>利多反彈 | 利空不跌<br>利空上漲<br>利空測試底部 |
| 誰賺錢<br>誰賠錢 | 後知後覺的賺到錢 | 不知不覺的賺到小錢<br>新手套在山頂 | 老手死在半山腰 | 先知先覺的賺到錢 |

資料來源：作者整理

Chapter 4

# 投資主流產業

當一個產業在景氣的浪頭上，或是市場上資金追逐的標的，都會成為主流股，所以了解產業的脈動，是抓到主流股的不二法門。主流產業有可能是單一產業，如鋼鐵股、水泥股、紡織股、電子股、生技股；也有可能是跨產業的，如資產股、汽車零組件股等。

投資人還要分析產業鏈，也就是上、中、下游產業關係，並且要知道你投資的公司是在產業的上、中、下游哪一個領域？這家公司是一線廠商或是二線廠商？另外，季節也會影響產業營收與獲利，因為大部分的公司都有淡旺季之分。

一個產業的景氣循環是有秩序性的，通常是由下游應用端成品產業的成長，帶動中游零組件或模組廠的復甦，最後是上游原料廠也開始繁榮。當整個產業一片榮景時，各廠商開始募集資金，大肆擴廠，等到各家產能都開出來，造成「供過於求」，各廠家就開始削價競爭，就有廠商因此倒閉，該產業的景氣就進入衰退期。

了解市場目前的趨勢對投資股票很重要，簡單說就是流行什麼類股，就買什麼類股。當市場都認同這一類股票，資金會往這類股票靠攏，有量就有價，股價就容易上漲，如果再搭配媒體的推波助瀾，股價就會一飛沖天。買進趨勢主流股，首先要先了解這個趨勢是長期的。一般而言，長期趨勢可長達一年以上，投資期間長約為一年，短約為半年。

趨勢概念類股如果得到市場的認同，常常會形成主流類股，而且上漲的時間會比因為新聞事件所形成的主流類股久。通常趨勢主流股是一個族群的利多，非單一事件，當整個族群一起輪漲，會讓市場上的投資人都有機會買進，因為良性換手而表現出長多格局。投資人可以從這類主流股賺到大錢，但當股價的漲幅超過基本面表現，或是整體的概念得不到投資人的認同，股價就會大幅度回檔，此時投資人就要適時出場，落袋為安。

## 5G 時代榮景可期

2009 年起，行動裝置之所以能引領全球景氣走了 10 年以上的大榮景，最重要的原因是 4G 架構平台完整。無論是智慧型手機、平板電腦、無線藍芽耳機（TWS）、虛擬實境（VR）等，這些大量且快速的無線傳輸系統，必須靠 4G 完成。但這些資訊流是給人看的，當這些資訊要給機器看的話，速度和流量還是不夠快，就必須靠速度更快且容量更大的 5G。未來的 10 年，在 5G 的平台上，人工智慧（AI）、物聯網（IOT）、高運算電腦（HPC）、全自動自駕車、元宇宙等應用將大放異彩，引領電子產業再造另一波大榮景。

5G 是指第五代行動通訊技術，是 4G 系統後的延伸。1G 實現了類比語音通信，1990 年代的「黑金剛」行動電話是代表機種，當時沒有螢幕只能打電話。2G 實現了語音通信數位化，功能機有了小螢幕，可以發簡短

從 1G 到 5G ！行動通訊進化史

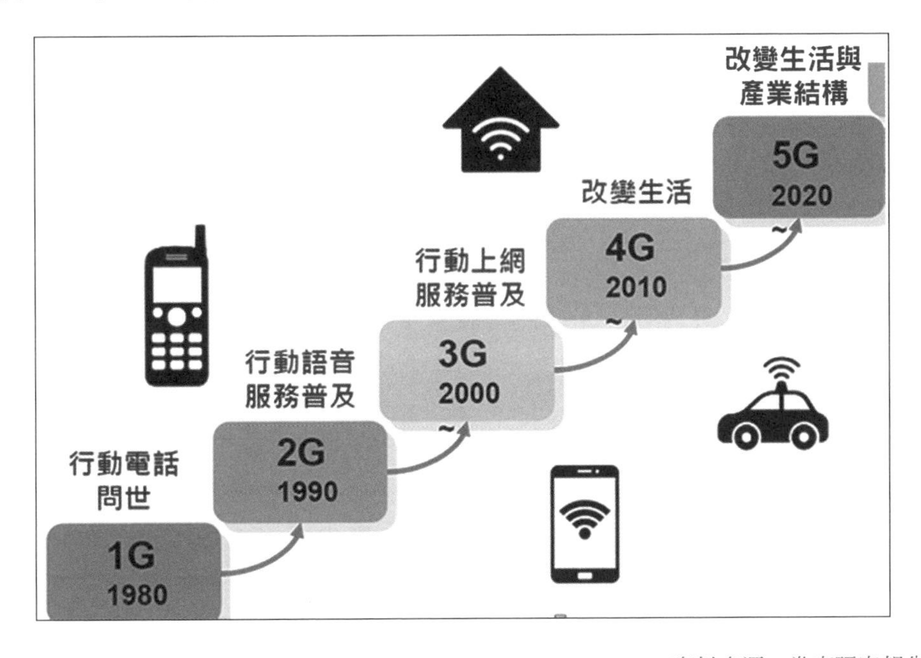


資料來源：券商研究報告

的訊息，諾基亞（Nokia）的手機成為搶手貨。3G 實現了語音以外的多媒體通訊，摩托羅拉（Motorola）掀蓋式海豚機是當時的時髦手機。4G 實現了高速上網，各廠家紛紛推出智慧型手機，其中以蘋果的 iPhone 和三星手機市占率名列前茅，中國的華為、中興、VIVO 和 OPPO 也後來居上。

5G 的技術可在 28GHZ 超高頻段，以每秒 1Gbps 以上的速度傳送數據，與目前 4G 技術的傳送速度相比，5G 技術要快數百倍，將實現隨時、隨地、萬物互連、無時差的世界。

## 智慧家庭、自動駕車、VR 成真

5G 具有高移動性、高流量密度、高連接數、低時間延遲等特性，提供更大寬頻與更高速聯網，支援更寬廣與深入的應用領域。5G 新時代中，生活結構將被改變，5G 是改變產業結構的重要因素，智慧家庭、自動駕車、VR 體驗等科技將逐一實現。2019 年出現首款 5G 手機，但是這只是小區域的試運轉，到了 2020 年 5G 開始正式商轉，2023 年北美地區 50% 行動用戶將使用 5G，全球 5G 行動用戶超過 10 億戶。

2020 年是 5G 元年，為了跟上 5G 世代的腳步，各家廠商都陸續推出了支援 5G 的旗艦機和中階機。過往 3G：在室內、室外和行車的環境中能夠分別支援至少 2Mbps、384kbps 以及 144kbps 的傳輸速度。4G：在高速行動性的環境下達到約 100 Mbit ／ s 的速率；在低速行動性的環境下高達約 1 Gbit ／ s 的速率。

5G 具備 3 項特性，一是「超高速」，5G 網路速率是 4G 的 20 倍；二是「低延遲」，在 4G 狀態下，網路回應時間約 10 到 50 毫秒，但 5G 只要 1 毫秒；三是「大連結」，4G 基地台只能連結 1 萬個裝置，5G 則上看 100 萬個。

## 5G 時代受惠的產業

由於初期以基礎建設為主，還沒有辦法全面普及到手機和行動裝置，受惠的產業有：1. 路由器（Router）：一種電訊網路裝置。2. 閘道器

（Gateway）：轉發其他伺服器通訊資料的伺服器。3. 巨量天線（Massive MIMO）：利用多個天線收發器形成可能的訊號路徑。4. 網路交換器（Switch）：將特定封包資料交給特定電腦。5. 銅箔基板（CCL）廠：高頻網通基板與高階銅箔基板需求大增。6. 微型基地台。

為了因應 5G 發展，從材料設備、IC 代工設計製造、被動元件、通訊設備、電信服務等產業，都受惠於 5G 發展。5G 帶出的商機到底有多大呢？根據 IHS Markit 在 2020 年的預估，未來 15 年，5G 所帶來的全球經濟產值約 3 兆美元。人手一機、離不開網路的生活型態，讓 5G 火熱，5G 概念股也容易受到資金追捧。但 5G 的應用範圍太廣，除了電信商，IOT 領域、AI 領域，也都將是受惠族群。

全球發展最快的 5G 市場在中國，因為整個國家政策都支持。台灣則是推動 5G 行動計畫，希望透過營造 5G 跨業合作平台、調整法規創造環境等策略，把握 5G 契機。基站主設備需求將是 4G 的 1.5 ～ 2 倍，散熱需求當然也就是 4G 的 1.5 ～ 2 倍，PCB 需求 3 ～ 5 倍，光傳輸設備需求將是 4G 的兩倍，基站溫控設備需求有機會達到兩倍。

5G 影響的產業相當廣，網通產業有：基地台、小型基地台、伺服器、交換器、路由器。散熱產業有：手機散熱、邊緣運算、伺服器、基地台。PCB 產業有：CCL、ABF、天線。IC 設計有：5G 晶片。在運用方面有：物聯網、車聯網、智慧家庭、智慧醫療、無人工廠。在零組件的搭配上有：光通訊、主被動元件、骨幹網路、DWDM、光模塊、PA、射頻元件、SAW 等。

## 伺服器產業：持續成長，榮景可期

因為公有雲的蓬勃發展，讓使用者能隨時隨地上網，讓眾多組織透過公有網際網路，隨選運算服務與儲存資料，公有雲包含虛擬主機、應用程式、網路與儲存等資源，其中最重要的就是伺服器。

伺服器做為網際網路、雲端計算的重要媒介，應用在各類網路應用的產品或者服務，都需要使用到伺服器，像是網路存取資料、執行軟體、雲端計算產業的網路商店、電商、網拍、網路銷售、網路遊戲等。展望未來10 年，公有雲和私有雲的大量建置和規格升級，伺服器的年複合成長率值得期待。

「伺服器」概念股是指與電腦周邊設備產業下游產品伺服器設計、製造、技術、服務及銷售有相關的供應鏈公司，包括伺服器各類應用供應鏈上游、中游、下游廠商。投資伺服器概念股的邏輯很容易理解，只要是跟伺服器有直接或間接相關的公司，股價和營運表現通常會跟伺服器的供需有關聯。

2020 年全球爆發新冠肺炎疫情，改變人類的工作、上學和消費模式，對網路需求雲端建置更加強烈；對於企業而言，疫情造成的經濟影響，讓企業主更積極尋求更具生產效率的方式，數位科技是主要選項，也會反映至雲端需求及發展。

2020 年受疫情影響無法開工建置，2021 年又遇上 IC 零組件長短料影響，有機構預期 2022 年伺服器產業成長將超越前兩年，且 2022 年英特爾（Intel）和超微（AMD）更換新版 CPU，推出支援 PCI gen 5.0 和 DDR 5的新平台。英特爾新款服務器 CPU Sapphire Rapids 將採用 Intel 7，而超微的 Genoa 使用台積電的 5 奈米製程生產，這樣的升級將引發換機需求。

元宇宙為下一世代網際網路，涵蓋雲端、5G、AR ／ VR、AI 及區塊鏈等技術。元宇宙的基礎設施，除了半導體、5G 相關網通、電信運營商，雲端服務供應商（CSP）也將提供更全面的虛實整合應用服務，並隨元宇宙世界建構逐步擴大下，雲端資料中心也將扮演核心角色。

## 台系伺服器組裝廠

北美雲端資料中心仍是台系伺服器及網路交換器的主要成長動能，例如美系資料中心亞馬遜（Amazon）的 AWS、微軟（Microsoft）的 Azure及 Google 的 GCP。台灣三大伺服器代工廠英業達（2356）、廣達（2382）、緯穎（6669）對伺服器市場均發表樂觀預測。主要是因為三家業者的伺服器營收中，來自雲端資料中心業者的占比較高，因這些業者的業務持續高速成長，且新應用帶來更多資料運算需求。

其中緯穎的主要客群是國際雲端服務業者，有臉書、亞馬遜與微軟等北美 3 大 CSP 供應鏈。緯穎採用原廠直銷（ODM Direct）的商業模式，銷售給雲服務供應商，或結合加值夥伴的解決方案及服務，如 Twitter、LinkedIn、eBay、Uber 等。

## 伺服器相關零組件

國際 DRAM 三大廠紛紛對 2022 年資料中心市場的強勁需求抱持樂觀，特別是伺服器記憶體 DDR5+PMIC，業界看好資料中心及伺服器成為帶動記憶體產業成長的重要動能。美光執行長梅羅特拉（Sanjay Mehrotra）直接點出資料中心市場前景將是記憶體和儲存的最大市場，預計未來 10 年資料中心市場，將超越更廣泛的記憶體和儲存市場。

**2009 ～ 2025 年伺服器出貨量與成長率**

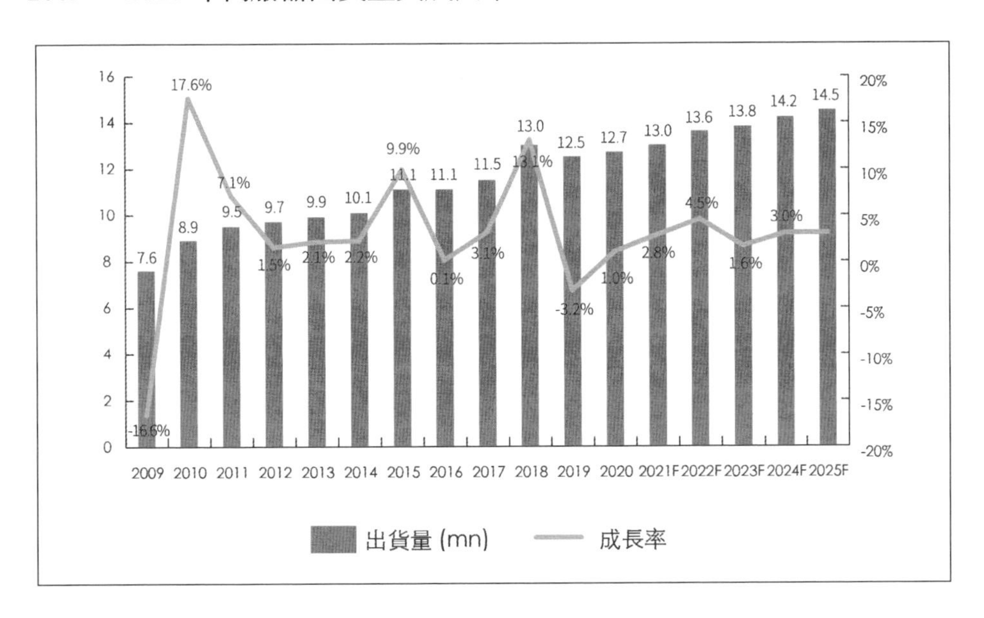


註：2021 年後為預估值

資料來源：Gartner、富邦投顧

新款伺服器 CPU 推出，有利散熱及均熱片業者成長，市場主流伺服器 CPU —— Intel Xeon 的最高設計功耗，未來 Eagle Stream 產品若搭配強大的散熱器甚至可支援到 300 ～ 400W。被動式散熱及主動式散熱的規

### 伺服器為資訊與通信科技業者未來重要成長商機

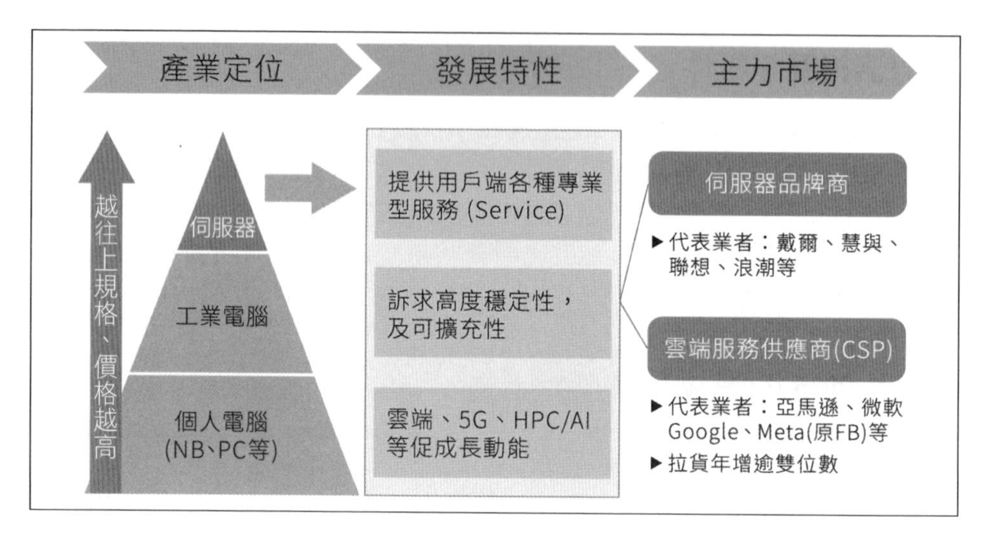


資料來源：DIGITIMES Research

### 美中建置超大型資料中心，台廠受惠

| 地區 | 主要資料中心 | 主力接單台廠 |
|---|---|---|
| 美國 | 一階零組件供應商：亞馬遜、Google、微軟、Meta | 英業達、廣達、鴻海、緯穎等 |
| | 二階零組件供應商：LinkedIn、Twitter、Apple 等 | |
| 中國 | 一階零組件供應商：BAT、字節跳動 | 英業達、鴻海等 |
| | 二階零組件供應商：京東、快手等 | |

資料來源：Synergy Research、DIGITIMES Research

格需求提升，熱管用量增加、風扇轉速提升等皆可帶動產值增加。

另外搭配冷板式液冷散熱解決過熱問題，逐漸受系統廠重視。伺服器供應鏈傳出，中、美兩大資料中心伺服器客戶都有意導入水冷散熱，尤其是浸沒式散熱系統，因應此波無可避免的伺服器「熱潮」，中國公有雲龍頭阿里巴巴率先在資料中心導入浸沒式散熱技術。

伺服器的快速成長，有利於相關零組件供應鏈成長，包括散熱業者如雙鴻（3324）、超眾（6230）、建準（2421）、泰碩（3338），受惠 CPU 的熱設計功耗上升及總量增加；均熱片業者健策（3653）受惠體量成長與晶片面積放大；BMC 業者信驊（5274）及 Socket 業者嘉澤（3533）因市占率高，亦將直接受惠產業成長。此外，伺服器插槽、伺服器機殼、伺服器 PCB、伺服器連接器和電源管理等次產業都是受惠產業。

## 半導體產業：台灣護國神山群

半導體產業是台灣相當重要的產業，由上游的矽智財、設計、代工，到最後的封裝測試，一連串產業鏈發展得相當成熟。由於半導體產業已經是「無所不在、無所不能」，而且 5G 將深入各個垂直產業，像智慧零售、智慧醫療與智慧運輸等，半導體產業將再一次跳躍式成長。在 5G 的架構下，高運算電腦、邊緣運算、人工智慧、物聯網、自駕車等運用，將有突破性的發展。

半導體是指在矽中添加三價或五價元素形成的電子元件，它不同於導體、非導體的電路特性，其導電有方向性，使得半導體可用來製造邏輯電路，而該電路有處理資訊的功能。

半導體產業是台灣電子業相當重要的產業，由上游的矽智財、設計、代工，到最後的封裝測試，這一連串產業鏈在台灣可說發展得相當成熟。半導體產業在電子產品的應用相當廣，根據資策會的報告，半導體在應用領域上，因受智慧型手機、平板電腦、體感偵測器等新電子商品的影響，比重逐漸調整，消費性與通訊相關的比重逐年成長。2020 是 5G 元年，帶動半導體供應鏈蓬勃發展，無論是上中下游廠商，甚至周邊的設備商和原材料，占台灣整體產業的營收更加舉輕重。

至 2020 年底，台灣占全球晶圓產能 21.4%，領先全球；排名第二的是韓國，占全球晶圓產能的 20.4%。台灣是 8 吋晶圓產能的領導者，韓國在 12 吋晶圓的產能位居第一，主要是三星（Samsung）和 SK 海力士積極擴產，提升 DRAM 和 NAND 記憶體的產能，台灣緊追在後。

各研究機構估計 2021 年半導體市場成長率介於 17%～27%，2022 年半導體在 2021 年高於正常的成長後，終端電子產品的成長趨於正常。長短料問題持續，但大多數主要半導體和其他元件供應問題得到緩解。最大不確定性是新冠肺炎疫情和地緣政治的影響，預估 2022 年半導體市場年增率約 10%。

## 半導體的種類

目前的半導體產品可分為積體電路（IC）、分離式元件、光電元件三種。積體電路是將電路設計，包括線路及電子元件，做在一片矽晶片上，使其具有處理資訊的功能，有體積小、處理資訊功能強的特性。IC 依功能分為四類產品：記憶體 IC、微元件、邏輯 IC、類比 IC。

分離式半導體元件，指一般電路設計中與半導體有關的元件，常見的分離式半導體元件有電晶體、二極體、金屬氧化半導體場效電晶體（MOSFET）和閘流體等。

光電式半導體，指利用半導體中電子與光子的轉換效應所設計出之材料與元件，主要產品包括發光元件、受光元件、複合元件和光伏特元件等。

### 記憶體 IC

記憶體 IC 主要用於儲存資料，通常用在電腦、伺服器、電視遊樂器和電子辭典上。根據儲存的方式，又可分為揮發性記憶體與非揮發性記憶體。揮發性記憶體必須通電，才能維持記憶的資料，電源關閉資料就會消失。非揮發性記憶體電源關閉後資料仍在，例如大家常用的隨身碟。揮發性記憶體包括 DRAM、SRAM，非揮發性記憶體則大致分為 Mask ROM、

EPROM、EEPROM、Flash Memory 四種。目前市場上使用最普遍、價格最低廉的記憶體仍以 DRAM 為主。

微元件 IC

有特殊資料運算處理功能的元件，有三種主要產品：1. 微處理器，如電腦的中央處理器（CPU）、繪圖卡（GPU）。2. 微控制器，是電腦中主機與界面中的控制系統，如音效卡、顯示卡等控制元件。3. 數位訊號處理 IC，可將類比訊號轉為數位訊號，通常用於語音及通訊系統。

邏輯 IC

為了特殊資訊處理功能而設計的 IC，目前較常用在電子相機、3D Game、Multi-Communicator（如 FAX-MODEN 的功能模擬、筆式輸入的辨認）等。

半導體的種類

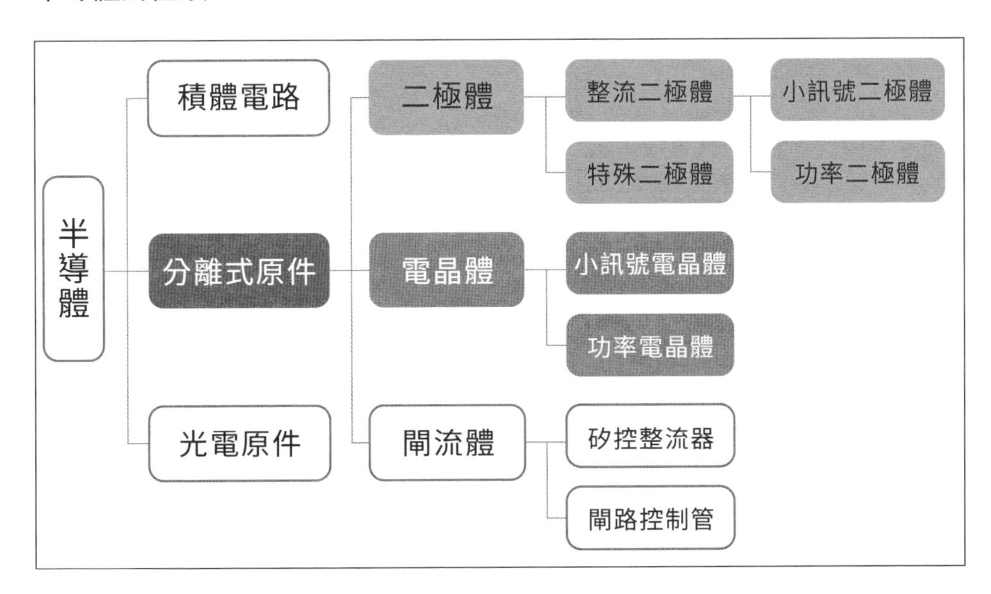


資料來源：XQ 嘉實系統

類比 IC

類比 IC 是屬於光、聲音、速度、溫度等自然現象的連續性訊號，做為連結這些物理訊息與各式電子裝置或儀器系統的重要媒介，因此只要與電有關聯的產品中，幾乎都可看到類比 IC。目前類比 IC 的市場仍以美國為領導者，意法半導體（STMicroelectronics）、德儀（TI）、英飛凌（Infineon）、國家半導體、飛利浦等都是國際知名大廠。

二極體

二極體就是閘門控制電流，若將電流比喻為水流，陽極就像是上游，陰極則是下游，水會由上游往下游流動。電流也是如此，當電子由下游往上流流動時，「閥門」會關閉，無法通過。

金屬氧化物半導體場效電晶體（MOSFET）

高壓、中壓與低壓為 MOSFET 產業難度分水嶺，半功率金氧場效電

### IC 半導體產業鏈與主要業者

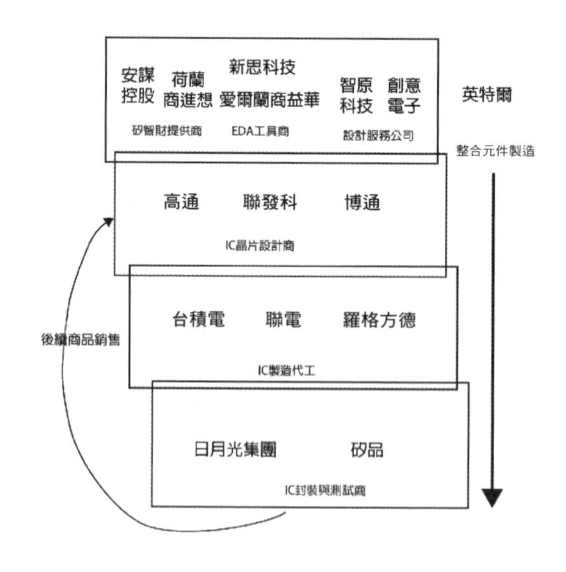


資料來源：網路資訊

晶體最常被應用在功率轉換系統中的電力電子元件，在所有分離式功率元件中是最重要的元件。

## IC 半導體產業鏈

IC 的製造可由上游至下游分為三種工業，一是與 IC 製造有直接關係的工業，包括晶圓製造業、IC 製造業、IC 封裝業。二是輔助 IC 製造的工業，包括 IC 設計、光罩製造、IC 測試、化學品、導線架工業。三是提供 IC 製造支援的產業，如設備、儀器、電腦輔助設計工具工業等

### 矽智財

IP 為 IC 設計的智慧財產權，IP 開發流程包含 IP 設計與 IP 驗證，在 IC 設計中，IP 核心再利用可以有效縮短產品開發周期並降低成本，現今 IC 設計大幅增加許多功能，因此必須運用既有的驗證有效 IP 元件，以滿足上市前置時間的要求。純出售智慧財產權，又稱矽智財，包括電路設計架構或已驗證好的晶片功能單元。例如公司希望晶片上能有一個浮點運算功能時，可以不用自己花時間從頭開發，向矽智財公司購買一個已經寫好的功能即可。

### IC 設計

IC 產品的源頭來自 IC 設計，IC 設計使用 CAD 等輔助工具，將客戶或自行開發產品的規格與功能，藉由電路設計由 IC 表現出來，就是將一片晶片的功能從邏輯設計到晶圓設計之流程。IC 可分為類比 IC 與數位 IC 兩大類。全球 IC 設計產業已進入美國、台灣與中國三分天下的時代。

中國從 2014 年開始扶植半導體產業後，中國 IC 設計產業在內需市場支撐下，近年來快速成長。美中貿易戰後，中國為避免關鍵技術受制於美國，更加速半導體自主化之決心，積極發展自有半導體供應鏈。5G 與 IoT 興起後，中國 IC 設計產業在內需標案市場帶動下，扶植本土 IC 設計廠商，對全球 IC 設計領導業者造成一定程度威脅。

台灣 IC 設計產業在 2021 年上半年後疫情帶動數位轉型下，推升宅經

濟及 5G 各項應用需求，相關驅動 IC、電源管理 IC、微控制器（MCU）、CIS 感測等晶片需求量暴增，使台灣半導體產業面臨晶圓代工產能緊缺，導致代工與晶片價格同步調漲。大廠為確保關鍵零組件供應不中斷，在 2022 年上半年仍持續下單，使得台灣 IC 設計產業表現亮眼。

台灣微控制器在全球整合元件製造廠（IDM，Integrated Device Manufacturer）將產能強化在車用、工控及高階消費性市場的情況下，消費性 MCU 供給緊張，使 MCU 價格不斷上漲，帶動台灣 MCU 廠商營收成長。

<u>IC 晶圓代工</u>

目前台灣的 IC 製造業中，晶圓代工類的台積電（2330）、聯電（2303）、世界先進（5347）和力積電（6770），除了業績屢創新高，更在全球具有舉足輕重的地位，產能、製程、市占率皆是全球首屈一指。反觀台灣記憶體產業，由於資本不夠雄厚，無法與三星、爾必達等由國家支持的大企業相比，在 DRAM 報價崩盤時期，整體財務結構一蹶不振，直到現在仍無法脫離景氣循環的陰影。

基本上，IC 製造業者可分為：整合元件製造廠與晶圓代工（Foundry）。整合元件製造廠有自己的產品，從設計、製造、封測、銷售垂直整合，而晶圓代工廠則以替其他業者代工晶圓為主，業務相當單純。金融海嘯後，整合元件製造廠深刻體會必須精簡公司規模，才能在不景氣的環境下生存。晶圓代工業者由於專注一項業務，不管在製程、成本皆可符合整合元件製造廠的需求，因此釋出訂單的趨勢相當明顯。

AI、GPU、CPU 等高運算能力元件需要 12 吋廠的先進製程；MCU、電源管理 IC、面板驅動 IC、MEMS 晶片和 RF 射頻解決方案等產品，大都是利用 8 吋廠及成熟製程進行生產。2023 年起，全球晶圓廠積極擴充晶圓製造產能，希望緩解半導體晶片短缺壓力。中國是目前全球晶圓產能增長最快的地區，但是隨著台積電宣布擴大美國建廠規模、英特爾將於美國境內新建晶圓廠擴充產能、英飛凌與意法半導體等 IDM 大廠宣布加速晶圓製造產能擴建，全球晶圓產能將產生新的變動。

放眼未來，台積電的地位仍是不可撼動，先進製程進展無虞，2021年5奈米營收占比高達20%，2022量產4奈米，2022年下半年量產3奈米。2021年下半年台積電開始調漲晶圓代工價格，2022年再度調漲。根據2021年IC Insights的資料，全球進入10奈米以下生產能力僅有台積電及三星，而台積電居全球第一，產能占62.8%，高於三星的37.2%。

IC封裝測試、ABF載板

IC經由代工產業製造完成後，要經過最後一道封裝測試的程序。IC測試則可分為兩階段，一是進入封裝之前的晶圓測試，主要測試電性；另一則為IC成品測試，主要在測試IC功能、電性與散熱是否正常，以確保品質。台灣IC封裝與測試產業，穩坐全球之冠，隨著IoT應用興起，台灣IC封裝與測試業者持續布局高階封裝與異質整合技術，拉大與競爭者差距。

國內封裝測試廠商基本上多與IC代工廠商結盟，例如台積電的封裝測試廠為日月光投控、台星科。當IC代工業績展望佳，營收接單暢旺，封裝測試廠的表現也會不俗；反之亦然。

高效運算與通訊晶片封裝必需的ABF載板，因為製程良率低、產能擴充需大量資金，業者對於擴產相當謹慎。面臨急速成長的智慧型手機晶片封裝需求，ABF載板供不應求，儘管載板供應商積極擴產，但既有ABF產能多半早已預定分配完畢，無法支應新增需求，預料ABF載板缺貨，將持續影響IC封測業者未來的產能供給。

矽晶圓

晶圓是最常用的半導體材料，其為圓柱狀半導體晶體的薄切片，用於積體電路製程中做為載體基片，其形狀為圓形，且以矽做為原料，稱為矽晶圓。矽晶圓產業集中度高，目前全球9成市占率來自前五大矽晶圓廠，包含日本信越（Shin-Etsu）、勝高（Sumco）、台灣環球晶、德國世創（Siltronic）、南韓SK Siltron，產業進入門檻高。

SEMI統計，全球半導體製造商於2021年啟動建置19座新的高產能晶圓廠，2022 年開工建設另 10 座晶圓廠，共計 29 座新晶圓廠陸續進入量產，備貨需求從 2022 年開始發酵。全球各大晶圓廠，不論代工或整合元件廠，都與矽晶圓廠啟動新一波長期合約簽定潮，平均簽定期 5 ～ 8 年。

2021 ～ 2023 年矽晶圓廠僅能擴充少量產能，2024 年新增產能才會開始投產。矽晶圓廠製成品和原料存貨降低，供給缺口提早於 2022 年發生，矽晶圓報價進入上升循環。2020 年初，環球晶（6488）表示，未來的產能已經被預訂一空了。

全球矽晶圓廠市占率

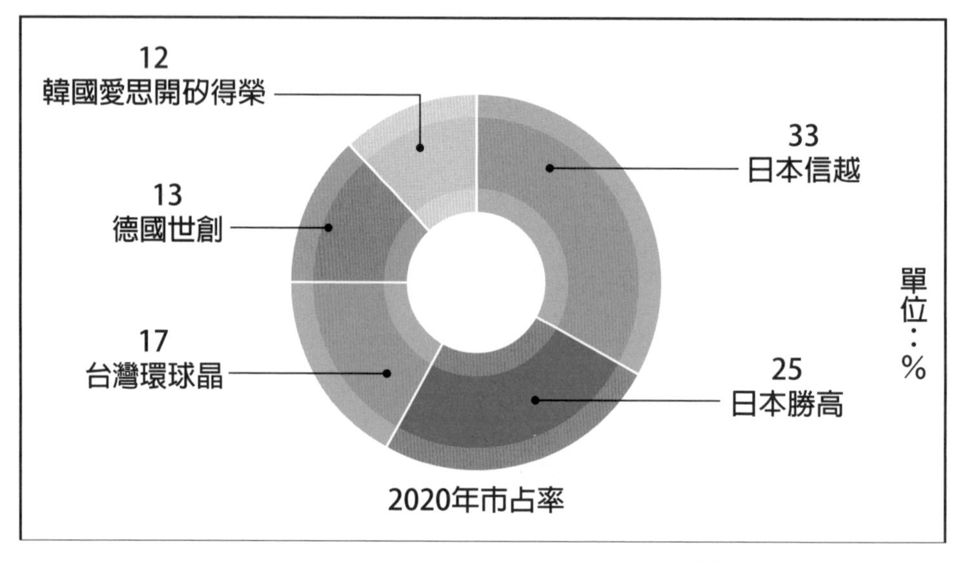


資料來源：《工商時報》

設備商

在半導體設備廠中，多數為國外大廠，其中提供晶圓製造設備的美國應用材料（Applied Materials）、專門提供先進製程 EUV 的荷蘭商艾司摩爾（ASML）以及日本的東京電子，就占全世界 44.1%的份額。

台灣的設備廠多數都落在成熟製程設備，最大出口國為中國，不過對於先進製程的設備，台灣是全球第二大進口國。家登（3680）獨家供應台積電 EUV 光罩盒，同時也通過 ASM 的光罩盒認證。京鼎（3413）產品主要應用在半導體及液晶平面顯示器產業中使用的設備模組及元件。帆宣（6196）提供客戶整廠機電、無塵室統包工程承攬服務等工程服務。

半導體主要製程設備

資料來源：台積電、SEMI、元富證券

## 5G 時代半導體業展望

我們每天都離不開智慧型手機，平板電腦、無線藍芽耳機和智慧型手表，都要在 4G 的通訊環境下才能運作順暢，而幕後的功臣就是半導體產業。而 2020 進入 5G 元年，5G 將深入各個垂直產業，如智慧零售、智慧醫療與智慧運輸等，成為各場域的基礎建設。

由於 5G 普及化，半導體產業將再一次跳躍式成長，在 5G 的架構下，高運算電腦、邊緣運算、人工智慧、物聯網、自駕車等運用，將有突破性的發展。

### 車用 IC

汽車使用半導體增多，是推升車用晶片成長的一大動力。不僅傳統燃油車的半導體含量持續增加，電動車的半導體含量是燃油車的 3 至 5 倍。隨著電動車滲透率提升，平均每輛車使用半導體的需求將強勁增長，車用半導體有可能成為半導體第三大應用。

車用半導體通常不需要最先進的製程，大部分還是在 8 吋晶圓上製造，但須嚴守可靠性和測試要求。汽車產業供應鏈複雜，且每輛汽車晶片數量持續增加的情況下，導致汽車產能供應吃緊的現象更為明顯。

顧能公司（Gartner）預估，車用半導體 2020 ～ 2025 年的年複合成長率達 15.4%，車用占 2025 年半導體需求的 12%，市場規模將達到 800 億美元，為帶動半導體市場成長一大動能。車用半導體龍頭英飛凌市占率 13.2%，其中車用部門超過 40%，占比來自功率元件。若車用半導體未來需求強勁，車用功率元件需求勢必大增。

英特爾執行長基辛格（Pat Gelsinger）曾預估，2030 年半導體占高階汽車製造總成本清單（BOM）20%以上，與 2019 年占比 4%相比，增加 5 倍。他並預測到 2030 年，汽車半導體的總潛在市場將翻一倍，達到 1,150 億美元。

第三代半導體

第三代半導體不是取代過去第一代、第二代半導體材料，而是應用於新產品需求。第三代半導體產值約 550 億美元，占全球半導體產值約 1 成，不過未來成長性將高於傳統矽材料製程。第三代半導體主要應用於高頻高功率市場。

其中氮化鎵（GaN）功率元件主要應用於消費性產品，預期 2025 年市場規模將達 8.5 億美元。前三大應用占比為消費性電子 60%、新能源車 20%、通訊及資料中心 15%。氮化鎵特性符合 5G 環境需求，未來主要應用在射頻（RF）領域。

碳化矽（SiC）基板因應高電阻能力較佳，有利於毫米波傳輸，碳化矽基氮化鎵（GaN on SiC）適用於雷達、衛星、大基站射頻元件。碳化矽基氮化鎵可應用功率較低，可用於小基站射頻元件、消費性快充等。2025 年全球碳化矽功率市場規模將達 33.9 億美元，前三大應用分別為新能源車 61%、太陽能發電及儲能 13%、充電樁 9%，新能源車產業中又以逆變器、車載充電器（OBC）、直流變壓器（DC-DC）為應用大宗。

台灣在第三代半導體發展進程相對落後，甚至不如中國，不過因未來成長性極高，目前台灣半導體具代表性之企業均積極投入，包括鴻海（2317）集團、中美晶（5493）集團、台積電（2330）集團、漢磊（3707）集團、穩懋（3105）、富采（3714）投控等。

## 航運產業：百年榮景再現

貨物運輸在國際貿易中占有舉足輕重的地位，因為國際貿易中的物流必須透過貨運公司的協助，才能由出口商交給進口商。而出口商在選擇運輸方式時，通常會考量：費用、時程、安全性和便利性。無論是陸運、水運和空運，在跨國貿易過程中牽涉不同國家的法律、關務等規定，比起國內運輸來的複雜。特別是海島型態的台灣跨國貿易，必定要靠海運、空運才能完成。

台灣是海島型國家，也是海運強國，「海洋產業」實力不容小覷。根據2022年研調機構Alphaliner統計，全球前10大航商中有2家台灣公司，長榮運力達147.7萬TEU（20呎標準貨櫃），排名全球第7大，市占率近6%；陽明運力66.2萬TEU，排行全球第9；萬海暫居第11，不過運力幾乎追平第10名以星（ZIM）。

航運分為海運、空運和陸運，海洋運輸依經營方式，可分為貨櫃輪與散裝輪，空運包括客運和貨運。在產業關係分為上游的航商，以及下游的貨物承攬。航商包括長榮（2603）、陽明（2609）、裕民（2606）、華航（2610）和長榮航（2618）等；下游則是透過物流、貨物承攬、報關、倉儲等業者，將貨物送至收貨端，相關業者（包含空運）有中菲行（5609）、台驊（2636）等。

2020年3月，全球新冠肺炎疫情爆發，歐美各國啟動封城、隔離等措施，造成碼頭工人停工，各國出現塞港、缺櫃和缺船等現象，運費價格大漲，海運業迎來百年難得一見的榮景。海運業蓬勃發展，在新冠肺炎變種病毒持續肆虐，減碳新規還有區域全面經濟夥伴協定（RCEP）上路後，各大航商如馬士基、赫伯羅德、中遠海控和長榮等，都陸續跟客戶加簽三年長約，海運前景極度看好。

## 貨櫃輪

貨櫃運輸包括貨櫃、貨櫃船、貨櫃碼頭、貨櫃集散站，以及火車與卡車貨櫃運輸設備等的海陸及／或空運的聯合運輸設備。此種運輸方式由美國海陸貨櫃運輸公司（Sea-Land Service）於 1956 年首創，1958 年第一艘貨櫃輪試運成功，產生了定期船運輸的新方法，海運先進國家先後跟進。

貨櫃可略分為標準單位 20 呎櫃（TEU）與 40 呎櫃（FEU），由於貨櫃尺寸統一，可以將其層層堆疊，到港後裝卸迅速，易於安排轉運，不需要額外分裝貨品，在 1950 至 1960 年代正式邁向商業化。海運業是透過大規模經營來攤低成本，以及航線互補是相關業者持續努力的方向。

海運業主要的收入分別來自運貨服務的運費，以及將船出租給其他航商的租金收入，其他還有船務代理、港口經營、船舶貨櫃買賣等。

2020 年貨櫃產業面臨缺櫃和缺船的現象，運價開始上漲，剛開始大家還不以為意，認為是短暫現象，沒想到漲價一發不可收拾。再加上歐美地區港口塞港嚴重，貨櫃準點率大幅下降，貨櫃運價季季調高。2021 年國內三大貨櫃輪業者長榮、陽明和萬海的年度每股盈餘都超過 40 元，真是百年難得一遇的榮景。2020 到 2021 年上半年，長榮海運股價由最低 8.9 元狂飆到 233 元，短短一年半大漲 25 倍。

## 2020 ～ 2021 年上半年，貨櫃航運指數大漲

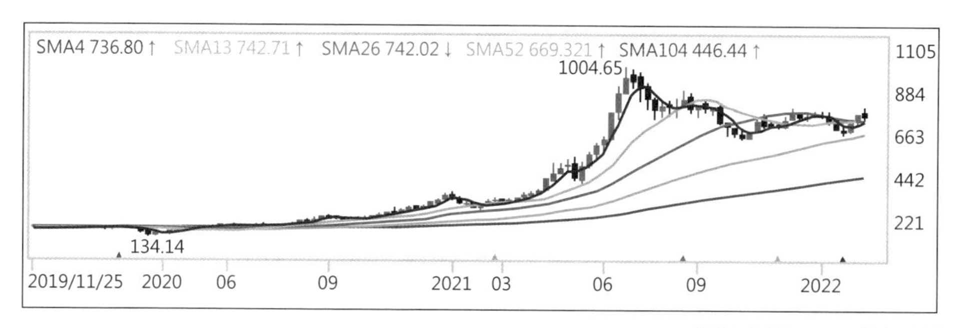


資料來源：XQ 嘉實系統

## 2020 ～ 2021 年上半年，長榮（2603）大漲 25 倍

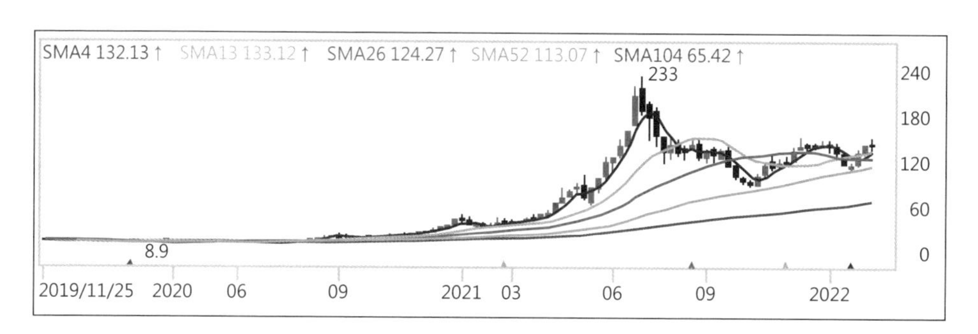


資料來源：XQ 嘉實系統

## 散裝輪

散裝輪是指航線及航期不固定、沒有確定到港日期和固定停泊港口的船隻，多以載運大宗貨物為主，如礦砂、煤炭、廢鐵、米、麥、木材、水泥、化學肥料等大宗物資，多為散裝貨船，通常以整船出租型態營運。不定期船是以艙位包租的方式承攬業務，其船東稱為私人運送人；接洽不定期船通常稱為傭船，經由經紀人介紹，由託運人與船東議價簽訂傭船契約，約定租用的船舶噸位、時間、航程、貨物數量、運送條件和運費率等。

散裝輪的運價和大宗物資相關，當國際大宗物資大漲，大家要搶原物料，也要搶船位，運價就大漲；當國際大宗物資下跌，大家不願意囤積原物料，自然就不需要散裝輪，運價就下跌。

### 台灣上市櫃散裝輪公司

| | 產業地位 |
|---|---|
| 台船 | 台灣第一大造船公司 |
| 益航 | 從事散裝航運，在大陸持有大洋百貨 |
| 新興 | 台灣第二大散裝船商 |
| 裕民 | 台灣最大散裝航運公司之一 |
| 中航 | 台灣散裝航運業者，且是具規模的貨櫃運輸業者 |
| 台航 | 大股東為中航之散裝航運業者 |
| 慧洋 -KY | 台灣具規模的散裝船隊船東之一 |
| 正德 | 以亞洲近洋航線為主力之散裝航運業者 |
| 四維航 | 以輕型散裝船為主的散裝航運業者 |

資料來源：XQ 嘉實系統

## 航空業

台灣的航空業有華航（2610）和長榮航（2618）。航空業是高資本投入、回收期較長的產業，沒有廠商有訂價能力，依市場供需決定運價。航空業是資本密集的產業，燃油成本變化較大，油價較低時，公司獲利表現較佳。

中華航空於 1959 年成立，主要提供國際航班、貨運輸服務，為台灣第一家上市航空公司。截至 2021 年底，華航營運機隊規模為客機 62 架與貨機 21 架，共 83 架，平均機齡約 10.3 年。2022 ～ 2023 年預計有 3 架 777F 貨機加入營運，與 10 架 A321neo 窄體機新舊交替，2022 年機隊總數預計擴增至 90 架。

聯盟方面，華航為天合聯盟（Sky Team）一員，天合聯盟旗下會員數超過 20 家。華航旗下主要關聯企業有華信、虎航、華儲、華膳與台灣飛機維修等，於航空領域布局完善。

長榮航空於 1989 年 4 月由長榮集團申請核准成立，為提供航空客運及貨運服務之業者。2021 年底機隊規模為 88 架飛機，客機 80 架、貨機 8 架；2023 年底運機隊規模為 90 架，客機 82 架、貨機 8 架，集團還包括立榮航空。

長榮航空於 2013 年 6 月 18 日加入「星空聯盟」，公司與全球飛機引擎領導供應商 GE 航空集團合作，在台合資成立其暢銷引擎 GEnx 維修中心「長異發動機維修公司」，由 GE 持有 80%股權，該維修中心是台灣第一個 GE 原廠服務中心、亞太唯一 GEnx 維修據點。維修占長榮航單季營收 6%～ 10%，其中維修服務具有較高專業性，單獨業績毛利率接近兩成。

2020 年全球疫情爆發，航空客運幾乎停擺，但航空貨運在台灣電子產品接單暢旺下，由海運改成空運出貨，業績一枝獨秀。國際航空運輸協會（IATA）預估，2022 年國際旅遊復甦，以疫苗覆蓋率較高的國家與區域恢復程度較高，歐美率先於 2021 年復甦，2022 年為亞洲復甦元年，推估台灣 2022 年客運收益公里數（RPK）有望恢復至 2019 年 4 成的水準，後續若循歐美模式，2023 年亦將維持高雙位數復甦，營運榮景可期。

## 海運指標

要觀察貨櫃船市場，必須參考中國出口集裝箱運價指數（CCFI）及上海出口集裝箱綜合運價指數（SCFI），這兩個指數由上海航運交易所推出，衡量各航線的平均運價。SCFI 又分為地中海線、歐洲線、美東線、美西線和綜合指數 RHS，當這些數字往上，表示運價上漲，當這些數字往下，表示運價下滑。由於運費價格有季節性因素，所以價格漲跌除了和上月相比，也要和同期相比。

散裝船有一項重要的觀察指標：波羅的海乾散貨指數（Baltic Dry Index，BDI），是衡量運價的一項指數。目前採用的權重是 BCI 海岬型 40%，加上 BPI 巴拿馬型 30%，加上 BSI 輕便型 30%。並且從圖 4-4-5 BDI 的長年走勢看出，2021 年下半年受益於大宗原物料價格上漲，BDI 指數曾經大漲，那時多家航商也因為覺得未來前景大好，而下訂了多張新船訂單，但隨後需求衰退加上供給側增加，導致整體市場的價格直直滑落，2022 年 2 月甚至跌破 2,500 點。

近年 SCFI 報價走勢

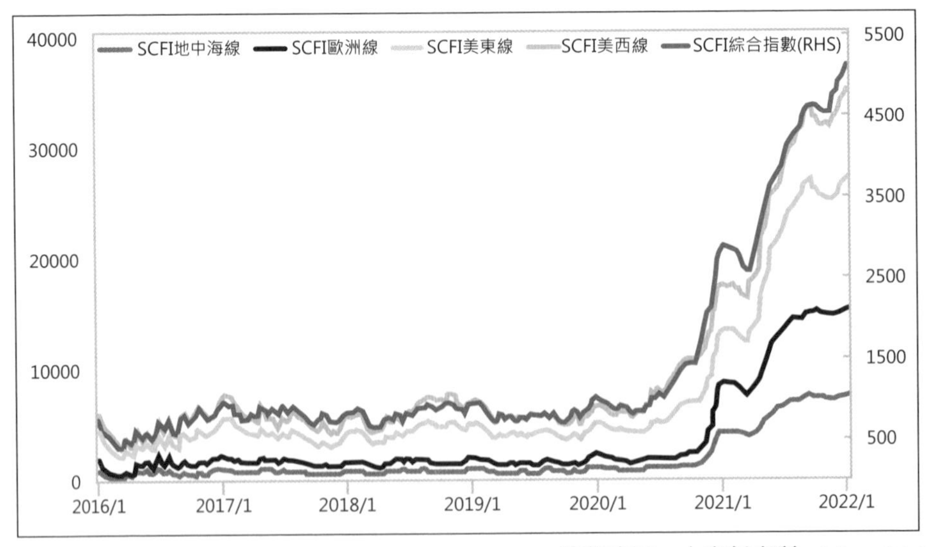


資料來源：上海行交所、MasterLink

## 波羅的海乾散貨指數分類

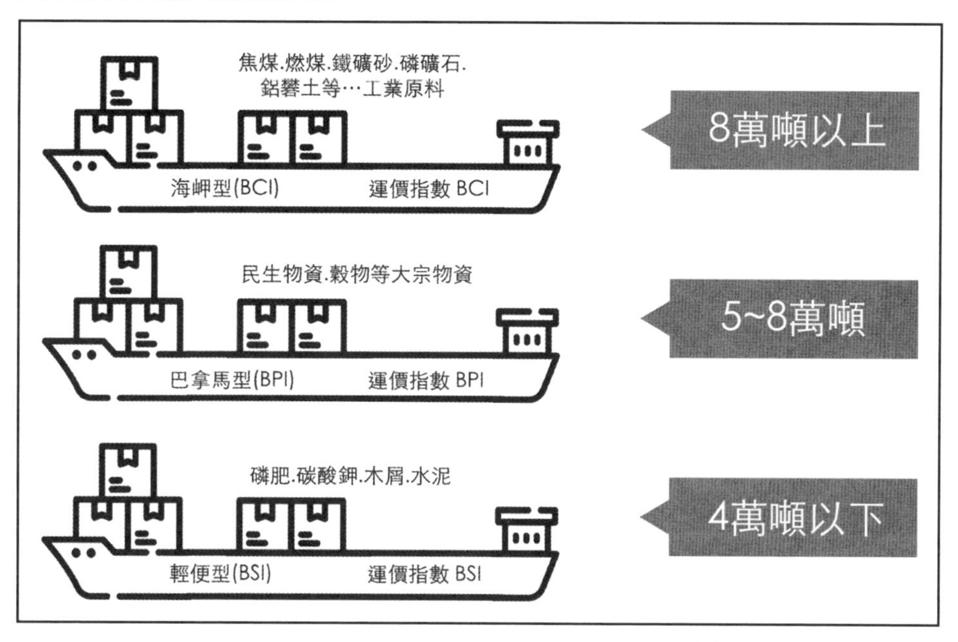


資料來源：慧洋公司年報

## 近年全球波羅的海乾散貨指數

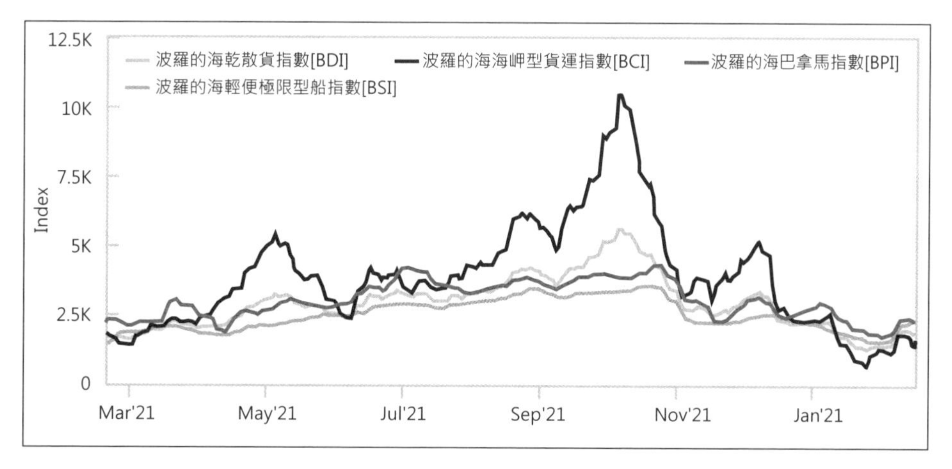


資料來源：財經 M 平方

## 被動元件產業：電子景氣循環股

2018 年挖礦機火熱，2021 年 5G 普及和電動車大幅成長，都推升被動元件需求。就個別產品分析，整體被動元件市場以電容器規模最大，約占整體產值的一半，電感器及電阻器次之，最後是振盪器和濾波器。電容器以日系被動元件廠為首，占全球比重約 7 成，在電感器市占率更是高達 85%以上。台系被動元件廠僅在晶片電阻器保持優勢，市占率約 70%。

相較於主動元件，被動元件在電流通過或電壓改變時，不會執行任何運算功能，主要可分為電阻、電容、電感三種類型，功能分別為降壓、儲存、濾波，應用範圍涵蓋了資訊、通訊、消費電子、汽車、工業產品等，是各種需要電力驅動產品不可或缺的重要零組件。被動元件相較於其他電子次產業，不易受單一產品或單一產業景氣波動影響。

過去由於廠商製造經驗不足、數以倍計擴產，被動元件曾歷經激烈的殺價競爭。金融海嘯後，生產中高階被動元件的日本大廠產能擴充相對保守，隨著電子商品需求再起，2010 年第二季被動元件出現缺貨風潮，包括晶片電阻、多層陶瓷電容器（MLCC）、電感的供需缺口拉大，加上日圓升值影響，台廠受惠於客戶轉單效應，稼動率攀高，營運持續回升。

被動元件的應用層面相當廣，下游終端產品，包括個人電腦、消費電子、網通、汽車及工業領域等，隨著無線通訊與手持式產品持續發展，對

---

**稼動率**

稼動率是用來衡量設備使用效率的指標之一，就是將機器可運轉的時間（負荷時間）扣除因休假、保養、修復等停機時間。例如今天 A 印刷機因為更換油料，累計停機 2 小時，則本日該機台的稼動率為（24-2）／24 ＝ 91.67%。設備稼動率公式＝稼動時間（負荷時間－停止時間）／負荷時間。

---

於小型化之電容、電阻的使用量，將因為產品的高階化而持續增加。

不過全球被動元件供應者仍以日本為首，掌握了高階技術與關鍵材料，使得國內業者難以與之抗衡。即使國內的被動元件廠近年來致力於晶片化趨勢發展，在銷量上有所提升，但其客戶多以桌上型電腦代工廠、電源供應器等大廠為主，這些大廠的議價能力強，使得傳統被動元件價格競爭日趨激烈，利潤逐漸微薄。

## 比特幣大漲，挖礦機帶動需求

2010 年，全球景氣平穩回升，被動元件產業在經過金融海嘯後，不少小廠受衝擊並遭到淘汰，而技術領導地位的日系大廠也謹慎擴廠。雖然全球景氣回溫，對於歐洲債信問題及美國經濟成長低於預期的疑慮，加上日圓升值，使得全球被動元件市場擴產趨於保守。所幸在下半年智慧型手機及平板電腦需求強勁，以及中國、印度等新興市場對於消費性電子產品需求持續成長的支撐，被動元件市場規模從 2009 年的 350 億美元成長至 2010 年的 381 億美元，2009 ～ 2013 年年複合成長率為 6.5%。

2018 年比特幣大漲，比特幣挖礦機銷售暴增，挖礦機需要大量的被動元件，造成供需吃緊。2020 年，筆記型電腦、桌上型電腦因疫情所帶動的宅經濟而爆發。加上 2021 年 5G 普及電動車大幅成長，都推升被動元件需求。

就個別產品分析，整體被動元件市場以電容器規模最大，約占整體產值的一半，電感器及電阻器次之，最後是振盪器和濾波器。電容器以日系被動元件廠為首，占全球比重約 7 成，在電感器市占率更是高達 85%以上。台系被動元件廠僅在晶片電阻器保持優勢，市占率約 70%，整體被動元件市場依然由日系被動元件廠穩坐全球領導地位，約有 60%市占率。

## 大廠國巨積極購併成龍頭企業

電容器若以材質可細分成三十餘種，目前國內廠商主要以生產陶瓷電容器、鋁質電解電容器為主。陶瓷電容器主要可分為單層及多層陶瓷

## 被動元件產業

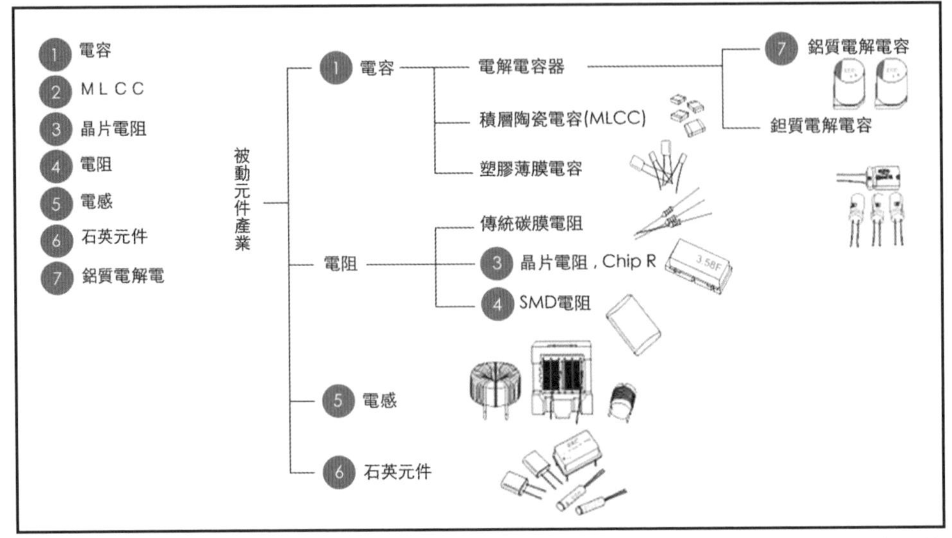


資料來源：XQ 嘉實系統

電容器（MLCC），單層陶瓷電容器多用於耐高壓環境，屬較低階產品；MLCC 則可透過表面貼焊技術（SMT，Surface Mount Technology）直接黏著，生產速度快，具有易於晶片化、體積小的優勢，應用領域包括筆記電腦、手機、GPS 等，已成為電容器產值最高的商品。

MLCC 依尺寸大小可區分為 0201、0402、0603、0805 及大於 1206 等規格，0805、0603 規格主要應用於個人電腦；而 0402 與 0201 規格主要應用在高階手機，如蘋果 iPhone。目前全球 MLCC 主要供應商包括日本村田（Murata）、TDK、太陽誘電（Taiyo Yuden）、Kyocera、Panasonic，及台灣的國巨（2327）、華新科等。

鋁質電解電容是電容器中最被廣泛使用的一種，其優點是靜電容量大且價格便宜，目前廣泛應用在資訊工業、通訊工業、軍事及消費性電子產品，國內外供應商包括日系佳美工（Nippon Chemi-con）、Nichicon、Panasonic、Sanyo Electric 為代表，國內主要的廠商則有立隆電（2472）、金山電（8042）、凱美（2375）、日電貿（3090）等。

由於鋁質電解電容的充放電速度較快，可用於電能轉換儲存的用途上。近年國內相關業者已陸續切入風力發電、太陽能的PV Inverter等領域，其中以立隆電在切人非個電腦領域的成效較佳；立隆電因轉投資化成鋁箔的立敦（6175），較具垂直整合優勢。

國內被動元件的盟主是國巨。2010年以來，在董事長陳泰銘的購併策略下，集團日益壯大。集團的產品包括晶片電阻（Chip-R）、積層陶瓷電容、鋁電容、鉭質電容等。集團下的上市櫃公司有奇力新、凱美、旺詮、智寶。2019年更購併國際被動元件大廠基美（KEMET），進一步跨入鉭質電容領域。

## 被動元件的操作策略

所有電子產品都需要用到被動元件，所以被動元件的供需受電子產業景氣影響很深，是標準的景氣循環股。當電子產業趨勢向上，被動元件的需求大增，電子製造廠搶料源，通路商囤貨，原廠趁勢漲價，整個產業鏈欣欣向榮。

眼見整體產業趨勢向上，原廠開始擴產，最後供過於求，廠商只好殺價競爭，景氣由高點滑落。被動元件的景氣為3～4年一個循環，景氣向上時，整體產業吃香喝辣；景氣到了高點，企業積極擴產或互相購併；當景氣下滑，產業勒緊褲帶，殺價搶單；當景氣到谷底，經營不善的企業倒閉，產業開始重整，大者恆大，小廠淘汰出場。

操作被動元件的股票，首先要知道目前景氣循環期的位階，以及目前是買方市場還是賣方市場，對於產品價格的敏感度也要夠。如果產品價格調漲，要勇於進場；如果產品價格有降價的可能，要勇於離場。當景氣來到谷底，要逢低布局；當景氣來到高峰，要逢高賣股。操作被動元件產業要注意的財務指標，除了本益比，也可以用股價淨值比衡量。

**被動元件為景氣循環股，3 ～ 4 年一個循環**

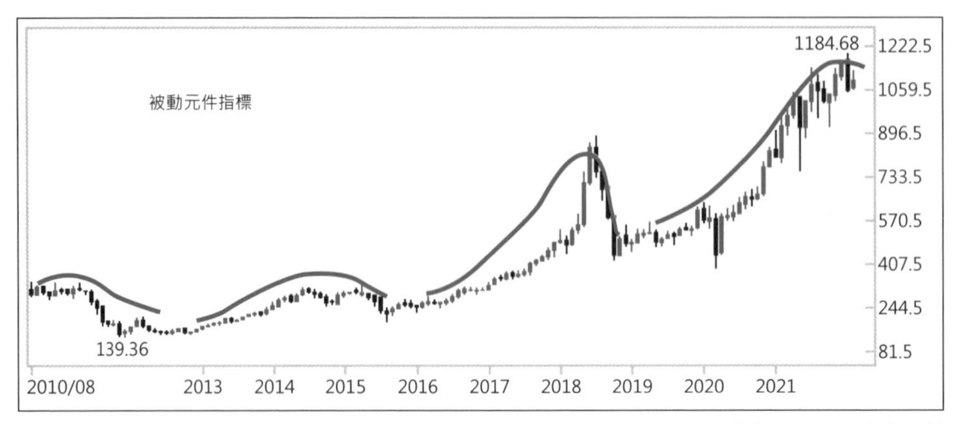


資料來源：XQ 嘉實系統

## 鋼鐵產業：受國際市場供需影響

台灣鋼鐵業的產能大部分未達國際經濟規模，加上中鋼獨占上游市場，業者多往下游發展，呈現正三角形架構。原料如廢鋼、小鋼胚、不銹鋼多靠進口，受制於人；高級鋼種產品自製率不足，加上鋼品進口關稅低，台灣遂成為各國進口貨競爭的市場。中鋼是產業龍頭，也是國內鋼鐵原料的最主要供應商，而中鋼盤價的漲跌也成為影響國內各種鋼品行情起落的最關鍵指標。

鋼鐵業的景氣與汽車、營建等產業息息相關。雖然鋼鐵業是內需型產業，但對台灣市場而言，不像水泥業屬寡占市場，鋼鐵業是市場價格的接受者，而非主導者，經營效益決定於原料成本、生產效率、市場需求與匯率變動。鋼鐵業是資本密集與勞力密集的產業，產能效率、作業一貫化是掌控市場的利基，中鋼集團、燁隆集團等都朝這個方向努力。

上游以中鋼（2002）的高雄煉鋼廠與進口鋼胚、鋼錠為主。中游以線材、棒鋼、型鋼、鋼板和冷熱軋鋼捲為主，代表廠商為中鋼、高興昌（2008）與中鴻（2014）。下游的鋼鐵成品分為營建用的 H 型鋼、鋼筋、鋼結構等，工業用的螺絲螺帽、角鐵和黑鋼管，貨櫃用的貨櫃角，代表廠商有春源（2010）、春雨（2012）等。

## 高爐煉鋼與電爐煉鋼

煉鋼的方法主要有「高爐煉鋼」及「電爐煉鋼」兩種。

高爐煉鋼是全球主流的煉鋼方式，但投資金額大，國內只有中鋼、中龍採用這種生產方式。中鋼是產業龍頭，也是國內鋼鐵原料的最主要供應商，而中鋼盤價漲跌也成為影響國內各種鋼品行情起落的最關鍵指標。高爐煉鋼的主原料是鐵砂、焦煤等，中鋼每生產 1 噸鋼品，平均耗用鐵砂 1.6 噸、煤炭 0.85 噸。

### 鋼鐵產業上中下游供應鏈

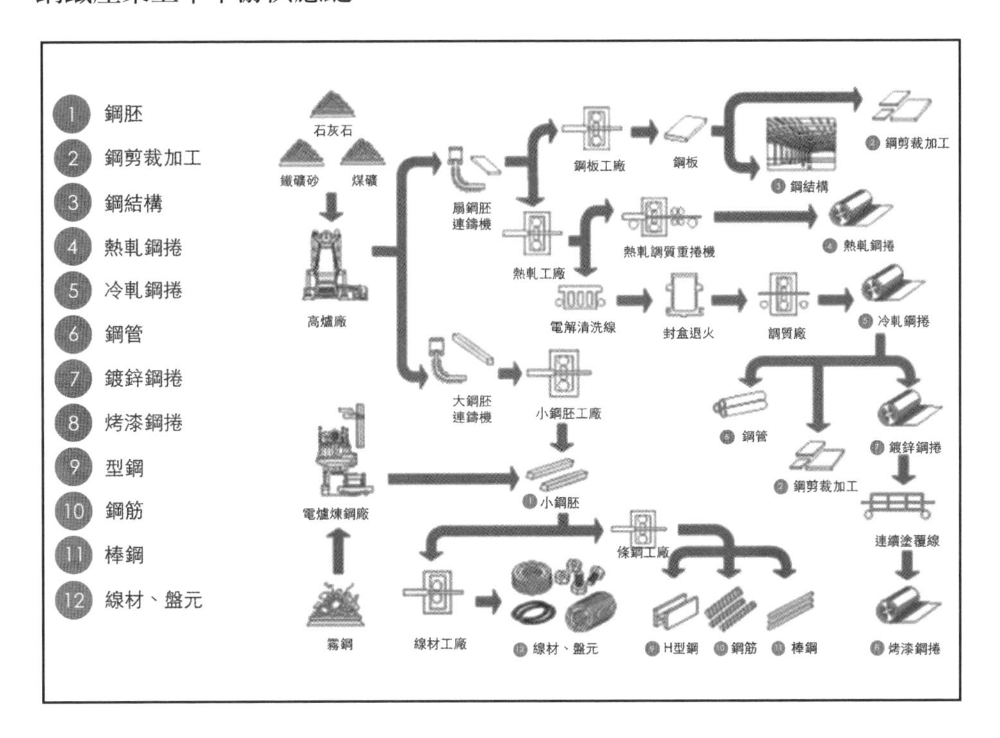


資料來源：XQ 嘉實系統

而電爐煉鋼是以廢鋼為主原料，國內採用電爐煉鋼的業者頗多，有東鋼（2006）、豐興（2015）、威致（2028）、海光（2038）等，主要產品是條鋼上游原料小鋼胚。而不銹鋼有燁聯（9957）、唐榮（2035）等，產品包括平板及條鋼兩大類不銹鋼品。

## 不銹鋼產業

不銹鋼的材質依添加鎳成分的不同，分為200系列（含鎳1%～4%）、300系列（含鎳8%以上）、400系列（不含鎳，只添加鉻）三大系列產品。鎳是不銹鋼最重要原料，重量占比雖只有8%，但成本占比高達50%以上。其中，300系列的市場占有率約8成，是主流產品。鎳占不銹鋼成本比重極高，鎳價漲跌對不銹鋼行情影響極大，鎳價成為不銹鋼行情的領先指標。

上游廠燁聯和唐榮以倫敦金屬交易所的鎳價現貨均價，做為國內盤價

### 不銹鋼產業上中下游供應鏈

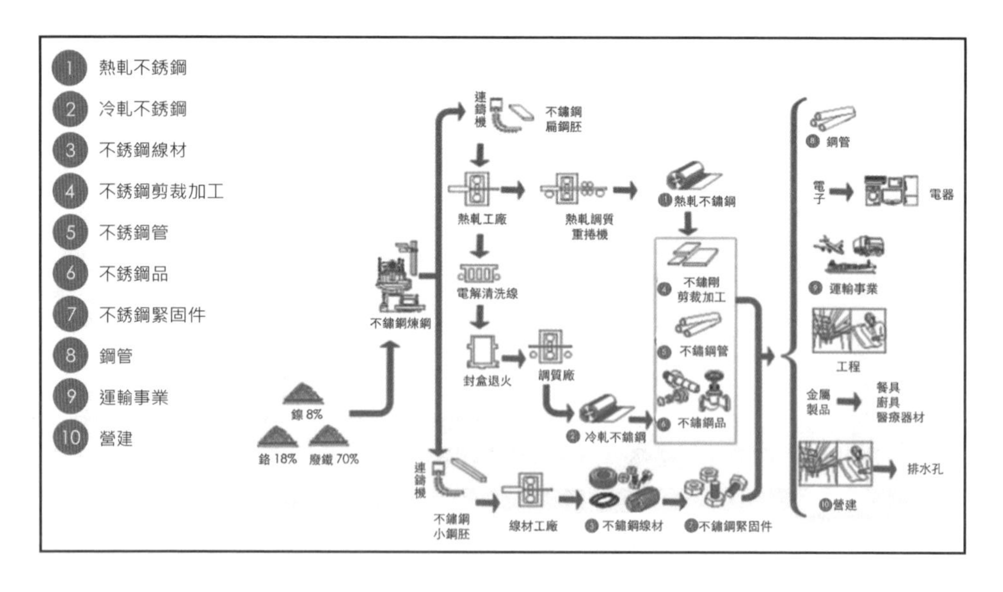


資料來源：XQ 嘉實系統

### 資本密集型產業（Capital Intensive Industry）

主要是指鋼鐵、一般電子與通信設備製造、運輸設備製造、石油化工、重型機械工業、電力工業等，是發展國民經濟、實現工業化的重要基礎，發展此型產業需大量技術設備和資金。

台灣不銹鋼廠商

**裁剪加工**

新鋼(2032) 新光鋼(2031)
運錩(2069) 建錩(5014) 沛波(6248)

**冷熱軋不銹鋼板捲**

春源(2010) 千興(2025) 允強(2034)
建錩(5014) 燁聯(9957) 有益(9962)

**製 管**

中鴻(2014) 高興昌(2008)
美亞(2020) 大成鋼(2027)
彰源(2030) 允強(2034) 國統(8936)

**不銹鋼棒線**

春源(2010) 世鎧(2063)
晉椿(2064) 榮剛(5009)

**不銹鋼型鋼**

允強(2034)

資料來源：《工商時報》

重要參考依據，當鎳價上漲，表示市場供應吃緊、買家搶貨，國內不銹鋼盤價，有望回漲。反之，當鎳價跌，不銹鋼的盤價就會下滑。

## 中國需求決定全球鋼鐵業景氣興衰

鋼鐵業與國際景氣息息相關，而台灣鋼鐵市場較國際行情容易暴漲暴跌，因此，鋼鐵類股的股價波動較大。以景氣周期來看，鋼鐵業經過 1992 到 1993 年的盤整期，於 1993 年 7 月突破盤整區後，足足走了兩年的多頭行情，到 1995 年 5 月來到頂點，隨後反轉直下。美國雖為國際鋼鐵市場的龍頭，但對台灣市場影響有限；亞太地區則以日本、中國和韓國較具舉足輕重地位。

在全球主要鋼鐵消費國中，中國是帶動近年鋼鐵需求成長的關鍵國家，因此，決定未來鋼鐵景氣盛衰的關鍵，在於中國市場需求的強弱。在鋼品下游應用市場中，營建及汽車分別占有市場三成及一成多，是最關鍵的兩大市場。而在中國，家電市場也是重要的鋼材消費市場。

---

### 鋼鐵業觀察指標

中部大廠豐興每周開出的廢鋼、鋼筋盤價，是市場景氣好壞的重要觀察指標。不銹鋼景氣最重要領先指標是鎳的走勢，而國內不銹鋼煉鋼廠產能最大的燁聯，定期開出的盤價也是不銹鋼景氣盛衰的重要觀察指標。

### 盤元

鋼胚加熱軋延製成，以小鋼胚為原料，經軋延後製成盤元，再加工後可生產螺絲、螺帽、鋼線等下游產品。依含碳量不同，可區分為高中低碳盤元，其中含碳量在 0.45%以上者為高碳盤元，含碳量在 0.22% ~0.45%區間者為中碳盤元，含碳量在 0.22%以下者為低碳盤元。依中鋼的分類標準，直徑 14mm 以上者稱為棒鋼，14mm 以下者稱為線材，二者合稱為棒線。

---

國內鋼品的自給率，以上游原料扁鋼胚、小鋼胚、盤元、熱軋不銹鋼捲較低，須仰賴進口，而中下游產品的自給率多超過 100%，須仰賴出口消化產能。中國市場是台灣鋼品的最主要外銷地區，因此其鋼價也是影響國內鋼價走勢的關鍵因素。平板鋼品的最上游原料是扁鋼胚，而扁鋼胚軋製的熱軋鋼品是平板鋼品的最主要原料，國內最大供應商是中鋼。

## 塑化產業：緊盯油價走勢

塑化產業在台灣工業化的過程中，扮演相當重要的角色。早期石化產業的最上游是中國石油公司，以它為上游開展出塑化一次和二次加工的中下游公司，占台灣早期的 GDP 舉足輕重。台灣因為塑化業形成的產業集團相當多，例如台塑集團、台聚集團、華夏集團和奇美企業等。塑化原料的原料是石油，台灣不產油，全靠進口，所以國際油價漲跌影響塑化業成本，也影響塑化產品的售價。

石化業在國內產業中具有舉足輕重的地位，中油公司和台塑化提煉原油成為乙烯、丙烯、丁二烯和苯等塑化上游原料，提供中游廠商如台塑、華夏、國喬、台苯等公司製造中間原料，最後供應聚酯化纖、乙二醇、純對苯二甲酸酯等石化原料，提供下游製造商做成鞋襪、成衣、皮包、雨衣、泳衣、塑膠袋等上萬種民生用品。

由於國內石化產業上中下游一氣呵成，產品與原料價格環環相扣。影響石化價格最主要因素是原料成本和消費成品的需求量。中國對台灣石化業影響極深，但歐美經濟景氣，仍是影響全球石化業最重要的變數。在台灣塑膠製造商紛紛至中國設廠的情形下，中國的經濟政策也是觀察重點。歐美是石化產品的消費大國，觀察的項目包括：美國汽車及房屋銷售成長率、海灣區原油現貨報價、國際各大廠產量預估等。

1995 年初開始，石化業開始呈多頭走勢，肇因於美國經濟復甦，歐美日大廠因爆炸、乾旱而供給減少，下游業者在缺貨的恐慌心理下奮勇搶進。1996 年上半年漲勢依然凌厲，下半年因美國景氣明顯降溫，而且在遠東區各國紛紛擴建產能的情形下，石化產品行情演出數十年來最慘烈的崩盤走勢，國內塑化股也開始一蹶不振。

到了2000年中國崛起，需要大量的塑化原料，台灣的石化業因技術及品質優於中國的廠商，因而快速取得中國市場的先機，各塑化類股的股價也快速飆升。2008年全球景氣因美國次貸風暴下滑，塑化的需求也因而減少，股價順勢下滑。長期而言，台灣的塑化產業有其競爭優勢，特別是台塑集團的台塑四寶，更是長期投資的首選。

## 台灣是全球最大ABS樹脂生產國

乙烯是供應塑膠射出成品的最重要原料，亞聚（1308）生產的低密度聚乙烯可製成塑膠袋、積體電路板；台塑（1301）生產的高密度聚乙烯可製成硬管、水管、薄膜；台塑、華夏（1305）、南亞（1303）生產的聚氯乙烯可製成塑膠皮布、塑膠管、塑膠板等；台苯（1310）、國喬（1312）生產的苯乙烯供應各式建材原料與汽車零件原料。

ABS樹脂具耐熱、耐衝擊、硬度佳、成型加工性優等特色，並具有工程塑膠的特性，主要應用在資訊產品如電腦外殼、筆記型電腦外殼、手機外殼等。台灣是全球最大ABS樹脂生產國，產量占全球供應量兩成以上，主要廠商奇美實業年產能高達約100萬公噸。國內年需求量僅20餘萬噸，因此，ABS樹脂主要外銷中國，但ABS樹脂供過於求，毛利率並不高。

苯乙烯（SM）是由苯與乙烯經化學作用而形成的產品，下游產物包

---

### 台塑四寶

指的是台塑（1301）、南亞（1303）、台化（1326）、台塑化（6505）這四家。目前台塑是國內聚氯乙烯（PVC）第一大廠，若加上台塑美國廠，已是全球最大PVC廠。南亞是全球第三大乙二醇（EG）廠，並在電子特用化學品上大有斬獲，轉投資南亞科（2408）、南亞電路板。台化是國內最大苯乙烯（SM）與聚丙烯（PP）廠。而台塑化是國內唯一民營的煉油廠，與中油並駕齊驅。

---

## 石化產業上中下游關係圖

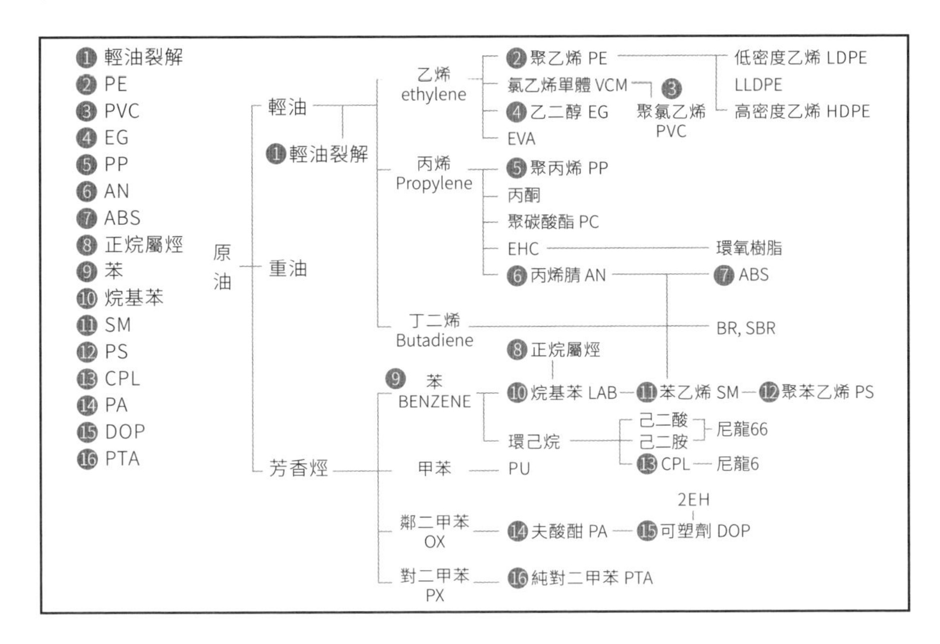


資料來源：XQ 系統

括聚苯乙烯（PS）、ABS、苯乙烯丁二烯橡膠（SBR）等。由於 SM 是易燃液體，且若放置過久可能會起化學反應而變成 PS，因此，庫存量往往不會太高。

換言之，一旦下游需求快速上升或生產線發生意外，往往會造成 SM 供給相當吃緊，因此，SM 報價波動較為劇烈。目前國內 SM 自給率仍不足，必須依靠進口，使得國內 SM 報價往往會與遠東區現貨價連動，加上 SM 又是國際流動性相當高的商品，也使遠東區 SM 報價與美國海灣區 SM 報價走勢連動性很高，可說是受國際現貨價影響最深的塑膠原料。

國內生產 SM 的廠商包括台苯、國喬及台化。其中，台苯營運專攻 SM，因產品單一化，股價表現與 SM 報價連動性最高。

## 塑化產業的投資策略

塑化產業是原物料產業，也是景氣循環產業。國際油價的漲跌短期是供需影響，長期是政治力介入。平常石油輸出國組織協調出國際油價，美國和俄羅斯兩大國在後方當影武者，一旦中東地區有戰事發生，油價肯定上漲。原油也有淡旺季，冬天和夏天是旺季，春天和秋天是淡季，旺季來臨前，油品通路商會囤積庫存，油價會蠢蠢欲動；淡季來臨前，油品通路商會清庫存，油價下跌壓力大。

塑化產業的原料是石油，所以油價漲跌影響塑化公司的營收和獲利。當油價上漲，塑化公司為了反映應成本而提高售價，此時整個產業鏈欣欣向榮。當油價下跌，塑化公司也必須調降售價，此時營收和獲利減少。因此當國際原油上漲，投資人應該搶進塑化類股。

### 2007 年油價上漲，台塑（1301）股價呈現多頭走勢

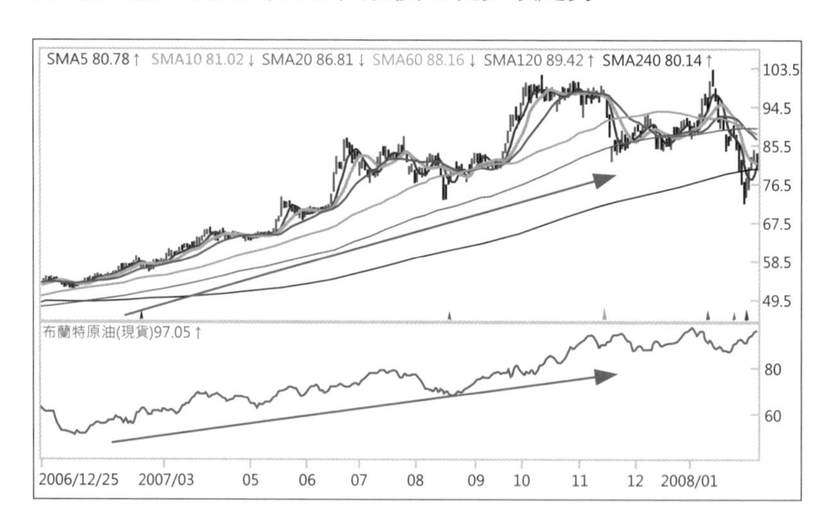


資料來源：XQ 系統

**2014 年油價下跌，台塑股價呈現空頭走勢**

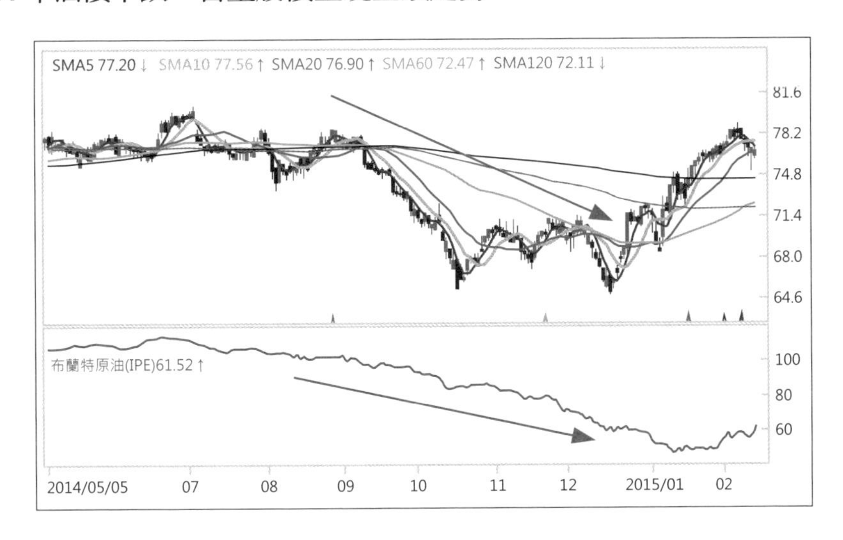


資料來源：XQ 系統

## 資產概念產業：主力業內的最愛

所謂的資產股是指該公司擁有大批閒置或準備開發的土地，因持有時間很長，購置成本相當低廉，一旦出售或開發完成，往往有可觀利潤。這樣的公司往往成為市場主力作手炒作的標的。若公司所持有土地位於精華地段，更具有想像空間。

要啟動資產概念成為主流標的，必須具備天時、地利、人和。天時方面，在整體環境上，不動產市場趨勢是往上的，也就是房價有向上的趨勢；地利方面，該土地有開發計畫，或是已取得官方的變更同意；人和方面，公司派和市場派互相搭配演出，進場買進持股，造成股價上漲，並發布利多消息，吸引散戶進場，最後拉高出貨。這類股票兼具投資與投機，長期而言，投資人中長線持有土地資產股，無疑也是擁抱獲利。短期而言，當股價過高，主力作手最後一定會出貨，股價也會跌回合理價位。

資產股可分為三大類，第一種就是擁有土地資產的個股，比如說農林

（2913）、士電（1503）、士紙（1903）等個股。之所以被歸納為資產股，是因為其所擁有的土地相當多，甚至有些公司的土地遍及全台灣。

第二種是由土地開發的觀念來重新定義，例如遠東新（1402）、廣豐（1416）、東和（1414）、三洋電（1614）等，因計畫將部分所屬土地進行開發，就被歸為資產股，如泰豐（2102）主要受惠於中壢廠工業區變更為第二種住宅區用地；如三洋電三重廠位於台北捷運出口，公司決議申請將工業區變更為商業和住宅區用地。

第三種是國際財務報導準則（IFRS）上路後，金管會嚴格規定，上市上櫃公司土地的資產重估利益必須以公告現值及成本差異入帳，避免土地市價波動過大，造成股價或財務的波動。這些因為土地開發銷售利益具有潛在想像空間的公司，也會成為資產類股，例如南港輪胎（2101）在南港重劃區的土地，中華電（2412）在全台市區的土地，各金控旗下銀行或壽險公司擁有的辦公大樓，都因為這個會計制度而受惠。

無論是公司處分或重估土地資產，都是公司內部經過一段時間的規劃，而公司內部人或是與公司往來密切的法人，通常會先進場買進，因此還沒正式發表消息之前，股價就會漲一波了。等到消息一發表，這些先前卡位的投機客就會趁著利多出貨，散戶投資人聽到消息進場買進，就成為這些人的提款機，變成冤大頭。

所以在投資策略上，當投資人看到公司發表「公司處分或重估土地資產」的消息時，要先看看股價是否已經漲一波了，如果是，千萬不要進場，如果要進場也只能搶短。最好是等到先前卡位的投資人都離場後，看看消息的發酵程度，再擇機進場。

操作這一類的股票原則是「買在沒量，耐心等待，賣在有量」，也就是當市場都沒注意，成交量萎縮到窒息量時，慢慢買進，然後要很有信心地抱股，堅信土地不會不見，耐心等待題材發酵。當市場一片熱絡時，成交量暴增，所有散戶都進場時，就要逢高出脫。

## 選擇投資標的

資產股多為老牌傳統產業，例如紡織、塑化、造紙、食品、金融等公司才會長期持有土地，而電子類股很少是資產類股。當這些大批的閒置土地，因為公共工程例如捷運、高鐵、快速道路動工，或是土地重劃如南港經貿園區、內湖科學區、桃園航空城等利多因素，造成土地價格飆漲，此時公司若提出開發計畫，容易成為主力作手炒作的標的。

有時候市場派人士覬覦公司有龐大土地資產，且股價偏低，也就是股價總市值小於公司淨資產總市值，若公司派持股偏低，正提供市場派進場買股的理由。市場派會結合金主、主力進場買股，拉抬股價。此時公司派如果為了捍衛經營權，進場買股以增加持股，股價必然飆升，再加上媒體推波助瀾，散戶搶進，他們便可拉高出貨。

如果公司派不願意增加持股，甚至逢高賣股，市場派會將股權買到一定百分比，以便宜的價錢入主該公司，來活化不動產。這類股票既有資產題材，又有股權爭奪戰話題，會是投機的好標的。

必須注意的是，資產股常常是「有夢最美」，一旦公司基本面出現嚴重問題，或是議題消失，或是主力作手棄守，股價便會無量下跌，投資人很有可能血本無歸。像 1980 年代的台火，靠資產題材股價炒到一千多元，現在只剩五、六元。台鳳更是資產股暴漲暴跌的經典，公司派聯合各大金主爭相投入，又有立委穿梭其中，鳳梨宴更是當時的新聞話題。股價由 80 元附近起漲，公司宣稱要在屏東農場開發土地，股價一路漲到 300 元以上。最後爆發掏空公司、行賄官員、內線交易等弊案，沒多久就下市。台鳳使得國內金主圈損失慘重，套牢的散戶更是不計其數。

因此投資資產股，最好慎選體質佳、土地開發已有眉目者，正派經營的公司較不會淪為純投機炒作。

## 如何決定進出場時機？

基本面

買資產股時如果有基本面的支持，會買得比較安心，所以要評估淨值，並衡量股價淨值比。投資資產股是買它的資產價值，所以不能看本益比，而要看股價淨值比。很多投資人都是用本益比一招闖股市，結果往往在資產股上摔一大跤。

當公司處分不動產或出售土地，會讓當年度的獲利大增，市場會用本益比的觀念說服投資人股價很便宜，可以買進，其實這是陷阱。例如公司當年度本業的每股盈餘（EPS）2 元，另外賣土地讓 EPS 增加 5 元，新聞就會寫這家公司的 EPS 高達 7 元，以本益比 10 倍計算，股價就有 70 元的價值。這是錯誤的觀念，因為土地處分掉就沒有了，本益比只能給 1 倍，所以合理的目標價是 25 元：本業 EPS 為 2 元，本益比 10 倍，賣土地 EPS 增加 5 元，本益比 1 倍。

淨值又稱資產淨值，在會計上指公司償還所有負債後股東擁有的資產價值，也就是總資產減去總負債。

**股價淨值比（P ／ B）＝每股市價／每股淨值**

**每股淨值＝（淨值－特別股股本）／普通股股本**

例如某家公司在某一時間點，股價為 30 元，每股淨值為 15 元，它的股價淨值比是 2（＝ 30÷15）。又例如某家公司在某一時間點，股價為 20 元，每股淨值為 30 元，它的股價淨值比是 0.66（＝ 20÷30）。當股價高於每股淨值時，比值大於 1，當股價低於每股淨值時，比值小於 1。

投資人在運用股價淨值比評估是否買進資產股時，首先要了解這家公司過去合理的股價淨值比區間，過去股價最高時股價淨值比是多少？股價最低時股價淨值比是多少？然後看看目前的股價淨值比，如果偏低就可以買進，如果偏高就必須賣出。

技術面

看好一檔資產股，要在股價低檔，沒有成交量時慢慢吃貨；等到市場開始炒作時，媒體大幅報導，股價上漲一大波，成為市場追逐標的，成交量暴增時就要離場。

另外可以從籌碼面分析，當買盤集中在特定券商，賣盤分散，表示主力在進貨，可以分批進場。當賣盤集中在特定券商，賣盤來自於融資，表示主力在出貨，投資人要順勢離場。由於資產股並非法人關注的標的，所以不用在意三大法人是否有買進。

資產股常常出現在多頭行情末段，所有股票都漲高了，沒有股票可以炒作的時候，資金會流往還沒上漲的資產類股。因此當資產股成為主流股，也可能是大盤多頭行情即將告終的訊號，不可不慎。

## 實例說明

公司處分土地會讓該年度的獲利增加，主力也會趁機會炒作股票。這種似是而非的說法，反而誤導投資人被套牢。因為出售土地屬於一次性收益，賣掉就沒有了，且會計科目放在業外收入，因此要把當年度的收入分為本業和出售土地。

2009 年市場傳言，冠軍磁磚準備處分中國上海的廠房，如果處分成功，將大賺一個股本。剛開始是市場謠傳，接著主力、作手就開始吹噓，當年度的 EPS 是 10 元，以本益比 10 倍計算，股價要漲到 100 元才合理，媒體更是大幅度報導，投顧分析師也不遺餘力大肆吹捧。

過程中公司派不承認也不否認，給投資人很大的想像空間，散戶與法人前仆後繼搶進股票。股價由 2009 年 9 月 10 元起漲，飆升到 2010 年 8 月底的 30 元，最後出現爆量長黑的走勢。此時主力開始撤守，散戶被套到最高點，冠軍瓷磚也因為利多出盡加上本業不佳，股價又被打回原形。

冠軍磁磚（1806）走勢

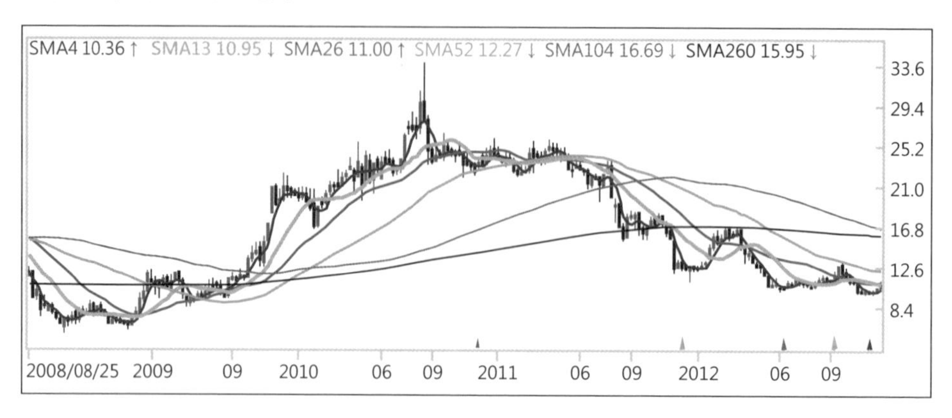


資料來源：XQ 系統

## 資產概念相關類股

**營建資產概念股：**

勤美（1532）、龍邦（2514）、興富發（2542）、鄉林（5531）

**運輸資產概念股：**

榮運（2607）、大榮（2608）

**食品資產概念股：**

大成（1210）、愛之味（1217）、黑松（1234）、泰山（1218）

**紡織資產概念股：**

遠紡（1402）、新紡（1419）、東和（1414）、廣豐（1416）

**機電資產概念股：**

士電（1503）、歌林（1606）、三洋電（1614）

**汽車資產概念股：**

裕隆（2201）

**電子資產概念股：**

大同（2371）

**觀光資產概念股：**

六福（2705）

**金融資產概念股：**

國泰金（2882）、新光金（2888）、台壽保（2833）

**南港資產概念股：**

台肥（1722）、國揚（2505）、工信（5521）、國產（2504）、南港輪胎（2101）、聯華（1229）

**捷運新莊線資產概念股：**

宏普建設（2536）、三洋電（1614）

**其他資產概念股：**

農林（2913）、台火（9902）、大台北（9908）、達新（1315）、大東（1441）、興農（1712）

## 生技醫療產業：日新月異題材不斷

台灣推動生技產業已初具成效，台灣的資本市場對生技產業也給予比較高的本益比，甚至賠錢的新藥公司也能上市櫃，這說明了大家看好生技產業的未來性。2012 年行政院推動「台灣生技產業起飛行動方案」，針對生技三大領域：藥品、醫療器材、醫療管理服務，持續強化已建構的生技基礎建設。生技產業強調跨國的合作，美國在 2011 年推出醫改法案，中國於 2009 年推動 3 年人民幣 8,500 億元的醫療改革，對台灣生技產業都是機會。

生技類股可分為製藥、醫材、保健、醫美和通路四大次產業，其中製藥可區分為新藥、原料藥和學名藥。

## 製藥產業

### 新藥

新藥開發相當漫長，短則 5 年、長則 10 年，通常只有國際大藥廠才有能力獨立完成，新藥開發分為臨床前試驗和臨床試驗。臨床前的試驗，包括動物實驗等，都在實驗室進行。

臨床實驗一般可分為四期，即第一期（phase I）至第四期（phase IV）。第一期是監控藥物的安全性，是否造成危害，並對其藥物特性獲得初步的了解。第二期此藥品即可用於有特定疾病的患者，透過患者的服用來確認藥效和副作用。第三期包含了美國食品藥物管理局（FDA）規定的試驗，在此階段中，更進一步擴大投藥的樣本，評估此藥的有效性及安全性。第四期在藥廠將新藥推出市場後，藥廠仍須繼續觀察新藥的安全性，注意是否有副作用及特定藥理效應產生。

近年來生物科技快速進步，由基因工程的研究，揭開疾病產生的原因，許多中小型的新藥公司應運而生，這些新藥公司的專長在研究致病原因和尋找先導藥物。早期台灣的藥廠沒有機會進入新藥開發的領域，但近年來國際藥廠為了降低研發成本，加強跨國合作，因此將部分研發進度分割成數個步驟，委由新藥公司代為研發，再加以整合。當藥廠每次進一級，股價都會以大漲，表示這一項藥品離上市越來越近，報酬也會越來越高。近年來台灣生技股飆漲最兇悍的都是新藥族群。

### 學名藥

學名藥是指原廠藥的專利過期後，其他藥廠可以參考原藥廠的公開資訊，以同樣成分與製程，生產已核准之藥品。因為是產製相同化學成分藥品，學名藥不僅安全，效果、品質與療效皆與原廠藥相同，可見學名藥是相當成熟的藥品，藥品的風險小，利潤相對較少。台灣很多藥廠是以生產學名藥著稱，無論在製程或是設備都具有相當高的水準，藥廠經營的重點在於行銷通路和信譽。

1984年，全球學名藥市場在美國《藥品價格競爭與專利期補償法案》（Hatch-Waxman）制訂後開始快速發展。近年來幾波學名藥的專利到期，帶動了學名藥市場的成長，2008～2015年，全球學名藥市場的年成長率約10%。在各國政府為控制醫療保健費用的支出，因而積極鼓勵使用學名藥的情況下，全球學名藥的市場乃快速成長。為了因應此一潮流，政府也積極推動高附加價值學名藥品的開發，以促進國內生技產業的發展。

原料藥

原料藥又稱活性藥物成分，病人無法直接服用的物質，一般再經過添加輔料、加工，製成可直接使用的藥物。原料藥依據生產技術可分為三種：化學合成類、發酵類以及生物科技類。目前世界各國使用中的原料藥約有4,000種，國內經常使用的約有1,000種。

少數的國際大藥廠沒有生產原料藥的能力，必須外包給專業原料藥廠，大部分有能力自行生產原料藥的大藥廠，為了降低成本，將產能留給利潤較高的產品，內部生產與委外生產的原料藥大約各半。對大藥廠而言，新藥開發與銷售才是必須掌握的核心技術，原料藥生產僅為其產品組合的一小部分。原料藥廠與製劑廠是供應商及客戶的合作，更是互利的夥伴關係。

原料藥代工生產上，製劑廠非常重視品質、交期、產品穩定度，專利及智財權也是重點。能和國際藥廠一起共同開發新商機，是原料藥廠的重要競爭優勢，國內最大原料藥廠是統一集團的神隆製藥。

新藥開發程序

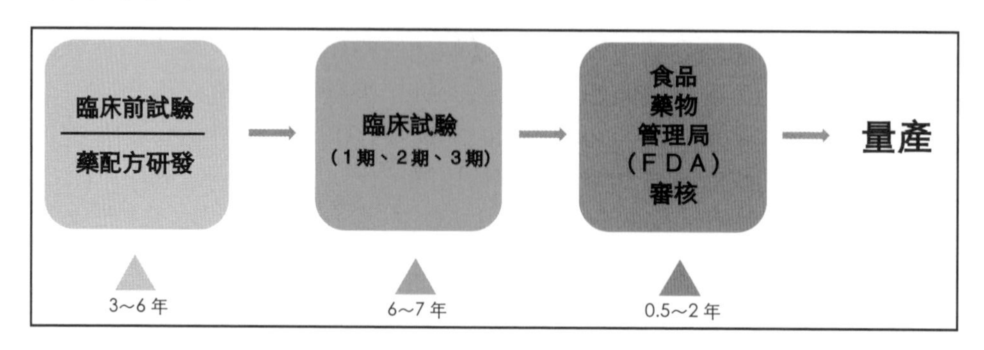


資料來源：作者整理

台灣藥廠及其相關藥品

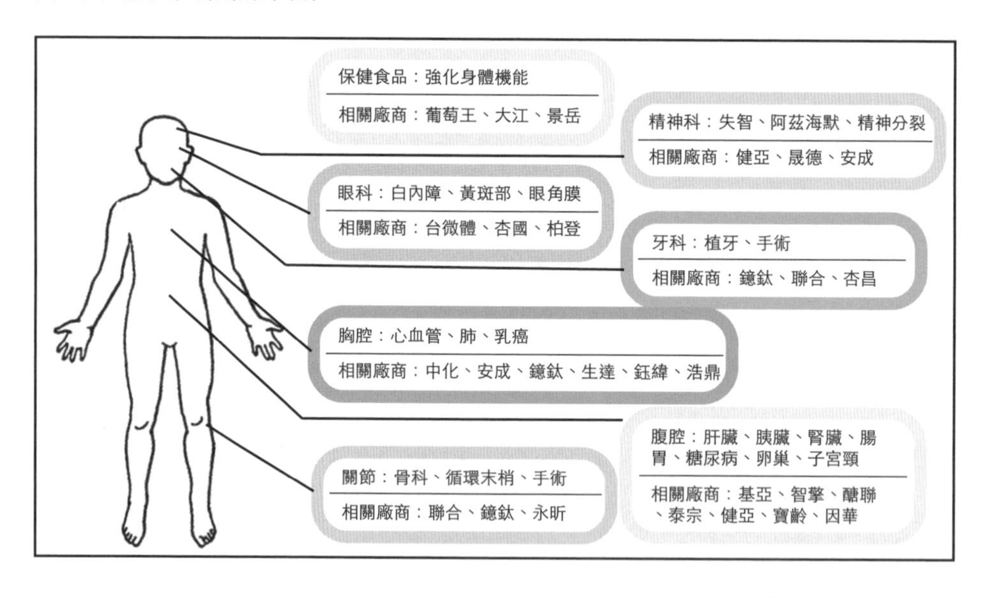


資料來源：KGI 證券

台灣製藥指標走勢

資料來源：XQ 系統

## 醫材產業

歐美市場對醫材產品需求復甦，加上我國醫材廠於中國成功銷售布局，推升醫療器材產業的整體產值，2013 年台灣醫療器材產業的營業額約為新台幣 814 億元。醫療器材相關廠商約 626 家，廠商多為 300 人以下之中小企業，廠商以代工為主，產品多為中低階醫材，九成廠商以生產為主要營運活動。

醫療器材經衛生機關查驗管理或登記報備，常須配合臨床研究以達安全性及有效性的實證效果，因為具有臨床驗證及法規的高門檻，產業入門障礙較高，具有高毛利、高附加價值的特性。醫療器、耗材也在生技領域中占有相當大的分量，尤其在我國未來發展生技產業中，更扮演舉足輕重的角色。

應用台灣電子業核心技術，結合資訊通訊技術及機電工程領域方面的優勢，台灣的醫療器耗材廠，不但早已在全球相關領域中大放異彩，在台灣掛牌的生技股中，也屬於高獲利的代表。截至 2014 年，台灣醫療器材上市櫃廠共 33 家，包含 5 家上市、16 家上櫃及 12 家興櫃廠商。比較知名的廠商包括熱映光電（3373）、曜亞（4138）、精華光（1565）、寶利徠光學（1813）、聯合骨科（4129）、泰博（4736）、訊映（4155）、富堡（8929）、大學光（3218）、杏昌（1788）。

異業廠商近年來相繼跨入醫療器材產業，如台灣具優勢的電子大廠台達電、鴻海、廣達、研華、明基友達等，均布局投資醫材產業領域。除電子資通訊廠商外，多家傳統產業也積極轉型切入醫材領域。異業的投入，有助於提升醫療器材產業的技術能量。

## 保健產業

隨著全球人口結構高齡化，以及生活水準的提升，醫療保健器材及保健食品產業受到全球重視。醫療保健器材有生產跑步機的喬山（1736）、岱宇（1598）。保健食品為生技的次產業，包括葡萄王（1707）、景岳（3164）、佰研（3205）、加捷（4109）、天良（4127）、中天（4128）、大江（8436）。投資上述公司重點是營收和獲利，如果營收獲利表現好，股價就會有所表現。

台灣的投資人都知道生技類股是台股的明日之星，也知道要投資生技股，但又不知如何選標的，畢竟有些公司看不到每股盈餘，甚至虧損連連，買不下手，卻又看他發布小利多，股價就狂飆幾支停板。這是因為投資人用慣了投資電子類的評價模式來判斷生技類股，投資生技股要多一些勇氣和想像，也就是「本夢比」。2012 到 2013 年是生技股漲勢最兇悍的期間，只要和生技沾上邊的上市公司，股價就一飛沖天。

投資生技產業，要先分清楚投資的公司是生技產業哪一個次產業。每一個次產業的投資邏輯和觀察指標都不一樣，不可用同樣的衡量標準。

## 生技醫療的投資策略

投資藥品產業最難，不能用傳統的投資邏輯來思考，特別會漲的生技股，有下列特質：剛掛牌不久、股本小、同業掛牌不多、成功打入國際市場、專利或技術發表。這些因素整體歸納出兩個重點，一是籌碼要很集中，其次是要有爆發性的消息加持，而新藥最符合這種特性。2013 年以來，新藥股堪稱多頭最大贏家，像智擎（4162）、永昕（4726）、基亞（3176）、台微體（4152）、安成藥（4180）、泉盛（4159）等。

新藥股將「本夢比」的概念發揮到極致。所以投資新藥股票只有「信仰問題」，相信它就買它，對了就大賺一票，錯了就損失慘重。雖說是如此，投資人要用投資策略來彌補面臨的風險，千萬不要重壓一檔新藥股，萬一出問題會血本無歸。建議把風險分散，分別投資在不同新藥公司，只要有一、兩檔股票對了，就可以彌補其他的虧損，加總起來是賺錢的。

安全的策略就是跟著集團走。例如晟德製藥集團林榮錦的東洋（4105）、晟德（4123）、智擎、永昕、東生華（8432）。潤泰集團總裁尹衍樑投資的生技概念股，浩鼎（4174）、中裕（4147）、泉盛（4159）等。

在投資生技股有兩個期間，其一是每年 12 月到隔年 2 月，這是上市公司財報空窗期，上市公司沒有財報揭露，適合炒作本夢比的公司；另外是每年 7 月的生技展，生技公司老闆都會發表對產業和公司的看法，通常都會有爆發性的新聞出現，股價也會有正面的表現。

## 原料藥和學名藥股的投資策略

原料藥和學名藥是比較成熟的製藥業，在投資分析上不能用本夢比的角度來分析，投資人可以關心每月公告的營收和個股新聞，看是否有營收持續成長和利多消息，此時可參考股價營收比，做為買進賣出的標準。統一集團、永豐餘集團、台塑集團、台鹽等公司也都對生技產業有著墨，這些生技公司的背後有財團支持，在經營風險上比較小，適合散戶投資。

## 醫材、保健、醫美和通路股的投資策略

雖然醫材、保健、醫美和通路公司歸納在生技產業，但是在投資分析上，和一般產業的分析方式沒有兩樣，千萬不要因為是生技類股，就有無限幻想的股價空間。除了追蹤每月的營收外，也要關心每季的獲利，分析股價的指標，有營收比、本益比、股息殖利率。其中本益比是重點，必須

有獲利，且股價不宜過高，股價才有上漲的空間，通常這類股票的本益比大約 15 倍。

**生技醫療相關個股**

| | |
|---|---|
| **新藥** | 寶齡（1760）、基亞（3176）、懷特（4108）、中裕（4147）、台微體（4152）、智擎（4162）、醣聯（4168）、泰宗（4169）、浩鼎（4174）、安成藥（4180）、合一（4743）、德英（4911） |
| **原料藥** | 中化生（1762）、生泰（1777）、神隆（1789）、永日（4102）、旭富（4119）、中天（4128）、台耀（4746） |
| **學名藥** | 中化（1701）、生達（1720）、杏輝（1734）、南光（1752）、美時（1795）、永信（3705）、東洋（4105）、濟生（4111）、健喬（4114）、晟德（4123）、健亞（4130）、因華（4172）、東生華（8432） |
| **醫材通路** | 必翔（1729）、喬山（1736）、五鼎（1733）、合世（1781）、杏昌（1788）、紅電醫（1799）、百略（4103）、佳醫（4104）、雅博（4106）、邦特（4107）、友華（4120）、優盛（4121）、太醫（4126）、聯合（4129）、亞諾法（4133）、康富（4140）、康聯（4144）、鐿鈦（4163）、承業（4164）、杏一（4175）、柏登（4177）、百丹特（4181）、泰博（4736）、華廣（4737）、合富（4745） |
| **生技保健與醫學美容** | **生技保健：**精華（1565）、葡萄王（1707）、台鹽（1737）、訊聯（1784）、進階（3118）、景岳（3164）、佰研（3205）、加捷（4109）、天良（4127）、晶宇（4131）、國光（4142）、創源（4160）、金可（8406）<br>**醫學美容：**曜亞（4138）、康樂（4154）、雙美（4728）、大江（8436） |

## 金融業：升息循環的受惠股

國內金融業上市上櫃公司的形態可分為：商業銀行、企業銀行、壽險公司、產險公司、票券公司、證券金融及證券商七大類，個別差異甚大，惟共同點是金融業與景氣同步，景氣暢旺時也是金融業的盈餘高峰期；在景氣連續藍燈時，金融業仍難有表現。

以金融產業在股票市場的分類，可分為金控類、銀行業、保險業和證券業。

金融業的主管機關是金管會與中央銀行，其政策影響不可小看。在金融國際化及自由化的趨勢下，金融業不但要面對國內新興金融同業的競爭，也要迎接國際金融機構的挑戰。

央行為了穩定金融市場，可運用公開市場操作、調整存款準備率與重貼現率等金融工具。一般而言，調高流動準備、降低法定存款準備率，可降低銀行持有資金成本。畢竟存、放款業務為銀行的基本業務，央行的貨幣政策直接影響市場利率和銀行業務的利基。

1992 年政府核准的新銀行紛紛成立，使得商業銀行市場被瓜分；接著是新票券公司、新金融證券公司的成立，使得老字號的票券業飽受威脅；

**· 存款準備率（Reserve Requirement）**

也叫做銀行存款準備金比率，是指商業銀行的初級存款中不能用於放貸部分的比例。為保障存款人的利益，銀行機構不能將全部吸納的存款全部用於發放貸款，必須保留一定的資金繳存在中央銀行，以備客戶提款的需要，這部分的存款就叫做存款準備金。而存款準備金與存款總額的比例，就是銀行存款準備金比率。例如準備率是 20%，該銀行可以把餘下的 80% 存款拿來放款。

**· 重貼現率（Rediscount Rate）**

是指銀行拿合格的貼現票據，再重新向中央銀行貼現所必須支付的利率。當銀行資金減少時，以其對顧客貼現所得票據向中央銀行請求給予融通，此時銀行必須付給中央銀行的利率，就稱為重貼現率。如央行調降重貼現率，表示其貨幣政策趨於寬鬆。簡單說，重貼現率指銀行以合格票據為擔保品，向中央銀行融通短期資金所適用的利率。

人壽保險、產物保險也陸續開放，金融市場處在群雄並起的戰國時代。

在存款方面演出資金爭奪戰，銀行最喜歡的活期性存款，被票券、債券附條件、開放型基金搶走不少客戶。放款方面也是困難重重，好公司不缺錢，中小企業發行商業本票籌資，銀行只能面對體質較弱的客戶。有些銀行轉向消費性金融業務，爭得另一片天，較成功的銀行有美商花旗、中信銀與玉山銀行。

影響金融業的另外兩大因素還有股市與房地產。股市處於低檔，金融業的轉投資收益將明顯減少；房地產若不能復甦，則壽險業不動產投資必將無法獲利；銀行更受不動產跌價，而有擔保品不足、衍生逾期放款大增的危險。

金融業與景氣同步，景氣不復甦，金融業就不會復甦；銀行業要復甦，股市、房地產的推動力不可少；同理，若股市、房地產由高檔反轉下滑，必將拖累金融業。操作金融類股時，可觀察指標股的動向，例如銀行股的三商銀（彰銀、第一金、華南金），金控股的國泰金、元大金等。

## 銀行業

銀行業以從事存、放款業務為主，放款業務與國內經濟成長率、投資、消費成長有密切相關。銀行業的放款業務以企業放款占大宗，對消費者貸款的比重約占三成多（以房貸為主，另外包括車貸、個人消費性貸款等）。銀行可分為商業銀行及專業銀行兩類，最大的差別在於專業銀行有放款對象限制。在專業銀行方面，中小企銀對中小企業的放款必須達總放款的60% 以上，由於地方淵源較深，因此以往呆帳問題較為嚴重，不過目前中小企銀僅剩臺企銀一家，其餘皆已改制為商業銀行。目前在台灣掛牌的純銀行，有彰銀、台中銀、京城銀、萬泰銀等。

## 保險業

保險業可分為人壽保險（壽險）和產物保險（產險）兩大類，另外，中再保（2851）則是國內唯一本土的再保險公司，主要從事國內壽險及產險公司再保險的業務。保險業的營收以業務收入（保費收入、收回保費準備）占大宗，其次則為財務收入（即資金運用收入），至於費用主要為保險給付及理賠、提存準備金等。由於同業競爭激烈，在保險本業上大多僅能維持收支平衡，因此資金運用的收入往往是主要獲利來源。

壽險公司的新契約保費收入，通常必須扣除高額的佣金等成本，並須提存準備金，因此往往需要約七年的時間才可以損益平衡，因此新公司或是當年新契約大幅成長的公司，帳上虧損金額也較高。國內產險公司規模普遍較小，承保能量也不高，業者以低價搶得的業務幾乎都再保分出，由國外再保公司承擔承保風險，國內業者僅賺取固定的再保佣金收入，同時也形成殺價競爭的惡性循環。純保險業掛牌的有旺旺保、第一保等。

## 證券業

綜合證券商的業務主要可分為經紀、自營、承銷三大範疇。經紀業務包括手續費收入、融資利息收入及融券手續費收入，經紀手續費收入多寡依股市成交量大小而定，一般都以經紀業務市占率來評估券商經營規模的大小，至於融資業務主要以賺取利差為主。在自營業務方面，主要是自營部買賣股票的利益，通常損益的波動性極大。而承銷則是協助發行公司上市、上櫃或自資本市場募集資金，主要收入來自於承銷手續費收入以及包銷股票的出售利益。近年隨著權證、期貨、選擇權、結構型商品等新金融商品的問世，券商營運日益多元化，創造獲利的管道也增加。

---

**・ 再保險公司（Reinsurance Company）**

指專門從事再保險業務、不直接向投保人簽發保單的保險公司，即保險公司的保險公司。保險公司為了分散風險，把一些大的承保單位再分保給另一保險公司。接受這一保單的公司就是再保險公司，一般出現在財產保險中比較多。目前台灣十幾家產物保險公司，幾乎都兼營再保險業務。

---

## 金控業

基於我國未來金融制度將朝「股權集中化、組織大型化、經營多角化、監理透明化」等方向發展，引進金融控股公司管理機制，可望發揮金融綜合經營效益、促進我國金融業的國際化並提高國際競爭力。《金融控股公司法》准許銀行、保險、證券三大金融業務跨業經營，國內金融合併風起雲湧，進入一個全新的春秋戰國時代。

金融控股公司出現將產生「快速洗牌」的合併效應，大幅牽動國內各大集團金融版圖重整，提供消費者「一次購足」（One Stop Shopping）的金融百貨化商品，也將全新挑戰未來台灣金融業的態勢，未來台灣的金融市場一定是規模越大、家數越少、外資進來，最後，國內大約會整合至剩下五到六家大型金融集團。

我國《金融控股公司法》是透過間接的方式來進行金融業跨業整合。金融控股公司本身是純粹以投資、控股為業的公司，並不能直接從事金融業務或其他商業行為；但它可投資控股的範圍，則包括了銀行業、票券金融業、信用卡業、信託業、保險業、證券業、期貨業、創投業、外國金融機構等。選擇以金融控股公司的方式來開放跨業合併，著眼點在於它的靈活與彈性。金控公司成立後，各地可設立一區域作業中心，每一中心大樓包括銀行、證券、租賃、期貨等各分公司，屆時各公司經營據點專司業務承作，後端作業集中轉交區域作業中心處理，各公司作業系統共享同一資訊平台，產生成本整合節約效果，同時各金融集團因而產生經營綜效。

---

### ・交叉行銷（Cross Selling）

交叉行銷是透過把時間、金錢、構想、活動或展示空間等資源整合，為任何企業提供一個低成本的管道去接觸更多客戶。簡單來說，就是向擁有本公司 A 產品的客戶推銷本公司 B 產品。它有兩大功能：第一，增強客戶忠誠度；第二，增加利潤。

---

金融控股公司可透過交叉行銷提供消費者理財套餐，保險、股票、信用卡、基金、債券，各式各樣的金融商品包在一起套裝販售。利用交叉行銷管道，可提供客戶更多元化的金融服務。目前國內掛牌的金控公司有富邦金、國泰金、中信金、台新金、開發金、兆豐金、日盛金等 14 家。

**金融股分類**

| | |
|---|---|
| **金控** | 華南金（2880）、富邦金（2881）、國泰金（2882）、開發金（2883）、玉山金（2884）、元大金（2885）、兆豐金（2890）、中信金（2891）、第一金（2892）、日盛金（5820）、合庫（5854） |
| **銀行** | 彰銀（2801）、京城銀（2809）、台中銀（2812）、台企銀（2834）、高雄銀（2836）、萬泰銀（2837）、聯邦銀（2838）、遠東銀（2845）、大眾銀（2847）、安泰銀（2849） |
| **保險** | 旺旺保（2816）、中壽（2823）、台產（2832）、新產（2850）、中再保（2851）、第一保（2852） |
| **票券** | 華票（2820） |
| **期貨** | 元大期（6023）、群益期（6024） |
| **證券** | 統一證（2855）、元富證（2856）、群益證（6005）、凱基證（6008）、宏遠證（6015）、康和證（6016）、大展證（6020）、大慶證（6021）、大眾證（6022） |

Chapter 5

# 重要觀察指標

不同的景氣循環階段要採取不同的投資策略，景氣在谷底準備復甦時，股市和債市齊漲。復甦與成長期，資金轉往報酬高、風險高的股市，因此股市優於債市。在景氣高峰期，股市和債市的波動程度加劇，可增加現金部位。最後衰退期來臨，資金轉向避險性商品，債券需求提升。

景氣循環和一年四季一樣，春夏秋冬循環不息，依據台灣的經驗，當秋天結束進入冬天，下一次雨，冷一波，氣溫越來越低。春天進入夏天時，下一次雨，溫度提高一點，氣溫越來越高，這些是先人留下來的經驗。不過論定景氣位階，不能單靠經驗，必須要有科學的數據佐證。例如醫生在面對患者時，也必須藉由體檢的數據，確定病情並對症下藥。

同樣的道理，我們可以觀察下列現象和數據，來判定景氣的位階，進而擬定投資策略。總體經濟的數據相當多，以投資人的角度而言，只要抓住重要現象和數據即可，分別是：美國聯準會和台灣央行的貨幣政策、公債殖利率的走勢、貨幣供給額年增率 M2 和 M1b 的增減、美元指數和美元對新台幣匯率的趨勢、原物料 CRB 指數的變化、重要國家採購經理人指數等。

## 美國聯準會的貨幣政策

一國央行貨幣政策可分為寬鬆和緊縮，在工具上分為「價的管理」和「量的管理」。當景氣下滑進入衰退期，央行在價的管理上，會採取降息手段，在量的管理上會推出量化寬鬆政策（QE）。當景氣進入成長繁榮期，引發通膨疑慮時，央行在價的管理上，會採用升息的方式，在量的管理上，會針對量化寬鬆進行縮表。通常寬鬆的貨幣政策會先降息，仍然無法止穩時，才會推出量化寬鬆政策；而緊縮的貨幣政策會先讓量化寬鬆政策退市，接著才會推出升息政策。

利率是影響力最明顯且最有效的貨幣政策工具。當美國聯準會調升目標利率時，會增加整體經濟的信貸成本，越高的利率使企業和消費者貸款成本提高，可能迫使部分企業推遲投資；同時鼓勵大眾透過存錢賺取更高的利息，進而減少流通中的貨幣供給量，並在最後達到降低通貨膨脹，為經濟降溫的效果。

從 1982 年以來，每次金融市場遇到黑天鵝危機，聯準會只要透過降息，讓實質利率下降，便能夠刺激企業、消費者或政府增加花費，並進而推升經濟成長率。另外，降息的話，人們比較不願意將錢放置在銀行，銀行也會希望民眾借款，這時市場上的錢就會變多，流入股市、房地產等，所以降息的話，股市通常看漲。

聯準會由美國 12 個地區的聯邦儲備銀行組成，實質上的職能就是美國的中央銀行，肩負著維護物價穩定和促進充分就業的雙重使命。利率是聯準會達成政策目標的最重要工具，因為利率可以同時影響失業率和通貨膨脹率。

一般來說，降息會刺激就業，同時可能引發通貨膨脹；而升息則可以抑制通貨膨脹，並讓經濟成長降溫。

## 當聯準會進入升息循環，在不同階段，對股市影響不同

理論上來說，聯準會升息，對股市會造成一定的利空影響，但實際上聯準會升息對股市的影響，會因為利率和股市的位階，而有不同的影響。理論是在升息前，因為預期心理，會造成股價大漲大跌。升息初期，利率

---

《一個投機者的告白》作者科斯托蘭尼說過：經濟和股市的關係就像主人與狗，狗永遠跑在主人的前面，但狗離開主人一段距離後，又會跑回來找主人。

筆者的新觀點則是：經濟基本面是主人，股市是狗，永遠跑在主人的前面，但栓狗的那一條繩子，就是央行的貨幣政策。

---

還是很低，資金還是很便宜，股市反而會上漲。升息末期，利率拉高，資金不再便宜，景氣無法持續再成長，此時股價出現下跌的現象。

原則上，聯準會升息首先會造成台灣利率被動式調升。2022 年初聯準會明確表示升息的政策後，時任央行總裁楊金龍明確表示：「要把 2020 年降的 1 碼升回來」。到了 2022 年 3 月 16 日，美國聯準會正式宣布升息 1 碼，隔天台灣央行馬上跟進升息 1 碼。

當利率攀升，國內股市、債券等資產價格面臨重估，因為利率是股市和債市的資金成本。其次，在聯準會升息的背景下，新台幣貶值預期一旦形成，將導致熱錢流出，國內的流動性面臨收縮，不利於股市。最後，由於聯準會再度升息造成美元持續走強，將引發新台幣持續貶值。新台幣貶值將衝擊國內資產價格，進而對股市當中權值股、金融和地產等板塊形成一定壓力。

升息不同階段，如何影響股市漲跌？

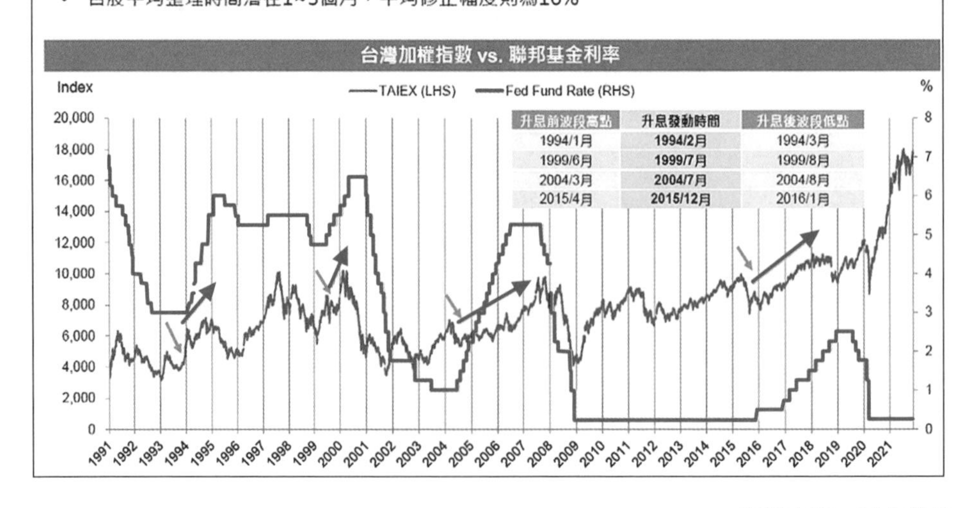


資料來源：元大證券

## 升息對大宗商品價格有何影響？

理論上來說，聯準會升息對美元是利多，美元的上漲必定會打壓大宗商品的價格，因為國際原物料的價格是用美元計價。聯準會升息，市場上的流動資金會減少，用於投資的資金也會減少，這對於槓桿倍數極高的衍生性金融商品如期貨、選擇權和保證金交易，資金撤離的機率加大。當衍生性金融商品下跌，就會牽連到現貨商品，形成連環爆的窘境，所以升息對大宗商品是一種利空。

但實際上，對比國際大宗商品價格主要參考指數—— CRB 現貨指數，發現聯準會升息或許會對大宗商品有短暫的衝擊，但如果全球經濟仍然處於上升勢頭，商品價格的上漲便不會因升息中止，反而會持續上漲。

從歷史數據來看，1971 至 2017 年，CRB 現貨指數的走勢接近 5 輪的區間震盪：其中，2004 至 2013 年，CRB 現貨指數出現了三輪震盪上漲，期間由於金融危機的影響，CRB 指數曾於 2008 年 9 月至 12 月發生自由落體式下跌，隨後快速反彈，此後國際大宗商品市場的波動幅度明顯加大。2003 至 2011 年這一段大宗商品的持續上漲期，被市場稱為大宗商品的「黃金 10 年」。

**CRB 現貨指數的歷史回顧**

資料來源：WIND、招商券商

2003 至 2007 年大宗商品價格並非美國需求強勁推動的，而是中國大量需求造成的。2004 至 2007 年，全球經濟成長平均高達 5.4%，明顯高於 1980 至 2003 年的水準，強勁的需求帶動了大宗商品價格的上漲；然而在此期間，美國經濟成長是下滑的，但 2004 至 2006 年聯邦基金利率由 1% 上調至 5.25%。由於中國需求推動大宗商品價格上漲的外部衝擊，給美國帶來通貨膨脹壓力，聯準會為維持某一實際利率水準，仍然實施了升息。總體而言，聯準會升息的開始和結束落後於大宗商品價格的漲跌。

值得注意的是，供需關係、流動性、美元走勢和投機等因素，都會對大宗商品價格產生影響，例如美元貶值導致大宗商品價格上漲的蹺蹺板效應、流動性寬鬆加劇投機氛圍、投機放大了價格的波動幅度等，但從歷史情況看，升息並非大宗商品價格趨勢的決定性因素。

**聯準會升息開始與結束，落後大宗商品的漲跌**

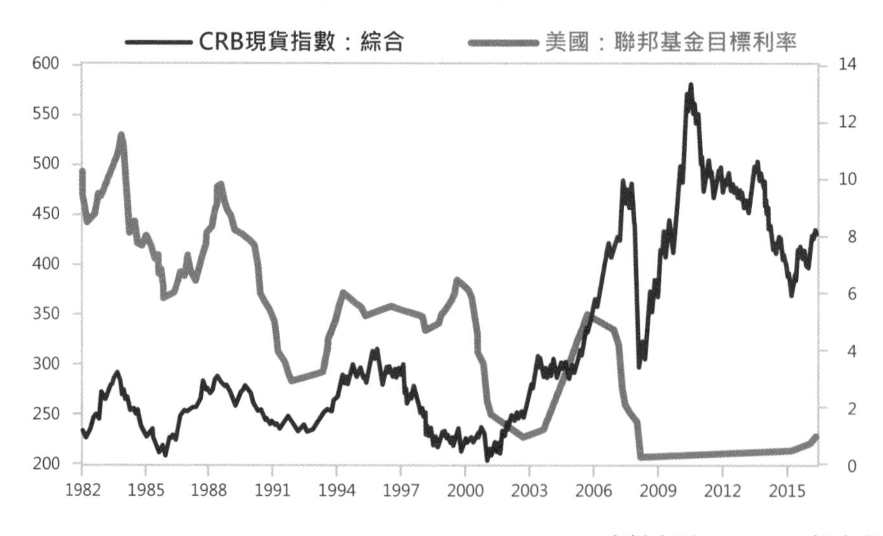


資料來源：WIND、招商券商

## 台灣升息影響股市資金與信心

當央行宣布升息，投資人一定先想到資金收縮，對股市動能不利；但是有時候反過來想，就是因為景氣好，所以央行才升息，景氣好對股市是利多。所以升息是否對股市造成影響，必須觀察當時投資人的信心，會不會對台股構成壓力。

從歷史經驗來看，升息對金融股最有利。觀察台灣升息後股市表現，整體而言是短空中多的格局，但如果連續升息對股市是相當不利的。金融股反映升息預期心理的利多而走強，尤以具壽險背景的金控股，因利差損可望減少而表現強勁。中期看法，2021 年美元的利率低於新台幣利率，當美國持續升息，台灣央行只敢緩升，預期到 2022 年年底，美元利率就會高於新台幣利率，大量承作美元放款的銀行將享受更多的存貸利差，獲利將呈現跳躍式增加，兆豐金（2886）、中信金（2891）和上海商業銀行（5876）將受惠最大。

## 當聯準會進入降息循環

當美國景氣不佳，美國聯準會為了救經濟，通常會降息來挽救景氣。但降息並沒有辦法馬上拉抬景氣，因為這要經過時間的傳導，有時候必須長達一年，才能看到效果。但降息之後，資金瞬間氾濫，加上預期心理，股市、債市和房市出現上漲情形。央行打的如意算盤是，央行降息後，市場資金大幅增加，資金湧向股市、債市和房市，民眾因資產膨脹，感覺財富增加，願意花錢去消費，消費會帶動企業營收增加和獲利提升，景氣就會復甦。

**圖 5-1-4：全球央行思考邏輯：資金氾濫會刺激景氣成長**

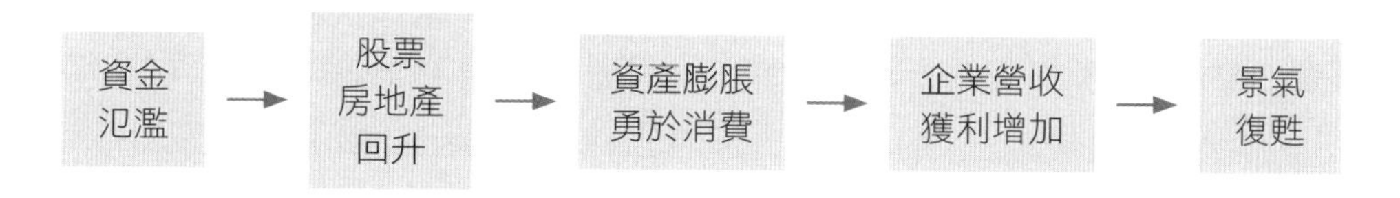


資料來源：作者整理

### 台灣央行因應局勢變化果斷降息

從 1990 年至 1998 年，台灣央行存款準備率調降 14 次，結果調降後 1 個月加權指數漲、跌變化中，有 8 次上漲、6 次下跌，顯示 1 個月的觀察期仍不容易看到資金寬鬆效果。從 1992 年以後，調降 9 次存款準備率，除了 1992 年 1 月 9 日那一次，半年後，加權指數反而下跌 10.39％外；往後的 8 次，縱使像 1997 年 10 月處在亞洲金融風暴、新台幣大幅貶值的壓力下，央行調降存款準備率後，約半年左右，加權指數統統呈現上漲。

連續性的調降屢見不鮮，像 1997 年亞洲金融風暴時，即在 9 月、10 月各調降一次存款準備率，從 1991 年 9 月 11 日到 1992 1 月 9 日，連續調降 4 次存款準備率，其中 1991 年 9 月 1、21 日兩次，只相隔 10 天就調降兩次存款準備率。再看 1995 年到 1996 年，由於中共飛彈演習，因此從 1995 年 8 月 12 日到 1996 年 8 月 24 日，連續 5 次調降存款準備率。

調降存款準備率對股市有絕對效果，不過央行調降存款準備率後，必須有其他的行庫配合調降存、放款利率，才能產生資金寬鬆效果。而這些寬鬆後的資金，流到民間、企業，回流銀行之後，才會漸漸投入股市，所以勢必有些時間上的落差。另外，還必須沒有其他不利的因素沖銷資金寬鬆效果。至於股市短線的效果如何，則與市場資金、籌碼的供求相關，因此調降準備率絕非激勵股市的萬靈丹。

## 公債殖利率

美國是國際金融市場的霸主，美元是各國貨幣的計價單位，是國際原物料的計價貨幣；而美國 10 年期政府公債的殖利率，是各國央行制定貨幣政策的重要參考指標，也是所有金融商品的比較利率，所以美國 10 年期政府公債的殖利率，是國際金融市場核心中的核心，它的走勢牽一髮而動全身。

一般投資人對股票市場和外匯市場接觸比較多，反應也比較直接，因為股價漲跌影響投資股票的帳上財富，匯率波動也會影響到外幣資產的增減。但其實金融市場的核心是債券，無論是政府發行的公債、公司發行的公司債，或是銀行發行的金融債券等都是。債券是金融機構的最大部位，債券殖利率是資金成本，債券是借貸關係，有到期日，債務人到期無法還款，就會出現債券違約和流動性風險，控制不好會引爆連鎖金融風暴。

1997 年亞洲金融風暴是由泰國引爆新興亞洲國家債務危機；2000 年 Y2K 千禧年高科技泡沫，是由網路科技公司爆發公司債危機；2008 年美國次貸風暴是由美國房利美和房地美等房貸公司，引爆銀行體系金融債券危機；2011 年歐債危機是歐豬四國無法償還到期公債，引發歐元區國家債危機。債券危機一旦出現，債信評等降評，金融市場將信心崩潰，進一步引發股票市場下挫和外匯市場崩盤。

## 美公債殖利率狂飆，股市慘遭血洗

10 年期政府公債殖利率，是銀行制定房屋貸款的基準利率，是壽險公司計算保單殖利率的參考利率。房屋貸款和保單是金融體系中，影響民眾最深遠的長期金融商品，也是銀行和壽險公司的最主要長期獲利和資金成本，因此各國 10 年期政府債的殖利率為各國最重要的指標利率。

美國公債市場的參與者有兩類型，一種是買賣賺差價的投機者，例如證券公司的公債交易員；另一種是買公債持有至到期日，每年領取利息的長線投資人，壽險公司就是屬於這一類型。當美國升息，美國公債殖利率往上走，公債價格下跌，買賣賺差價的短線投機者，會賣出手中的債券，甚至放空公債。長線投資人因為利率比之前高，會進場買進政府債券，而這些資金有部分是投資在股市為了賺股息，當升息態勢越明顯，股轉債的風潮會漸漸形成，股票市場自然面臨相當大的壓力。

所以各大投資機構都非常在意美國公債殖利率的走勢，2021 年 2 月 26 日，美國 10 年期公債殖利率衝破 1.5% 關卡，創 1 年多新高，美股因此歷經血腥屠殺，科技股遭集體拋售，那斯達克指數創 4 個月來單日最大跌幅，費半指數更暴跌近 6%，亞股也難逃殺機。2022 年 1 月 18 日，美國指標 10 年期公債殖利率盤中勁升 5 個基點，來到 1.83%，創下 2 年新高紀錄，投資人預期聯準會緊縮貨幣的步伐可能更積極，所以 2022 年開春的美股波動劇烈，科技股更是重災區，不少知名大型股跌進熊市。

## 美債走揚，新興市場資金大逃殺

美國公債殖利率走揚，引發美元指數上漲，新興市場的貨幣走跌，資金外逃現象明顯，股市也相對弱勢。2021 年下半年起，經濟體質比較不好的巴西、阿根廷、土耳其和印尼，都出現股市和匯市雙殺的窘境。美國公債下跌，引爆美國公債拋售潮，公債型基金的淨值縮水，投資人要求贖回基金，基金經理人只好賣公債換現金，歐亞等新興市場的公債也難逃賣壓。這樣一來股市、匯市和債市紛紛下挫，金融動盪不安，進而影響實體經濟。

新興市場國家的央行陷入兩難，為了避免和美國利率利差擴大，資金外逃，只好升息因應；但升息會讓資金緊縮，股市下跌，危害成長中的經濟。如果想維持低廉的資金成本，選擇不升息，就必須忍受匯市下跌的壓力。印尼、印度、土耳其和阿根廷等國選擇跟進升息。經濟比較好，外匯存底多的國家，如台灣、韓國和日本則選擇不跟進。

## 殖利率倒掛是警訊，但無須恐慌

在正常的情況下，短天期公債的利率低，長天期的利率高，殖利率曲線是一條由左下往右上傾斜的曲線。為什麼殖利率會倒掛？有可能是短天期的利率攀升，或是長天期的利率下滑，或是兩者同時發生。

觸發短期利率拉高的原因，有可能是預期聯準會將升息，市場先調高短期利率因應；也有可能是銀行放款風險升高，借款意願降低，只願意借出短天期的周轉金，企業搶進短期的資金，造成貨幣市場緊張，進而推升短期國庫券的殖利率。引導長期利率下滑的主因，是市場預期聯準會將降息，資金搶進長期公債，債券價格上漲，債券殖利率自然下跌。

實務而論，市場真正關心的是 10 年期和 2 年期的殖利率，因為 10 年公債利率是長期房屋貸款、汽車貸款和保單預定利率的指標利率，2 年期公債利率是中期貸款和金融商品的標竿利率。過去 50 年來，美國經濟進入衰退期之前，都會發生殖利率曲線平坦化，最終出現「10 年期和 2 年期殖利率倒掛」的現象，2000 年 Y2K 高科技泡沫、2008 年美國次貸風暴，都出現這樣的情形。

可以把公債殖利率倒掛、景氣衰退和股市大跌三者關係，比喻成颱風警報、颱風和颱風災情。氣象局發布颱風警報，颱風不一定會來，即使颱風來了，也不一定會有災情，但是颱風和颱風災情來臨之前，氣象局會發布颱風警報。所以殖利率倒掛不一定是景氣衰退和股市崩跌的前兆；但是景氣衰退和股市崩跌前，一定會出現殖利率倒掛。上述訊號並不是必然關係，但還是要多一份警戒心。

不過殖利率曲線倒掛並非世界末日，僅是市場進入末升段的宣告，其他空頭市過熱指標尚未浮現，後市仍有表現空間。根據美銀美林統計，中長天期的殖利率曲線倒掛後，最快 18 個月景氣才開始衰退，平均 6 個月後股市才見高點，因此看到殖利率曲線倒掛，就出清手中持股是非常可惜的事情。

## 正常殖利率曲線：短天期利率低、長天期利率高

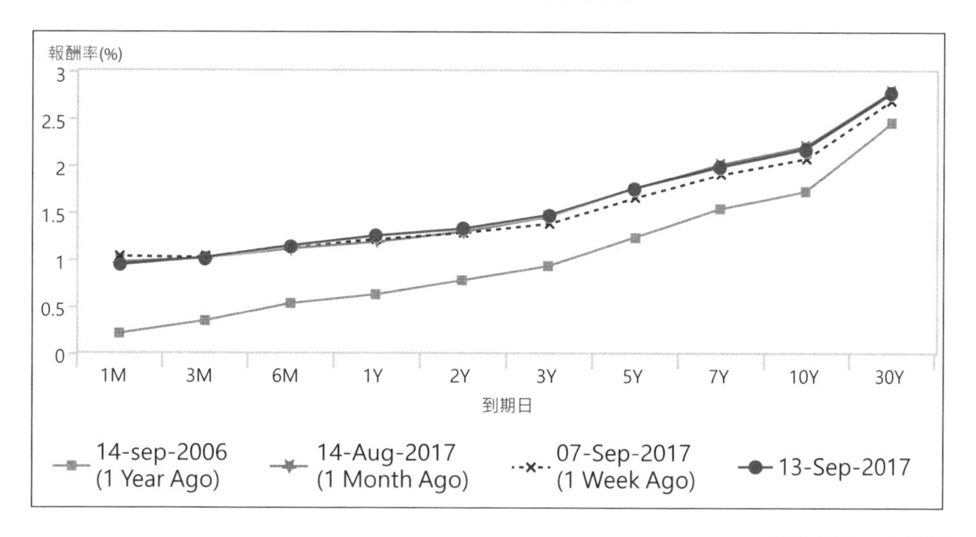


資料來源：G 股網

美國公債殖利率倒掛的影響

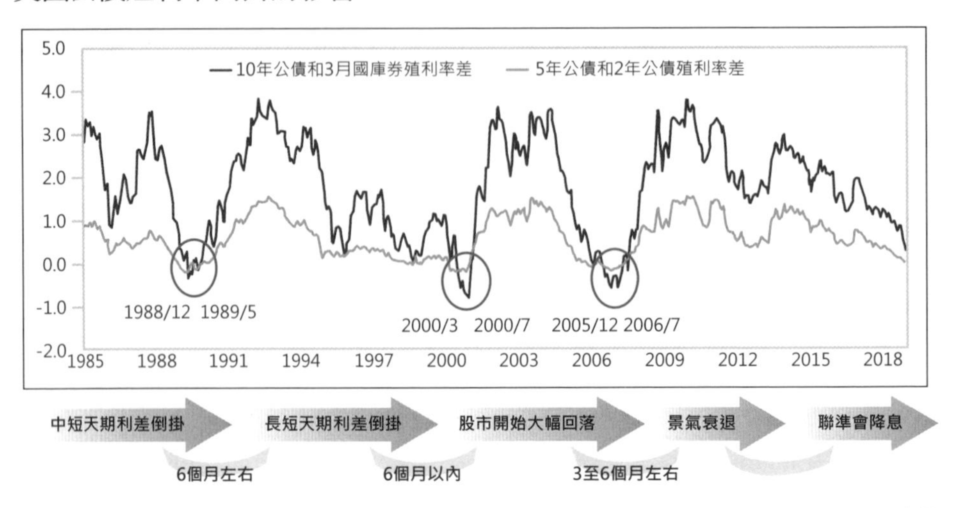


資料來源：中華開發金控

## 貨幣供給額

當市場上的資金寬鬆，資金會湧向投機性高的股市，股價指數就容易上漲，就好像人吃了興奮劑一樣，異常活潑，所以有人說「股票上漲靠錢堆」。當市場上的資金緊縮，資金會離開投機性高的股市，股價指數就容易下跌，就好像人吃了興奮劑後，藥效退了的情形。貨幣供給額年增率就是未來進入股市的動能，當貨幣供給額年增率攀升，表示動能充沛，將來股市上漲的力道就強；當貨幣供給額年增率下降，表示資金成長率衰退，將來股市的動能就減弱，股市下跌風險就加大。

一輛快速奔馳的汽車必須要有充足的汽油，同樣的道理，股市若要呈現多頭格局不斷上漲，必須有足夠的資金投入，再配合投資人不停換手。評估一國的資金量，最簡單的方法是觀察「貨幣供給額年增率」。

貨幣供給額簡稱 M2，中央銀行理想的 M2 是介於 15％與 10％，M2 ＞ 20％表示資金量太多，有通貨膨脹的隱憂；如果 M2 ＜ 10％表示資金需求不振，景氣趨於低迷。M1a 是指通貨淨額、支存和活存的總和，M1b

是指 M1a 加上活期儲蓄存款，M2 則是 M1b 加計定期性存款及外幣存款等準貨幣。

貨幣供給額如果大於貨幣的需求，表示銀行有部分資金貸放不出去，在自由競爭的原則下，會導引各銀行降低利率，以吸引外界來貸款，同時也會利用利率下降的手段，來降低民間的存款意願。而利率的走低，又會回過頭來刺激民間企業的投資貸款意願，同時也會造成產出增加，使經濟回升。

國內中央銀行透過對 M1 與 M2 的監控、重貼現率和存款準備率的操作，來調整貨幣的流通與成長。中央銀行的政策取向和措施，對利率水準和整個金融體系的貨幣供給有重大的影響。

**貨幣供給額圖示**

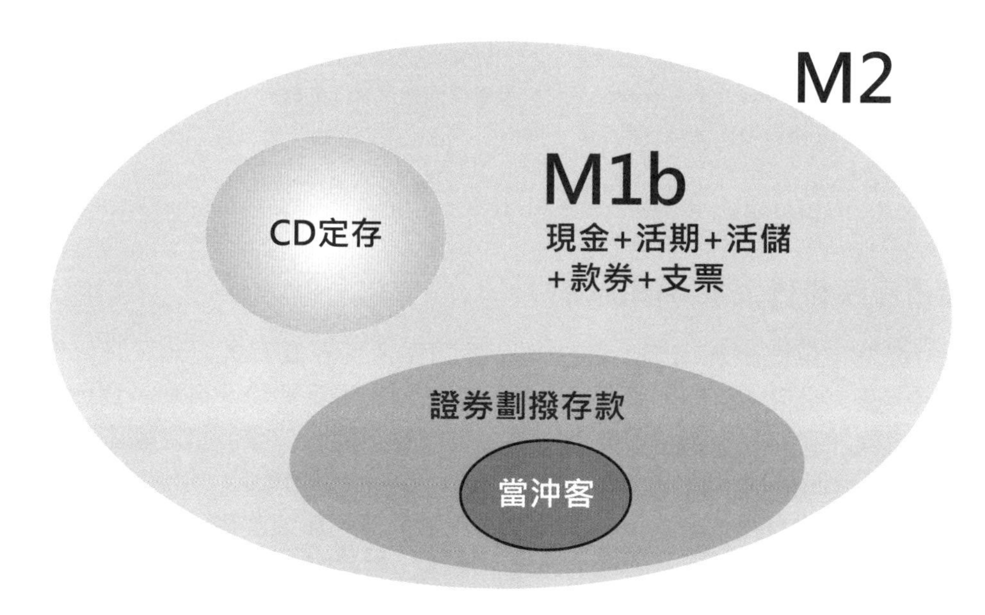


資料來源：作者整理

### 貨幣供給額

指某特定時點，銀行體系以外的企業及個人所保有的通貨及存款貨幣總額。有廣義與狹義之分，廣義貨幣供給量即俗稱的 M2，狹義者為 M1a 與 M1b，區別如下：

貨幣供給額＝通貨淨額（非金融體系的企業及個人所擁有的現金）＋貨幣存款

M1a ＝通貨淨額＋支票存款＋活期存款

M1b ＝ M1a ＋活期儲蓄存款

M2 ＝ M1b ＋準貨幣 *

註：準貨幣（Quasimoney）是指可無條件立即按等價兌換成狹義貨幣的貨幣性資產，例如定期性存款、外匯存款、郵政儲金等，其流動性較狹義貨幣低，多以價值儲藏為目的；惟受金融自由化與國際化影響，部分準貨幣資產與狹義貨幣間的區分已日趨模糊。各國因金融制度不同，準貨幣所涵蓋的資產亦不盡相同。

## 股市漲跌和資金多寡關係密切

股票市場漲跌和市場上資金的多寡關係密切，當資金氾濫，股價就容易上漲；當資金緊縮，股價就容易下跌。當市場上的資金寬鬆，資金會湧向投機性高的股市，整體股市因為大量的資金湧入，股價指數就容易上漲，甚至會脫離基本面的約束，這種現象稱為資金行情或是「無基之彈」，就是說沒有基本面的上漲。當市場上的資金緊縮，資金會離開投機性高的股市，整體股市因為大量的資金退場，股價指數就容易下跌。

個股也是相同的道理，當成交量增加，資金湧向該檔股票，股票就容易上漲；但是當資金離開這一檔股票之後，成交量萎縮，股價就容易下跌。市場上的名言，「量是價的先行指標」就是這個道理。

資金的數量可由貨幣供給額來判斷，市場常用的指標是流動性高的貨幣供給額 M1b，當 M1b 增加，表示資金寬鬆，當 M1b 減少表示資金緊縮。資金的價格就是利率，當利率上揚，表示資金緊縮；當利率下跌，表示資金寬鬆。資金跟股市的關係，就像水跟船的關係，水漲則船高，水落則船低。而貨幣供給額年增率就是未來進入股市的動能，當貨幣供給額年增率攀升，表示動能充沛，將來股市上漲的力道就強；當貨幣供給額年增率下降，表示資金成長率衰退，將來股市動能就減弱，下跌風險就加大。

上面的說明可以推論，資金跟股價存在相當密切的關係，觀察資金面的兩個重要指標，一個是貨幣供給額的 M1b，一個是成交量。當 M1b 向上或是成交量放大時，表示市場熱絡，投資人應該積極地進入股市，增加手中持股；當 M1b 向下走，成交量萎縮時，表示市場清淡，投資人應該保守以對，減少手中的部位。

## 資金大幅增加，股市屢創新高

1980 年代，台灣對美國的貿易一直處於出超狀態，加上當時美國經濟呈現極端不景氣，因此美國政府企圖迫使美元貶值，增加出口競爭力，首當其衝的便是對美出超的大國，如日本、韓國、台灣。當時新台幣承受升值壓力，因此國外資金源源不斷匯入台灣，新台幣的貨幣供給額年增率節節攀升，最高曾達 50%。這些投機性的游資在國內金融市場流竄，最後流向房地產與股票市場，不僅造成房地產狂飆，也使得國內股市由 1985 年的 636 點，暴漲到 1990 年的 12,682 點。新台幣也由 42 元一路挺升到 24 元兌 1 美元，這就是台灣經濟史上的「泡沫經濟期」。

2020 年 8 月台灣貨幣供給快速成長，M1b 年增率從上月的 10.3%加速至 10.96%，為 2010 年 10 月以來高點。至於 M2 年增率從 7 月的 5.89%加快至 6.69%，為 2015 年 6 月以來新高。累計當年度 1 ～ 8 月，M1b、M2 平均年增率各為 8.53%、4.97%，後者介於 M2 成長參考區間 2.5%～6.5%的上緣，且台灣持續處在 M1b>M2 的黃金交叉的情況。由於資金充沛，台股擺脫 2020 年新冠肺炎疫情的衝擊，指數持續創新高。

## 2015 ～ 2021 年台灣貨幣供給

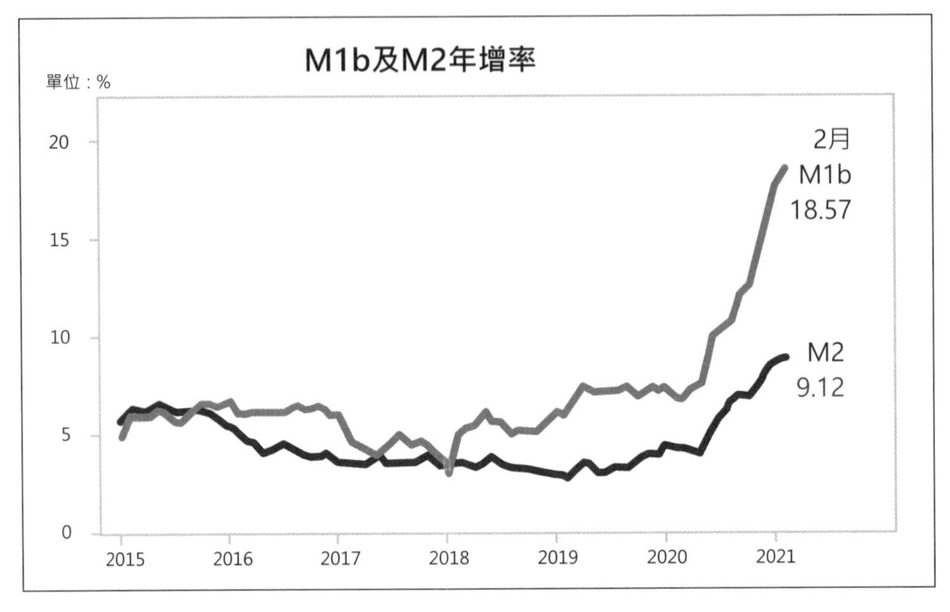


資料來源：中央銀行

## 2010 ～ 2020 年台灣貨幣供給和台股表現

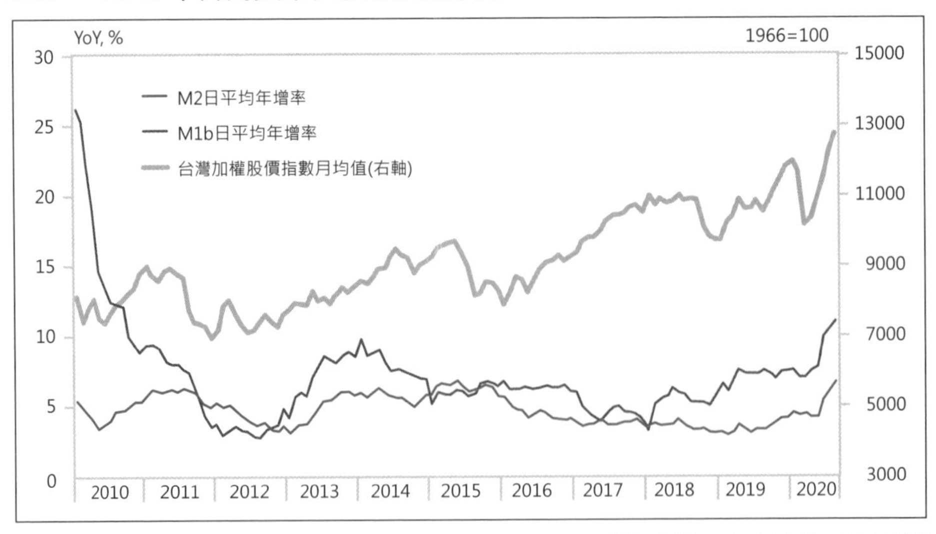


資料來源：中央銀行、元大證券

## 貨幣流量趨緩，不利股市

國內股市歷經 1985 至 1990 年的大多頭行情後，由於新台幣升值已達一定程度，外資紛紛撤離轉向其他國家。房地產價格則因過度飆漲，加上政府刻意打壓，反轉下挫，建商紛紛倒閉。由於建築業大多以不動產向銀行抵押借款，使得企業呆帳暴增，引起金融體系混亂，股市也由 12,682 點崩盤下跌，最低降到 2,458 點。

1995 年 9 月貨幣供給額年增率（M2）僅 8.9%，創下歷年來單月新低，代表活期性資金需求的 M1a、M1b 年增率分別為 -2.67%、-2.32%，亦雙雙創下五年來的新低紀錄。該月 M2 年增率創下歷年新低，主要是市場對貨幣需求下降所致，原因有四：1. 匯市預期美元升值、新台幣貶值，減少持有新台幣。2. 股市、房地產市場價格下挫，交易性貨幣需求下降，資產價格縮水，影響民間需求。3. 利率水準下降，民眾減少貨幣需求。4. 消費者物價持穩，名目貨幣需求下降。

央行為改善國內景氣低迷情況，曾於 1995 年 9 月份透過公開市場操作與調降存款準備率，營造資金寬鬆局面，前後共釋出了 3,800 多億元。雖然大量釋出資金，但貨幣供給成長下降的局面仍未見改善，主要原因是當年 7、8 月底的金融事件，如彰化第四信用合作社擠兌事件、國際票券公司弊案、中壢農會超貸案等，再加上中共軍事演習，使 M2 成長趨緩。

2008 年美國發生次貸危機，引發全球連動債的重挫，投資人將資金撤離資本市場，轉入定存。2008 年 7 月 M1b 甚至降到 -5.77%，顯示當時股市偏空心態明顯。2009 年，美國聯準會為了挽救低迷的景氣，將利率降到 0，並推出量化寬鬆政策，美元大幅貶值，國際資金流向新興市場，包括台灣，台灣的貨幣供給額開始緩步推升。加上當時總統馬英九調降贈與稅到 10%，台商資金大筆匯回台灣，造成新台幣升值，台灣貨幣供給額暴衝，資金轉往股市和房地產，股市進入 12 年大榮景。

貨幣供給額與經濟成長是相互影響的，M2 年增率持續走低，顯示國人對新台幣需求減弱，也表示實質經濟活動趨緩。當 M1b 跌破 M2，則表示在股市投資人的股票呈現套牢或虧損，因此把資金由股市中退出，轉往活期存款，甚至轉存定期存款。此時，資金大幅度退潮，形成資金面的死亡交叉，投資人要知道股市進入寒冬，要盡量保有現金，等待股市春天的到來。

## 專注現金權重

另外，有一個資金指標是「現金權重」（cash weighting），也就是以貨幣供給指標「M1b」除以「M1b 與台股市值的總和」。這個指標表示市場可動用的資金有多少百分比已經投入股市，有多少百分比仍然以現金方式持有，將來有機會投入股市。

**現金權重＝ M1b ÷（M1b ＋台股市值的總和）**

現金權重與台股走勢有高度連動性，也就是說，只要現金權重來到39%至 40%，表示投資人滿手現金，只要利多消息發酵，或是股價超跌，就具備資金行情推升的技術性買進訊號；若現金權重降至 33%，表示投資人已經增加股票部位，後續進場買進的資金動能減少，指數漲幅有可能達到滿足點。

## 證券劃撥存款餘額

證券劃撥存款餘額是指全國買賣股票劃撥帳戶的總和，央行會在每月月底公告。股市的好壞會直接反映在證券劃撥存款餘額，它象徵散戶投資信心。當證券劃撥存款餘額增加，代表散戶較積極投入股市，市場資金動能充沛，台股未來表現可期；當證券劃撥存款餘額減少，代表散戶對股市保持觀望，市場資金動能縮減，台股未來表現可能轉弱。

2021 年 12 月證券劃撥存款餘額持續推升，較 11 月續升 325 億元至 3 兆 1,686 億元，再次創下新高，台股也在該月份站上歷史高點 18,500。

## 台灣證券劃撥存款餘額

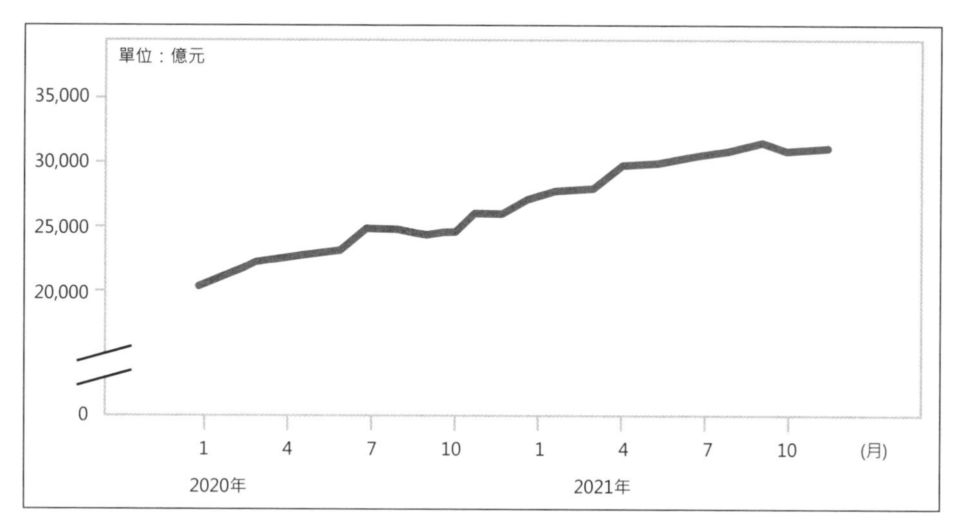


資料來源：中央銀行

## 證券劃撥存款餘額與台股的關係

資料來源：財經 M 平方

## 採購經理人指數

美國供應管理協會（the Institute for Supply Management，ISM）是全球最大、最權威的採購管理、供應管理、物流管理等領域的專業組織。ISM 指數分為「供應管理協會製造業指數」和「供應管理協會非製造業指數」兩項。供應管理協會的非製造業指數反映美國非製造業商業活動的繁榮程度，當其數值連續位於 50 以上水平時，表示非製造業活動擴張，價格上升，往往預示著整體經濟正處於擴張狀態；反之，當其數值連續位於 50 以下水平時，往往預示著整體經濟正處於收縮狀態。

供應管理協會製造業指數由一系列分項指數組成，其中以採購經理人指數（Purchase Management Index，PMI）最具代表性。該指數反映製造業在生產、訂單、價格、雇員、交貨等各方面綜合發展狀況的晴雨表。

### 數值大於 50，預期景氣循環向上

PMI 指標以 50 為臨界點，高於 50 被認為是製造業處於擴張狀態，低於 50 則意味著製造業的萎縮，影響經濟增長的步伐。

如果指數愈接近 100，表示通膨的威脅將逐漸升高，一旦物價失控，無法遏止惡性通貨膨脹，美國聯準就會將採取緊縮利率政策提高利率。當 PMI 指數低於 50，則有經濟蕭條的憂慮，一般預期聯準會可能會調降利率以刺激景氣。

除了美國，歐洲區、中國或其他國家也有自己的 PMI，投資人可依據各國的 PMI 來決定投資比重。由於全球 3 大經濟體分別是美國、歐洲和中國，因此投資要特別關心這 3 個地區的 PMI 走向。

當投資人看到採購經理人指數 PMI 趨勢往上且大於 50 時，表示產業界預期景氣循環向上，投資人可增加投資部位；當投資人看到採購經理人指數 PMI 連續 2 個月下滑，就必須減少投資部位；當採購經理人指數 PMI 小於 50，就表示景氣進入衰退期，投資人要保留現金，靜待買點。

當採購經理人看好景氣，會增加採購量，下單採購原物料或是製成

品；當採購經理人看壞景氣，會盡量減少庫存，減少原物料或是製成品的採購量，當供應商家接到客戶的訂單才會進行生產，隨後才會反映到公司營收。所以說 PMI 是一個領先指標，投資股市的投資人，要特別重視這個指標。

**台灣製造業 PMI 走勢**

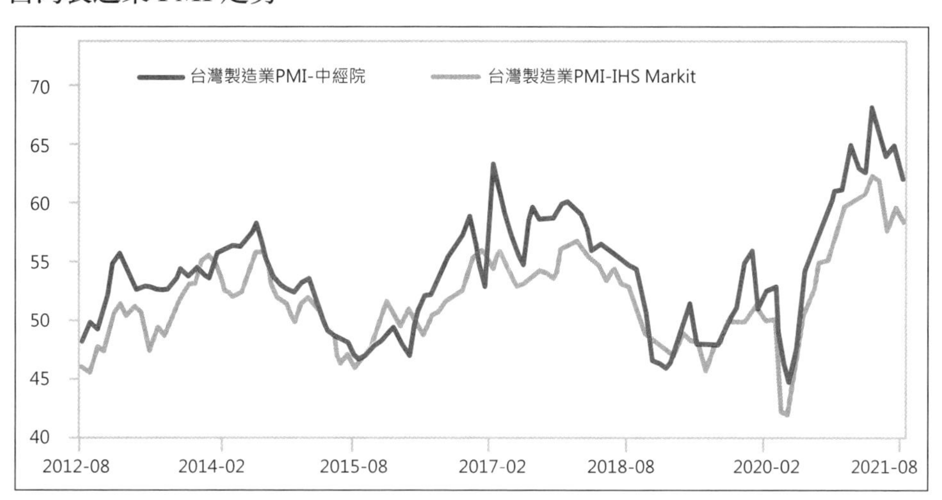


資料來源：中華經濟研究院、HIS Markit，統一投顧整理

## 原物料

原物料業不像高科技產業可以創新，所以該產業完全符合經濟學的供需法則。當供給大於需求，價格就下跌；當需求大於供給，價格就上漲。當價格下跌，廠家不願意囤積庫存，整個產業鏈進入寒冬。當價格上漲，市場上追價意願高，投機客也進場，整個產業鏈蓬勃發展。操作原物料類股的重點是掌握價格變化，當價格上漲，相關類股的股價進入上漲格局；當價格下跌，相關類股的股價進入下跌格局。

在初升段或主升段時，可以買進相關類股，但要注意的是，投資人要了解產業的上、中、下游關係，以及價格漲跌的受惠股和受害股。因為原料上漲的行情「來得快、去得快」，當原物料價格崩盤，或是景氣下滑，這些股票也會快速下跌，投資人要捨得出場。

傳統產業中做為原物料供應的上游，且獲利狀況受到原物料價格影響甚巨，稱為原物料股概念股。例如：水泥、鋼鐵、航運、造紙類等，其原物料為水泥、鎳、銅、鋼、金、紙漿等。當這些原物料上漲，對原物料股是利多。反之，當這些原物料下跌，對這些原物料股票將是利空。

有關總體原物料的上漲或下跌，有一個整體的指數稱為 CRB 指數（Commodity Research Bureau Futures Price Index）。CRB 指數是由美國商品研究局彙編的商品期貨價格指數，於 1957 年正式推出，涵蓋了能源、金屬、農產品、畜產品和軟性商品等期貨合約，為國際商品價格波動的重要參考指標。

CRB 期貨指數所包含商品：

1. 能源（17.6%）：輕原油、熱燃油、天然氣

**近年 CRB 走勢圖**

資料來源：財經 M 平方

2. 農產品（17.6%）：玉米、黃豆、小麥

3. 工業（11.8%）：銅、棉花

4. 畜產品（11.8%）：活牛、活豬

5. 貴金屬（17.6%）：金、白金、白銀

6. 軟性商品（23.5%）：可可、咖啡、橘汁、糖

原物料上漲對使用原物料的廠商是利多或是利空，市場有不同的解讀，有些觀念似是而非，有些理論又與事實不符。其實，要論定對股價的影響，除了要看原物料上漲是在初升段、主升段或是末升段，也要看廠商的庫存水位、轉嫁能力。

## 原物料價格上漲的期間

一般而言，產業上游廠家轉嫁容易，下游廠家轉嫁不易，當原物料價格上漲，上游廠商會調漲價格，會多買一些庫存，上游廠家除了營收和獲利會增加外，庫存也能提列存貨利得。但是下游廠商面對消費者，不敢漲價太多，只好自行吸收成本，獲利因此減少。結論是，當原物料上漲，上游廠家得利，下游廠家受害。

由下頁上圖得知，當物價緩漲，對整個產業的供應鏈都有利，因為預期價格上漲，會誘發需求產生，同時也會有庫存利得，此時整個產業的景氣循環向上。

由下頁下圖得知，由於最下游的廠商和應用端的企業，售價上漲價格跟不上原物料上漲，因此他們的利潤會縮減，到最後甚至會虧損。

上下游產業價格推移分析

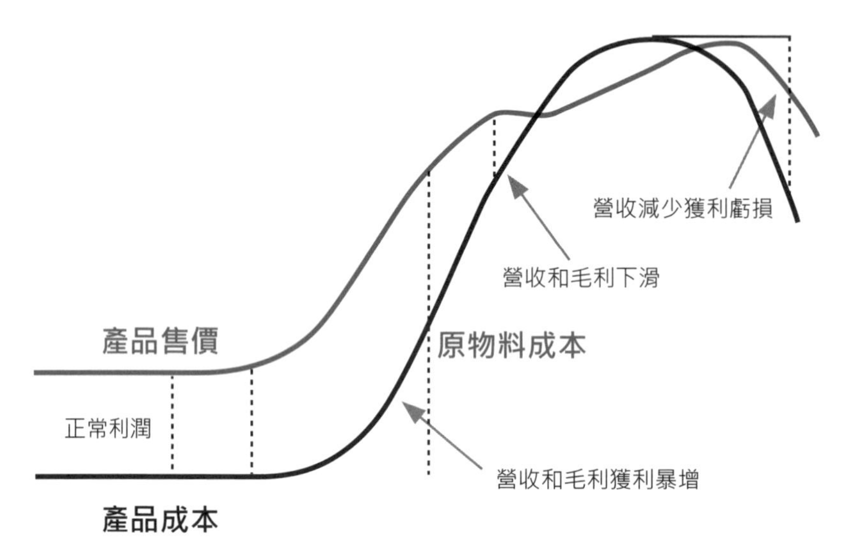


資料來源：作者整理

原物料下游和應用端產業的價格推移

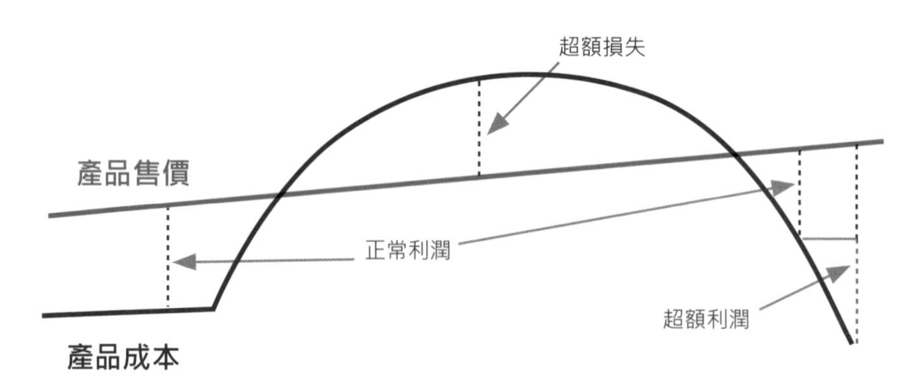


資料來源：作者整理

## 原物料價格下跌的期間

當原物料價格下跌，上游廠商為了搶訂單，被迫調降價格，除了營收和獲利會減少外，庫存也會提列存貨損失；但下游廠商因成本降低，賣給消費者的售價並未隨之調降，獲利因而提升。結論是，當原物料下跌，上游廠家受害，下游廠家得利。

原物料價格不可能永遠漲，上漲何時才會結束呢？當原物料漲勢到末升段，也就是價格高得太離譜，投機資金進場肆無忌憚地炒作，消費者因漲價不願意再購買，或上游廠商因利潤太好而大肆擴廠，這些因素都會導致價格崩盤，整個產業鏈的廠商都出現虧損，讓產業的景氣循環向下。以油價為例，當原油價格在每桶 100 美元以上，整個塑化產業都會受害。

## 原物料價格上漲的投資策略

在投資策略上，當原物料價格在初升段或主升段時，可以買進相關類股。例如原油價格上漲可買進塑化類股，例如台塑化、台塑、南亞；農產品價格上漲可買進食品類股；小麥價格上漲，可買進小麥製成麵粉的麵粉大廠聯華；玉米價格上漲，可買進玉米製成飼料的飼料大廠大成、卜蜂、福壽；黃豆價格上漲，可買進黃豆製成沙拉油的大廠統益、福懋油，這些都是農產品價格上漲的受惠股。

這裡以小麥為例，說明原物料如何影響相關公司的股價。2012 年下半年，在美國中西部大旱災的影響下，小麥價格以 50 多年來最快的速度飆升，短短一個多月就上漲了逾 50%，其他農產品也受影響而上漲。

進口小麥製成麵粉的麵粉大廠聯華（1229），因為手中有大量的小麥庫存，加上它進貨的小麥是之前低價的訂貨，因此可以提列庫存利得，如果轉賣給其他同業也會產生龐大的利益。另外，公司也可藉由小麥價格上漲，順勢調高麵粉的售價，賺取超額暴利。所以說，小麥價格上漲對聯華是有利的，股價也會反應。2012 年 6 月小麥價格狂飆 90%，聯華的股價由 16 元上漲到 19 元。但是下游的麵包店不敢轉價給消費者，只好自行吸收成本，毛利和獲利下滑，甚至引發倒閉潮。2022 年俄烏戰爭爆發，俄羅斯和烏克蘭都是小麥出口國，造成國際小麥供給下滑。市場預估烏克蘭的

小麥價格和聯華股價的關係

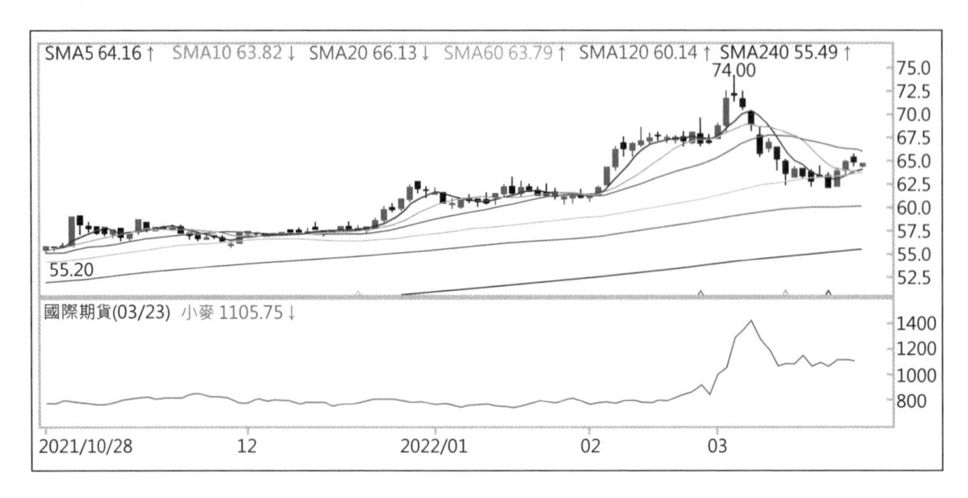


資料來源： XQ 嘉實系統

春麥無法種植，2022 年全年小麥減產，因此小麥由每英斗 800 美分漲到 1,400 美分，聯華股價短短一個月由 60 元狂飆到 74 元。

要注意的是，這種因為原料上漲的行情「來得快、去得快」，當原物料價格崩盤，或是景氣下滑，這些股票也會快速下跌，投資人要捨得出場。例如 2007 年油價上漲，台塑化、台塑、南亞的股價均為多頭走勢；到了 2007 年年底，美國次貸風暴發生，塑化類股因市場需求減少，股價漲不上去，隨後國際油價也出現反轉下跌走勢，塑化類股股價就出現崩盤走勢。

## 原物料價格下跌的投資策略

當原物料價格下跌時，上游廠商具有資本密集、產能集中的特性，因為是寡占市場，不能隨意減產，同時必須快速反應價格給客戶。由於上游廠商必須囤積大量庫存，卻要用即時的市場價格賣給客戶，當原物料價格下跌，庫存的成本高，即時的市場價格低，當然會造成虧損。所以當原物料價格下跌時，千萬不要買進上游、中游的企業，甚至可以放空這些股票。但是當原物料價格跌無可跌，或價格已經在低檔整理一段時間，此時供應鏈中的合理加工利潤又出現了，投資人又可買進這一類股票。

企業對企業的供應鏈中，都是原物料下跌的受害股。例如小麥價格下跌，買進小麥製成麵粉的大廠聯華，出售給麵包店的麵粉售價也要跟著調降；玉米價格下跌，買進玉米製成飼料的飼料大廠大成（1210）、卜蜂（1215）、福壽（1219），也要跟著調降飼料價格出售給養豬戶。

原物料最下游產業或是原物料的運用端，是原物料下跌的受惠股。企業對消費者的供應鏈中，消費者通常是被動接受價格，企業不會因為原料價格下跌，快速反映成本而降價，所以通常會有超額利潤。例如 2013 年國際咖啡豆價格下跌，F- 美食 2723，（85 度 C 咖啡店，現為美食 -KY）成本降低，但賣給消費者的咖啡沒降價，在毛利提升、獲利上揚的情形下，股價順勢上漲。又例如油價下跌，航空公司的票價也不會降價，此時航空

**國際咖啡豆價格下跌，F- 美食股價走勢**

資料來源： XQ 嘉實系統

公司在毛利提升、獲利上揚的情形下，股價順勢上漲。

投資人如果確定原物料價格在下跌的趨勢中，要買進原物料最下游產業或原物料運用端的股票，最好買進這類龍頭股或一線廠商，因為它的經濟規模大，效益也最好。

## 實戰深入解析：以原油為例

原油是世界上最重要的原物料，當原油價格上漲，整個產業呈現上肥下瘦的情形，投資人要買進上游和中游的產業，放空下游和應用端的產業。當原油價格下跌，整個產業呈現上瘦下肥的情形，投資人要放空上游和中游的產業，買進下游和應用端的產業。

例如 2007 年，全球景氣處於擴張期，中國是全世界最大工廠，需要大量的原油，國際原油供不應求，加上國際熱錢炒作，原油價格大漲。到了 2008 年初，油價甚至漲到 1 桶 148 元，此時的塑化產業一片欣欣向榮，從上游的台塑化、台塑，到中游的南亞、台化、台聚、亞聚的股價都是強勢上漲格局，此時投資人要勇於買進塑化類股。而下游及運用端的公司，例如航空業的長榮航、華航；海運業的長榮、陽明、萬海；紡織業的遠東新、中纖；塑酯加工的上緯等，因為原物料價格上漲，利潤被壓縮，股價自然沒有表現空間。

2014 年全球景氣下滑，原物料價格一路下行，美國的頁岩油開採成功，並開始在市場販售，原油市場供過於求，油價直直落。到了 2014 年底跌到 1 桶美元 45 元，整個塑化業進入寒冬，投資人要避開塑化股，甚至放空塑化股。2020 年新冠疫情爆發，交通業停止運作，油價大跌，台塑化股價也跟著下挫。原物料下跌的受惠股是最下游產業或運用端的產業，這些產業會因為原料價格下跌，獲利暴增，運輸業就是最標準的例子。在運輸業中航空用油的成本最高，其次是海運，最後是陸運，所以當油價下跌，投資的首選是航空股的長榮航、華航。

但受惠股的漲勢也有結束的時候，就是當油價不再下跌，這些受惠股的漲勢就會停止。由於市場資金只有一套，所以當航空股漲高了，資金會轉進海運股，投資人要賣航空股買海運股，最後炒作到陸運股，此時投資

## 台塑的股價和油價呈現正相關（2021 年 5 月到 2021 年 10 月）

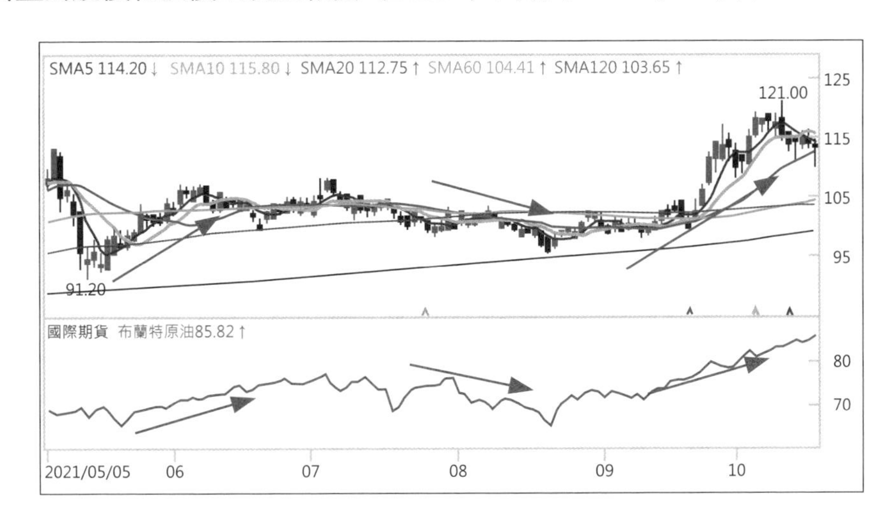


資料來源：XQ 嘉實系統

## 2020 年新冠疫情導致國際油價大跌，台塑化股價下挫

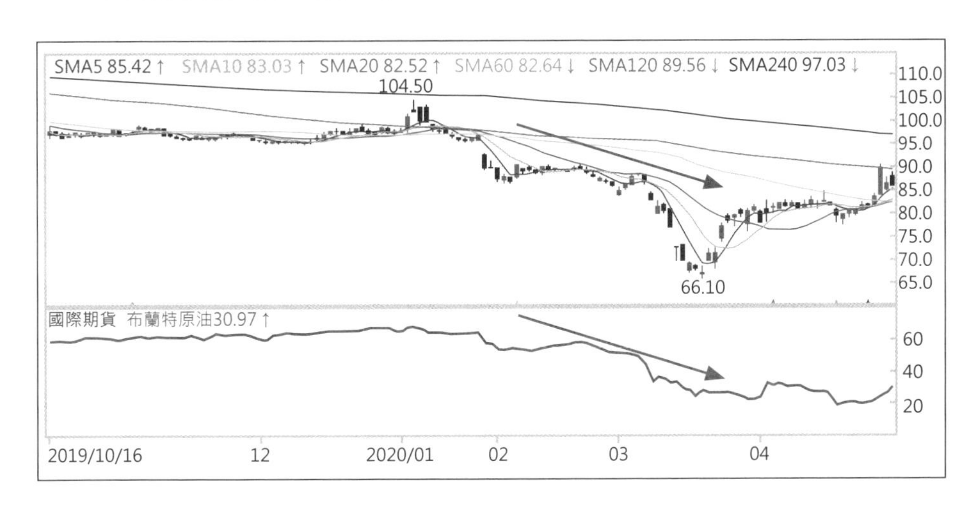


資料來源：XQ 嘉實系統

## 2022 年俄烏戰爭導致油價漲到每桶 100 美元以上，整體塑化業出現衰退（以台塑化為例）

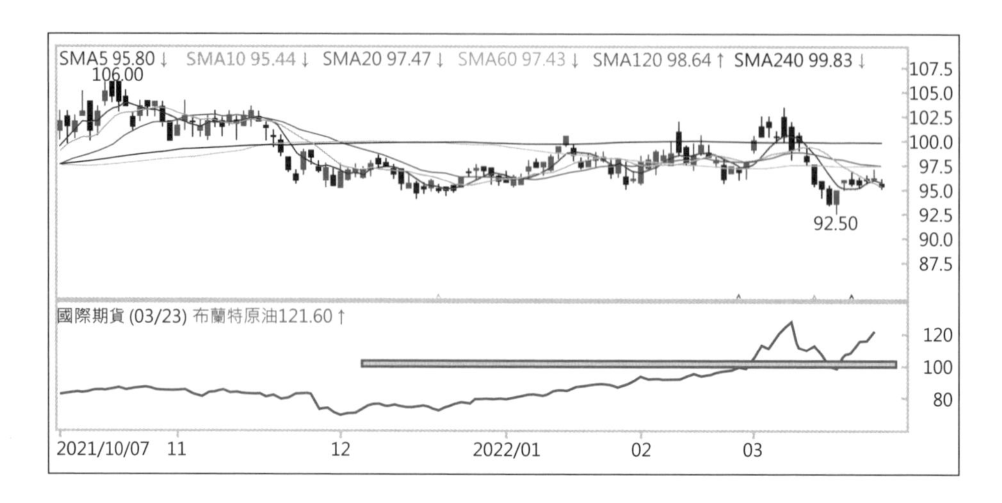


資料來源：XQ 嘉實系統

## 2014 年油價下跌，長榮航股價呈現多頭走勢

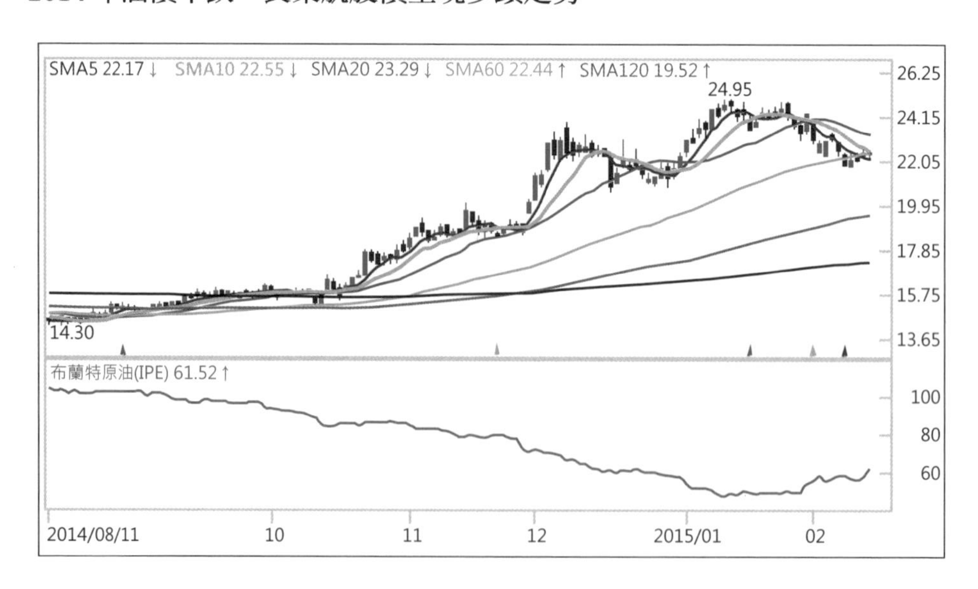


資料來源：XQ 嘉實系統

人又要賣海運股買陸運股，當資金在炒陸運股，就是預告整個油價下跌的受惠股行情即將結束。

## 匯率

當新台幣升值，外資希望在台灣賺外匯市場匯差及股市的資本利得，因此匯入資金，進場買股，將推升指數往上走，指數表現強勁上漲。所以市場會解讀，新台幣升值，外資匯入，股市上漲。

當新台幣貶值，外資因為持有新台幣計價的台股，會造成匯兌損失，因此會賣台股取得新台幣，再把新台幣轉成美元匯出，此舉將使得指數往下跌，指數表現處於弱勢。所以市場會解讀，新台幣貶值，外資匯出，股市下跌。

新台幣升貶代表兌美元的價格，不但影響國際資金的流向，也關乎台灣企業在國際的競爭力，進而影響上市櫃公司的營收與獲利。因此股市投資人要隨時掌握新台幣匯率的走勢，來判定股市漲跌和個別公司的營收和獲利。以下簡述新台幣升貶值的歷史

1980 年代，我國正值追求出口擴張的經濟發展期，央行長期以來壓低新台幣的匯率，使得新台幣被低估，如此有利於出口業者在國際經貿舞台上的競爭力。由於美元長期被高估，美、英、法、德、日開會協調，將高估的美元匯率拉下，加上中美貿易順差與日俱增，美方亦壓迫我央行調整外匯政策，迫使新台幣大幅升值。央行乃採取緩慢升值的政策，為出口業者爭取調整的空間。

1990 年，國內廠商赴東南亞、中國投資，且政治、治安惡化，引起資金大量外流，造成股市崩盤，一路猛跌到 10 月的 2,485 點。資金外流表示對美元需求增加，美元升值，新台幣就貶值。

1996 年 3 月，由於台灣舉行首次總統民選，加上海峽兩岸關係緊張，中國不斷舉行軍事演習，國內資金外流嚴重，新台幣大幅貶值。此時，央行力守新台幣在 27.5 元兌一美元的關卡，並明白宣示外匯政策，藉以遏止預期新台幣貶值的心理。1997 年台灣面臨亞洲金融風暴，外資撤離亞洲，

對沖基金狙擊台灣金融市場，新台幣由 28 元狂貶到 35 元；隨著亞洲金融風暴的結束，亞洲地區政經穩定，資金又回流亞洲，新台幣也慢慢升值到 30 元。

2000 年，全球面臨 Y2K 科技泡沫化的危機，央行默許新台幣貶值，來刺激出口。2006 年 5 月，新台幣因國際美元表現弱勢而強勁升值，當時美元兌新台幣匯率在短短的兩個月內由 35 元升值到 33 元，以出口為主的國內電子廠商蒙受重大匯兌損失，當年第二季公告的財報數字顯示，這些知名電子公司的匯兌損失，少則七、八千萬，多則上億元。隨後在國內景氣持續低迷的影響下，新台幣反升為貶，一路盤跌到 10 月的 35.26，此時以進口為主的大宗物資廠商，因進口成本加重而蒙受損失。

2011 到 2013 年，新台幣隨著國際美元的走勢波動，但都維持在 30 元上下 1.5 元的區間，可見央行「動態穩定」的匯率政策確實被執行。2014 年 10 月，美國聯準會確定量化寬鬆政策退場，市場預期 2015 年美國將升息，加上日本政府為了刺激景氣，引導日圓貶值，新台幣在當年 10 月起

**2014 ～ 2015 年，新台幣由升轉貶**

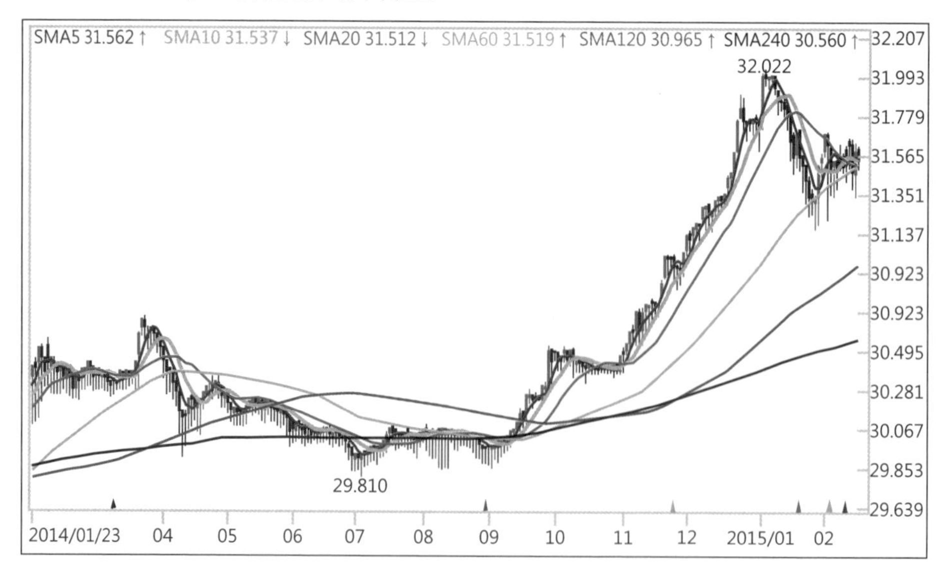


資料來源： XQ 嘉實系統

**2016 ～ 2021 年，新台幣為強勢貨幣**

資料來源： XQ 嘉實系統

持續性貶值，由跌破 30 元後往 32 元邁進。

2016 年起，中國製造成本劇增，台商鮭魚返鄉潮興起，海外資金回流台灣，加上當時美元指數走弱，美元兌台幣由 33.838 元，一口氣升值到 2018 年的 29 元。2018 年下半年到 2019 年上半年，由於聯準會持續升息，在美元和新台幣的利差擴大下，新台幣由升轉貶。2019 到 2021 年，美中貿易戰開打，台商回流台灣速度加快，半導體產業蓬勃發展，台灣出口暢旺，新台幣成為最強勢貨幣，一路升值至 27.5 元。

## 匯率升貶對上市櫃公司的影響

新台幣的升貶對股市的影響有三個層面，分別為資金面、產業面與會計面。

在資金面，匯率升貶直接影響境內和境外的資金動能，當美元升值、新台幣貶值，在台灣的資金會流出，境外的資金短期內不會流入，對股市是不利的。當美元貶值、新台幣升值，境外資金會流進國內，國內的資金短期內不會流出，此時國內資金存量增加，對股市動能產生正面影響。

在產業面，當美元升值、新台幣貶值，對出口廠商會增加競爭力，對出口廠商有利。相反的，當美元貶值、新台幣升值，對進口廠商有利。

在會計面，現在的廠商交易都有應收帳款和應付帳款的會計科目，當美元升值、新台幣貶值，出口廠商的美元應收帳款，可提列匯兌利得，進口廠商的美元應付帳款，會提列匯兌損失。當美元貶值、新台幣升值，出口廠商的美元應收帳款會提列匯兌損失，進口廠商的美元應付帳款，可提列匯兌利得。

由上述說明可知，新台幣升值和貶值對進出口廠商各有利弊，但對短期股價而言，只要掌握「新台幣升值，外資匯入、股票上漲」、「新台幣

**新台幣貶值，外資匯出、股市下跌**

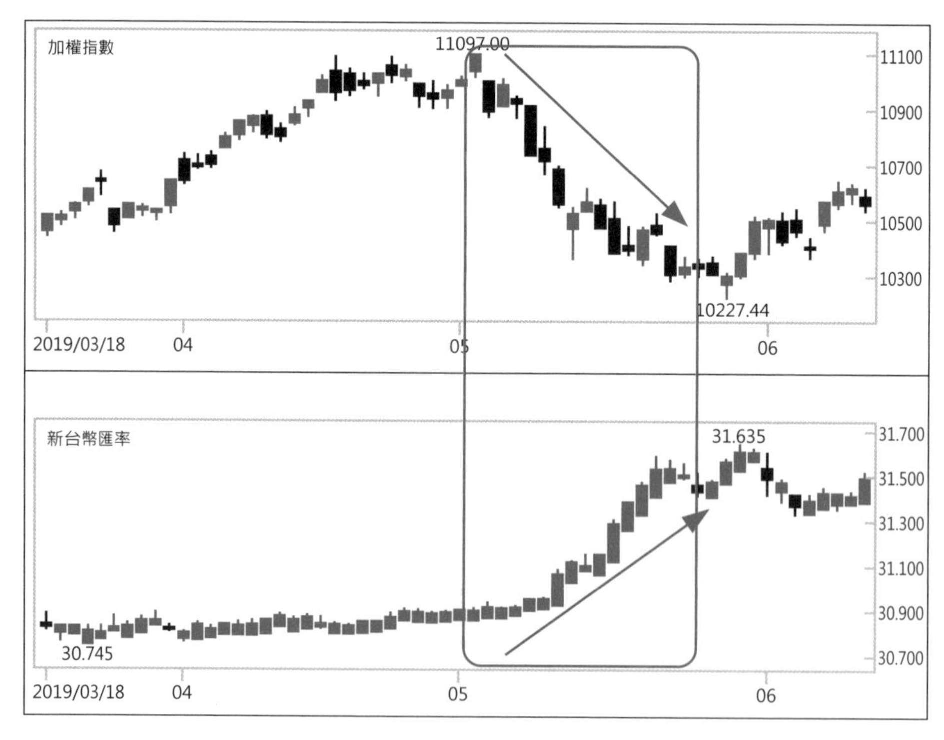


資料來源： XQ 嘉實系統

## 新台幣升值，外資匯入、股市上漲

資料來源： XQ 嘉實系統

## 美元兌新台幣 30 元是關鍵匯價

資料來源： XQ 嘉實系統

貶值，外資匯出、股票下跌」這個基本原則即可。至於匯兌利得或損失、出口或進口競爭力的問題，則是長期投資考慮的因素。

## 投資策略：依據資金面調整持股比重

一般而言，當新台幣升值趨勢明顯，國際熱錢就會大量湧入台股，因為資金是股市活水，就很容易啟動資金行情，引發股市上漲。如果新台幣升值趨勢是中長期的，代表在這段時間內，外資的匯入款是正數，而且在匯率上有獲利。外資因為資金留在國內，就有可能去購買績優龍頭股，一方面賺匯差，一方面賺股價價差，股市就會穩定上漲一大段時間，這叫做外資引發的資金行情。

所以當新台幣貶值，美元升值，投資人可減少持股比重；當新台幣升值，美元貶值，投資人可增加持股比重。以過去經驗，當美元兌新台幣在30元以下（新台幣升值），外資匯入台灣買股意願強；當美元兌新台幣在30元以上（新台幣貶值），外資匯入台灣買股意願弱。

但單以新台幣升貶來推斷台股多空並不適當，還必須看基本面、政治面、題材面等因素。由於新台幣升貶，會影響外資動能，所以外資的想法就很重要。外資的戰場通常在大型股和權值股，所以當新台幣升值，可買進大型股和權值股；新台幣貶值，就應賣出大型股和權值股。

## 依據產業面和資金面選擇買進標的

當美元升值、新台幣貶值，對出口商比較有利，因為出口廠商的應收帳款都是美元，當美元上漲，營業額會增加，毛利會提高，獲利也會跟著增加。另外，應收帳款季底都會評價，當美元上漲時，在業外就會產生匯兌利得。一般而言，電子代工廠受惠程度，將比宏碁、宏達電等品牌廠商要大。印刷電路板（PCB）、筆記型電腦（NB）組裝及封測廠也是主要受惠族群。新台幣貶值的確有利出口，但台灣的出口產業和韓國同質性高，有些產品在國際上競爭，因此當美元升值時，投資人也要比較新台幣和韓元貶值的幅度誰比較大。

如果新台幣大貶只是短期現象，其實對業者幫助不大，尤其大型公司進出貨都以美元計價，只有在季報、年報結算時，才會出現匯兌收益；但若新台幣持續貶值一段時間，則有助出口報價，若競爭對手韓國貨幣貶值更大，也不一定會討到便宜。新台幣走貶有利紓解出口產業匯損壓力，但對於整體科技產業來說，若歐美景氣不振，終端需求下滑，仍會持續衝擊企業獲利表現。

台積電內部評估，新台幣貶值 1%，毛利率將上揚 0.4%，當新台幣急速重貶，台積電在急單與匯兌收益雙重效應下，營收和獲利都會增加。另由投信的研究報告得知，當新台幣匯率大幅貶值，台灣電子股將超過大盤表現，領先幅度 2.4%～9.7%。在沒有特殊避險下，新台幣貶值 1%，電子代工廠毛利可望提升 1%～2%，鴻海、廣達、台達電等電子代工廠商可望受惠。所以當新台幣貶值趨勢明顯，投資人可以買進以出口為主的電子類股。

當新台幣升值時，以進口為主的內需產業或大宗物資概念股，就會跟著受惠，原因是進口產業是支付美元收新台幣。當美元貶值時，進口商會產生匯兌利得，在業外獲利方面會有正面的效益。因此當新台幣升值，投資人可以把選股焦點集中在以內需為主的食品、塑化、觀光、營建和資產股。由於匯兌的利益或損失會在季報顯現，所以要在季報公告之前買進相關類股，季報公告後賣出持股。

除了考量新台幣升貶，歐元和日圓的變化，也會影響上市櫃公司的競爭力和匯兌損益。例如歐元貶值，以歐洲為出口重鎮的宏碁就會有匯兌損失；當日圓貶值，從日本進口汽車和零組件回台灣販賣的裕隆、裕日車等就會有大量匯兌利益。當日圓貶值，國人到日本觀光的意願增加，旅行社、航空公司是受惠股。2013 年日本安倍政府為了刺激景氣，在貨幣市場採取量化寬鬆政策，在外匯市場引導日圓貶值，日圓對新台幣的匯率由 0.3290 貶值到 0.2590，造成日圓貶值受惠股成為市場資金追逐的標的。

## 2012 ～ 2015 年日圓兌新台幣走勢

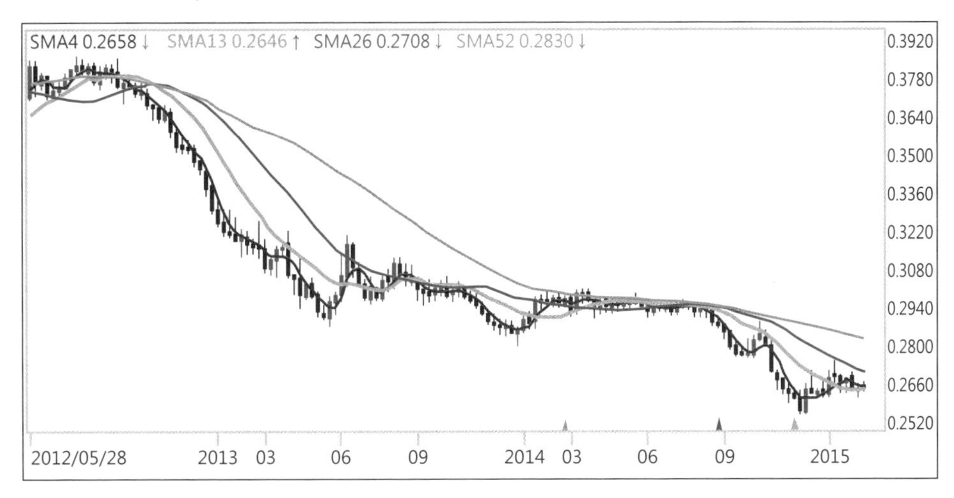


資料來源： XQ 嘉實系統

## —2022 年日圓兌新台幣來到歷史低點

資料來源： XQ 嘉實系統

## 新台幣升貶值的投資策略

一般而言，當新台幣升值，外資希望在台灣賺外匯市場的匯差及股市的資本利得，因此匯入資金，進場買股。由於外資買進股票以權值股及大型股為主，此舉將推升指數往上走，市場一片樂觀。所以市場會解讀，新台幣升值，外資匯入，股市上漲。

上述的說法是以資金面來論斷匯率和股價的漲跌關係，如果是以產業面和財務報表而論，會有不一樣的解讀。當新台幣升值，相對應的就是美元貶值，出口廠商其營業額會減少，毛利會降低，同時會產生業外的匯兌損失，對以出口為主的電子產業、工具機業、汽車零組件、紡織業等比較不利。反之，對進口商比較有利。

投資股票短期看資金面，長期看產業面、財務面等基本分析，新台幣升值對於台股是有加分作用的。

升值時，買進權值股、內需概念股

當投資人發現新台幣開始升值，投資人可以增加台股的部位。此時台股操作上有三個面向：一、因為指數會上漲，可以買進股價指數期貨，做多台股指數選擇權，或是台股指數型基金 ETF。二、買進權值股。因為外資到台灣買股票，都以權值股為主要標的。三、買進新台幣升值概念股，例如內需股、進口股、食品股和塑化股等。但新台幣不可能永遠升值，當新台幣不升反貶的時候，就必須減少持股，獲利了結出場。

當新台幣貶值，外資在台灣金融市場，因為持有新台幣計價的台股，會造成匯兌損失，因此會賣台股取得新台幣，再把新台幣轉成美元匯出。由於先前外資買進的股票是以權值股及大型股為主，當外資在處分股票時，也只能賣出手中的權值股及大型股，此舉將使得指數往下跌，當指數表現處於弱勢，市場一片悲觀。所以市場會解讀，新台幣貶值，外資匯出，股市下跌。

上述的說法，是以資金面來論匯率和股價的漲跌關係，如果是以產業面和財務報表而論，會有不一樣的解讀。當新台幣貶值，相對應的就是美元升值，進口廠商的成本就會增加，毛利會降低，同時會產生業外的匯兌損失，以進口為主的食品業、塑化業和整車業等比較不利。相反的，對出口商比較有利，因為出口廠商的應收帳款都是美元，當美元上漲，營業額會增加，毛利會提高，獲利也會跟著增加；另外，應收帳款季底都會評價，當美元上漲時，在業外就會產生匯兌利得。

貶值時，賣出權值股、放空指數

投資股票短期看資金面，長期看產業面、財務面等基本分析，所以新台幣貶值對於台股是負面影響。

當投資人發現新台幣開始貶值，必須減少台股的部位。此時台股操作上有三個面向，一、因為指數會下跌，可以放空股價指數期貨、做空台股指數選擇權，或是賣出台股指數型基金 ETF。二、融券放空權值股，因為外資到台灣來買股票，都以權值股為主要標的，當外資要離場時，只能賣出手中的權值股。三、買進新台幣貶值概念股。但新台幣不可能永遠貶值，當新台幣不貶反升的時候，大盤會跟著落底，此時投資人要反空為多，開始買進股票。

**表 5-6-1**：新台幣升貶值與加權指數的關係

| 時間 | 升貶 | 新台幣匯率 | 幅度 | 指數漲跌 | 幅度 |
|---|---|---|---|---|---|
| 1997~1998 | 貶值 | 28.40~35.13 | -23.7% | 10,256 → 5,422 | -48.0% |
| 1998~2000 | 升值 | 35.13~30.22 | +16.3% | 5,422 → 10,393 | +91.7% |
| 2000~2002 | 貶值 | 30.22~35.30 | -14.4% | 10,393 → 3,411 | -67.2% |
| 2002~2005 | 升值 | 35.30~30.67 | +15.1% | 3,411 → 7,135 | +109% |
| 2005~2006 | 貶值 | 30.67~33.80 | -9.3% | 7,135 → 5,255 | - 27.0% |
| 2006~2008 | 升值 | 33.80~29.95 | +12.9% | 5,255 → 9,859 | +87.6% |
| 2008~2009 | 貶值 | 29.95~35.23 | -15.1% | 9,859 → ,3955 | -60.0% |
| 2009~2011 | 升值 | 35.23~28.47 | +23.7% | 3,955 → 9,220 | +133% |
| 2011~2016 | 貶值 | 28.47~33.83 | -18.8% | 9,220 → 9,000 | -2.3% |
| 2016~2018 | 升值 | 33.83~29.03 | +14.18% | 8,700 → 1,1000 | +26.43% |
| 2018~2019 | 貶值 | 29.03~31.74 | -8.5% | 10,800 → 10,000 | -7.4% |
| 2019~2021 | 升值 | 31.74~27.8 | +12.41% | 10,000 → 18,000 | +80.0% |

資料來源：作者整理

台灣廣廈 國際出版集團
Taiwan Mansion International Group

國家圖書館出版品預行編目（CIP）資料

台股超完美風暴後的大榮景：台股的前世、今生與未來 / 張真卿 撰寫、口述；陳永信 編整，
-- 初版. -- 新北市：財經傳訊, 2022.4
面； 公分. --（view;49）
ISBN 9786269560165（平裝）
1.投票投資

563.53 111000824

財經傳訊
TIME & MONEY

# 台股超完美風暴後的大榮景：
## 台股的前世、今生與未來

**作　　者**／張真卿撰寫、口述；陳永信編整
**編輯中心**／第五編輯室
**編 輯 長**／方宗廉
**封面設計**／張天薪
**製版・印刷・裝訂**／東豪・弼聖・秉成

**行企研發中心總監**／陳冠蒨
**媒體公關組**／陳柔彣
**綜合業務組**／何欣穎
**線上學習中心總監**／陳冠蒨
**產品企製組**／黃雅鈴

**發 行 人**／江媛珍
**法律顧問**／第一國際法律事務所 余淑杏律師・北辰著作權事務所 蕭雄淋律師
**出　　版**／台灣廣廈有聲圖書有限公司
地址：新北市 235 中和區中山路二段 359 巷 7 號 2 樓
電話：（886）2-2225-5777・傳真：（886）2-2225-8052

**代理印務・全球總經銷**／知遠文化事業有限公司
地址：新北市 222 深坑區北深路三段 155 巷 25 號 5 樓
電話：（886）2-2664-8800・傳真：（886）2-2664-8801
**郵政劃撥**／劃撥帳號：18836722
劃撥戶名：知遠文化事業有限公司（※ 單次購書金額未達 1000 元，請另付 70 元郵資。）

■出版日期：2022 年 4 月
ISBN：9786269560165
■初版3刷：2022 年 7 月